学术岁月：

哲学与思考

张健教授学术作品自选集

张健 著

天津出版传媒集团

天津人民出版社

图书在版编目(CIP)数据

学术岁月:哲学与思考:张健教授学术作品自选集 /
张健著. —— 天津:天津人民出版社, 2019.12
　　ISBN 978-7-201-15638-5

　　Ⅰ.①学… Ⅱ.①张… Ⅲ.①社会科学—文集 Ⅳ.
①C53

　　中国版本图书馆 CIP 数据核字(2019)第 288299 号

学术岁月:哲学与思考:张健教授学术作品自选集
XUESHUSUIYUE:ZHEXUE YU SIKAO:
ZHANGJIAN JIAOSHOU XUESHU ZUOPIN ZIXUANJI

出　　版	天津人民出版社
出 版 人	刘　庆
地　　址	天津市和平区西康路35号康岳大厦
邮政编码	300051
邮购电话	(022)23332469
网　　址	http://www.tjrmcbs.com
电子信箱	reader@tjrmcbs.com
责任编辑	林　雨
装帧设计	汤　磊
印　　刷	高教社(天津)印务有限公司
经　　销	新华书店
开　　本	710毫米×1000毫米 1/16
印　　张	23.75
插　　页	2
字　　数	280千字
版次印次	2019年12月第1版　2019年12月第1次印刷
定　　价	78.00元

前言：哲学的两种向度和语言分析框架

0.1 哲学的两种向度

哲学是世界观和方法论的统一，是时代精神的升华。哲学的这种特质决定了它对现实问题的分析具有两种向度，即基于"世界观"意义的视野性（高度和深度）和基于"方法论"意义的框架性（静态和动态），二者形成哲学观察世界的基本框架。

首先，作为一种世界观，哲学意味着，只有在总体上和深层次观察世界，才叫哲学。而要做到"总体上"和"深层次"，则需要思维具有一定的高度和深度。就高度而言，一般有三种情形：山底下注视、半山腰俯视和山顶上总揽全局。山底下注视，可以观测到细节，但无法把握全貌；半山腰俯视，可以有一定的全局感，但观察者本身依然是山顶上那只眼睛之中的一道风景；山顶上总揽全局，则一览众山小，全局性、总体性、宏观性尽收揽眼底。而山顶上总揽全局，即为哲学的高度。就深度而言，哲学对事物本质的把握源于科学性和价值性两种尺度的统一。科学性，着眼于揭示事物

"是什么"和"为何是"，即求"真"。但仅仅求"真"未必就是本质，因为在人化的世界中，事物在"真"的背后还有立场的注入，立场不同，事物的内涵及其展示给予实践的效应就不同。因此，分析事物背后的"立场性"在实践的意义上更为重要。正是基于这种意义，我们以为，哲学之所以体现出深度，就是因为它既揭示"是什么"及其"为何是"，体现出认知的深刻性；又判断"谁的立场"，体现出判断的深层次性。

其次，作为一种方法论，哲学在思维上一般包含两种路径，即存在论路径和生成论路径。前者是从存在的角度分析和观察事物，旨在寻找共性（普遍性）和现象背后的本质，表现为结构性、静态化特征；后者则是从生成的角度探寻事物根源和过程背后的规定性，表现为过程性、动态化特征。马克思主义哲学既注重从结构层面分析事物的本质，也重视从过程层面分析事物发展的根源、演进和历程，更是强调结构和过程的统一。

回到实践，哲学的这种"高度""深度"以及"路径"，若用以分析当代中国问题，那么其核心就是：

从视野方面看，我们要站在当今世界全球化进程的高度观测中国现代化进程和中国道路，把中国发展放进世界发展的时空坐标系中进行分析、解释和评估，这是哲学的高度；同时还要分析中国现代化进程背后的"立场"和"主体意图"，即谁在主导这一进程，谁拥有对此的解释权，谁的话语具有解释力，这是哲学的深度。

从时间维度看，当今世界依然处于商品经济历史区间，但工业社会阶段从20世纪70年代后逐渐退去，后工业社会时代逐渐生成，中国现代化进程和中国道路就处于这种时间的交接区域。抓住这样的历史方位，我们才能判断这个时代的本质，否则，哲学是时代精神的升华就无从谈起。

从空间维度看，在全球商品经济结构中，当代世界发展已进入一个新阶段,表现出一种"金融资本集权"的新特征。该特征意味着,全球资本通过所有权机制完成对经济的控制,通过国家权力分立制衡和军队国家化完成对政治的控制,通过媒体私有化完成对意识形态的控制,从而形成由资本集权的新资本主义模式。在实践上,该模式体现为:美元是世界格局变动的按钮,以国际资本为支点,美元与全球资源资之间,美元的世界货币角色和美国国债角色之间,分别形成各自的"跷跷板"结构,世界格局在美元利益需求的变动中变动,世界进入资本主导时代。因为世界各国的发展均以此为平台,因此这就决定了,无论我们承认与否,中国道路都只能在这种历史格局和时代语境中进行分析。这一点是我们解释和评估中国道路的现实参照系,没有这样一个对时代格局的把握,评估就失去现实性和缺乏战略性。

上述三点是我们解释和分析现代化进程和中国问题的全球性视野,也是对中国问题进行结构性分析的理论视域和语境。

0.2语言分析及其功能:框架提供、深层分析、意义解读

基于哲学的语言学转向,语言分析成为一种有效的分析手段。从表面看,对命题的语言分析,似乎只是一种纯粹的语言哲学的思维游戏;但从深层次来看,"语言"是一种广义的符号,是人对外部对象的符号化,通过这种对对象的符号化,人类思维对外部世界予以介入、呈示与渗透。在这种意义上,语言分析的范式又具有一种普泛价值,体现的是哲学思维方式的一般性。

理解"语言分析"的基本内涵,可以从狭义和广义两个层面来分析。从狭义上看,"语言分析"指的是对语言材料的分析,属于语言学范畴,具体

体现为对语言的语法分析、语义探究和语用解释三个基本方面，分别对应着三个具有相对独立性的语言学体系，即语法学、语义学和语用学。由于语言学本质上属于具体学科，研究的是形而下的范畴，即特定领域和特殊规律，因此，该分析方式还不具有普遍意义。

而从广义上看，哲学视野中的语言是一种符号，指称的是语言的共性内容，它包含并依托于上述语言学体系，这就决定了哲学意义上的语言分析范式的构建离不开上述语言学框架和平台。而也正是基于这种平台和框架以及符号的一般价值，哲学层面的"语言分析"才成为一种思维方式，准确说也就是"语言分析"的方法。该方法的基本内容是：通过对概念的逻辑结构、语义构成和语用内涵的分析，找出该概念背后的因素，即人如何把外部对象符号化的，符号镜像的原像是什么，该符号在什么语境下解释和如何解释。而这三个方面则就是"语言分析"的基本框架。

首先，就语法层面来看，它反映的是观念活动的"游戏规则"，提供的是"如何认识外部对象"这样一种认识理路。语法的本质就是语言游戏活动的规则。该规则具有两个基本作用：

一是，它构建了主体际交流的共同平台，即多元主体之所以能够相互交流，就在于人类通过知识体系的建构形成了观念交流的手段和文明承继的载体。例如，人们之所以能一起讨论同一个对象，原因就在于人们认同关于这个对象的命名规则和命名系统，而这个命名规则和系统就是语法体系。再如，人们之所以能够避免低层次重复思考，就在于人通过语言所建立起来的知识体系可以显示哪些是已知的，哪些是未知的，这样后人就可以避开已经探讨完成的命题，并借鉴其成果实现新的探索。

二是，它同时还提供了人们观察问题的基本框架，即借助符号间的语法结构，可以探究和揭示人类思维的路向和意义产生的可能路径。这是因为在知识体系的拓展过程中，符号的创造具有内在的逻辑必然性，任何一个概念的创新都必须基于一定的文化基础，而任何文化基础都是人类思维的结晶。例如，对现代人来说，"话语权"概念，就是基于"话语"和"权"两个基础概念而生成的，理解"话语权"也就离不开对"话语"和"权"的意义解析，而对这两个概念的解析本身就体现了思维的基本路向，或者说观察该概念的基本框架。

其次，就语义层面来看，它本质上是语言符号的现实指称，反映的是观念镜像的原像，语义结构的存在提供了揭示符号本质的必要性，同时也促使人们在实践中不断追问这些原像的深层意蕴。为什么会这样呢？这根源于原像自身的规定性，即原像的本质是客观存在，其基本特征是生成性。而生成性存在意味着，人们所观察到的事物都是相对的，都是只是事物生成过程中的一个片段，都是部分本质。这就预示着，所谓概念的现实指称，也是相对意义上的关于本质的揭示。所以从哲学层面看，概念的语义并不是最终揭示其所指称对象的本质，而只是相对的指明部分规定性，其基本价值在于，它提供通过部分本质去追问一般性和普遍意义的路径。也就是说，语义结构表征的是思维对存在的无限追问，即"打破砂锅问到底"。因此，透过语义结构，人们可以追问事物"是什么"和对概念本质进行"深层分析"。

最后，就语用层面来看，其直接含义是关于语言的具体运用，其深层结构是表达"符号–解释者"的关系和符号的意义，即它涉及语言符号的解释者"如何看"语言符号的问题。那么解释者如何看符号呢？从客观角度说，"如何看"要受到背景因素制约；从主观角度看，"如何看"主要体现为看的内容。背景因素，即解释者是在什么样的特定语境下进行解释的，即解释语境；看的内容，即解释者在特定语境下为何这样解释，也就是解释需求。这样，语用结构可以概括为两个基本要素，即解释语境和解释需求。解释语境是解释者对符号进行解释的特定背景，是一种客观约束条件，它意味着解释者如何解释有其特定的背景制约，并非随意解释。而解释需求则完全是一种主观因素，是解释者之所以这样或那样解释的原因所在，反映的是语言符号本身具有的个体性意向，体现着解释者的水平和能力。在语言的具体应用中，解释语境是一种对符号的定位机制，即在符号的多元含义中，解释语境给以特定的界定和选择；而解释需求则是在这种定位之后，赋予符号独特的个体性意向或者意愿。这样，从语用的结果上看，就出现了符号的意义的多元性，即对于同一符号，不同的人有不同的解读。

而从深层次来看，不同人的不同解读意味着不同的人具有不同的需求，相应的解读则意味着对这些需求的回应。在这种意义上，语用的解读功能反映的是符号对解释者的价值所在，体现为该符号除了具有现实的认知价值，还具有意义赋予的价值（解释者个体意向的赋予和释放），这也预示着特定语言符号一旦提出，就不再是唯一表达"第一个符号提出者的意图"，它可以附加其他解释者的意图，这就是符号意义的多元性。

总而言之，关于"语言分析"范式可以这样评估：其一，"人—思维—符号—现实—意义"是人在实践中观察与分析世界的基本路径，这意味着人通过思维认识世界，思维需要借助符号展开活动，符号需要指称现实才有价值，现实只有满足不同人的需求才会具有意义；其二，在"人—语言符号—现实"之间，符号充当介质，现实被予以命名，意义成为目的，这就是"语言分析"范式的大体框架；其三，在语言分析框架中，语言符号系统的整合机制就是语法，它为分析活动提供观察框架，语言符号的专业化（语法学）使得人更有智慧，语义结构的本质是对外部世界的指称，它为思维活动提供深层分析的材料，语用结构的本质是解释者个体诉求的表达，它

为思维活动提供意义解读，意义的多元性和语用学兴起使得现实世界更
丰富多彩。

目　录

1. 全球后工业社会问题:探讨当代中国问题的特定历史语境 / 1

1.1当前人类社会发展所处的历史区间 / 1

1.2后工业社会的特征:哲学分析 / 20

1.3当今资本主义的新变化 / 36

2. 当代中国特色社会主义问题:观察当前中国社会发展的几个框架 / 42

2.1中国特色社会主义实践:内在逻辑与发展趋向 / 42

2.2新中国70年马克思主义哲学研究的范式转型 / 77

2.3当代中国马克思主义哲学研究的三维语境及其方式创新 / 89

2.4当代中国意识形态驱动研究:驱动战略及实施路径 / 114

2.5当代中国核心价值研究:价值体系与核心价值观 / 126

2.6国家治理现代化:历史逻辑和实践框架 / 139

3. 当前中国社会发展:思考与探索 / 153

3.1当前中国社会发展的阶段性新特征 / 153

3.2"强国时代"历史语境与"四个伟大" / 157

3.3公平正义与改革发展稳定 / 171

3.4新时期治国理政的战略辩证法 / 178

3.5新时期治国理政思想的体系性 / 183

4. 社会主义市场经济的人学逻辑 / 193

4.1社会主义市场经济的人学分析 / 193

4.2社会主义市场经济的特殊本质 / 203

4.3社会主义市场经济的伦理理念 / 210

4.4市场经济语境对社会主义实践的约束及应对 / 217

4.5从管理走向治理:市场经济背景下中国行政范式转换 / 227

4.6新集体主义的价值取向 / 240

5. 基于哲学视角的思考 / 246

5.1哲学话语的演进及哲学的时代意蕴 / 246

5.2在政治与哲学之间:政治哲学的意义域及价值 / 257

5.3中国哲学中关于人的本质的双重规定 / 265

5.4文化产业的时代语境及实践诉求 / 270

5.5"中国问题":政治哲学视角的考察 / 280

5.6现代性的含义及其在当代中国的理解与构建 / 290

5.7金融危机背后:一个政治哲学的视角 / 302

5.8警惕楼市"金融化"面临的国际风险 / 313

5.9从民族复兴的高度认识京津冀协同发展的战略意义 / 320

5.10文化生产力发展中存在的问题及突破 / 326

5.11政治哲学视野中的政府职能转变 / 339

5.12美元的霸权性及其对全球利益博弈的影响 / 348

5.13社会主义核心价值体系:语义分析和语用阐释 / 361

1. 全球后工业社会问题：
探讨当代中国问题的特定历史语境

1.1当前人类社会发展所处的历史区间

任何时代之思都离不开特定的历史语境，都是基于一定语境的追问，探讨当代中国社会问题同样也是如此。那么如何认识当前特定的历史语境，其内容如何，又有哪些特征呢？[1]

1.1.1后工业社会时代：探讨当代中国成问题的特定语境

从全球发展的视角来看，当前世界依然处在一个商品经济的历史区间，工业社会的经验依然是大多数人的认知基础。然而，事实是，当前经济、社会生活的规则和结构又已经不再如故。如商品价值重心的符号化趋势、财富内涵的流动性新内容、美元世界货币的霸权化新走向，以及建立

---

[1] 张健：《后危机时代的风险研究：后工业社会的格局、挑战及评估》，《社会科学战线》，2011年第6期。

在上述三大变化基础上的一个全球化新格局——对冲资本对全球的控制力、美元套利交易的普遍化、CDS运作的常规性、美元周期性变化对世界利益格局的牵引性效应，等等。这表明，在商品经济总的历史区间内，继工业社会之后，一个新的时代性阶段正在到来。鉴于国内外学界对这一变化的种种分析(如消费社会、信息社会、知识社会、晚期资本主义社会、后工业社会等)，笔者倾向于使用后工业社会这一范畴。

关于后工业社会，当前学界研究可概括为两个层次。一是系统性研究，有丹尼尔·贝尔的"后工业社会"观点，代表作有《后工业社会的来临》(1971)；二是从侧面研究，有厄内斯特·曼德尔的"晚期资本主义"理论(1983)、米歇尔·阿格里塔的"后福特制资本主义"观点(1979)、达伦多夫(1959)、德鲁克(2009)的"后资本主义社会"、奈斯比特的"信息社会"以及相关"知识社会"观点等。上述研究从社会学、技术以及知识等不同角度对后工业社会的特征作了分析，是研究后工业社会及该背景下的资本主义变化的必要参考资料。基于上述已有研究成果，本文拟从哲学视角进行探讨。

首先，本书分析基于以下学界对后工业社会的三个共识：第一，社会的经济重心由产品制造业转向服务行业，从事服务行业的白领阶层成为社会的主导阶层；第二，消费主导生产，主动权在买方市场，卖方不再单纯追求产量而是倾力打造品牌并提升产品的品位；第三，世界货币体系由"金本位"转换为"美元本位"。①其次，笔者以为，这些概括基本上从宏观层面描述了该阶段转型的特点，但这些特征背后的根源是什么，以及根源背

---

① 1976年国际货币基金组织通过《牙买加协定》，确认了布雷顿森林体系崩溃后浮动汇率制的合法性，继续维持全球多边自由支付原则，被学术界称为"美元信用本位制"。详情参见尚中校2009年4月12日在《亚洲周刊》上发表的文章。

后的价值性立场因素又是什么,还未涉及。因此,本书拟将上述三个共识作为哲学分析的前提和符号,在思路上参照马克思观察商品社会的框架,选取"商品·财富·货币"这样一种结构分析后工业社会。

1.1.2历史方位:自然经济→商品经济(工业化+后工业化)→产品经济

参照马克思对人类社会的分析思路和结论,我们可以清晰评估后工业社会的历史方位。

从思路上看,马克思以交换为分析框架,按照劳动的发展水平对人类社会进行分析,其基本内容可以概括如下:

图1-1 马克思对人类社会分析的框架

在上述框架中,人类社会发展的原动力来源于生产实践的发展,即在人类劳动总体上处于"必要劳动"的层次上,劳动的成果只能满足生存需求,因此该阶段体现为人与自然的直接交换关系(生产的目的是用来消费=人与大自然进行交换),马克思称之为自然经济历史阶段;在人类劳动发展到"剩余劳动"层次时,劳动成果除了能满足生存还有剩余,但该剩余总体上有限,达不到财富充分涌流的程度,人们只能通过相互交换来满足需求,体现为人与人之间的交换形式(生产出来的东西直接用来交换=商品经济历史阶段);而在逻辑上,如果人类的劳动能力足够强,所生产的剩余产品量足够大,大到人们都对物质财富不感兴趣,即社会进入按需分配的阶段,那么这样的劳动马克思称为"自由劳动",基于该劳动水平的社会交换体现为人与社会的直接交换,社会进入产品经济历史阶段。①可见,马克思对人类社会发展评估的核心线索是劳动水平的演进, 核心尺度是交换模式的转换。以此为参照系,我们可以对当今时代从理论和实践两个方面进行评估。

第一,从理论方面看,即从劳动水平和交换模式分析当今世界的历史方位。从劳动的水平来看,今天的劳动依然是谋生的手段而不是第一需要,这一劳动的性质意味着,今天的劳动是不自由的,是为了获得与别人进行交换的资格而存在的。这决定了基于这种劳动水平的人类交换还只能是一种"人与人之间的交换",商品经济依然是这个时代的基本历史区间。从交换的模式来看,既然是"人与人之间的交换",那么该社会就是一个商品经济社会,该社会中,商品就是其基本细胞,围绕该细胞形成的基本结构也就是商品社会的核心框架。依据马克思对商品分析的逻辑,我们可以抽取出该社会的核心结构, 即商品生产——使用价值和交换价值的统一, 交换重心是商品的实用价值;商品交换—交换的媒介是一般等价物, 重点是货币的符号化 (纸币成为交换的主导手段),该阶段,"钱=财富";世界货币,由黄金担当,本质上是一种特殊商品,意味着世界货币的信用来源是实际财富抵押,"黄金=财富"。由此,关于商品经济社会的基本特征可以这样概括:社会生产,生产的核心是商品的实用价值,即物的生产;社会交换,交换的媒介主要是纸币,纸币是货币的符号,社会财富的含

---

① 以交换为尺度,马克思把人类社会分为三个阶段:(a)从社会发展的角度,自然经济–商品经济–产品经济;(b)从劳动水平的角度,必要劳动–剩余劳动–自由劳动;(c)从交换关系的角度,人和自然交换–私人交换–自由交换;(d)从人的发展的角度,人的依赖–物的依赖–自由个性;(e)从社会形态的角度:自然共同体–经济的社会形态–自由人的联合体。这些分析思路和框架对我们今天观察世界宏观格局具有参照意义。[参见《马克思恩格斯全集》(第3卷),人民出版社,1960年,第73页;《马克思恩格斯全集》(第46卷上),人民出版社,1979年,第105页。]

1. 全球后工业社会问题：探讨当代中国问题的特定历史语境

义就是"存钱=存财富"，财富的内涵在于"钱的积累性"；世界货币制度，实行金本位，本质上是一种特殊商品充当交换媒介，因此，世界范围内的财富内涵就是"存黄金=存财富"，世界货币概念是一种经济范畴。

第二，从实践的角度看，上述特征需要进行时间的区分。从大的历史尺度看，当今世界，无论是发达国家还是发展中国家，均没有进入物质财富充分涌流的阶段，都还未出现"按需分配"的社会交换条件和景观，这说明，我们的时代将在一个较长的历史时期处在商品经济历史区间之内。而从小的历史尺度看，以20世纪70年代美元实现从"黄金美元"向"石油美元"的转换为界，20世纪70年代以前的世界基本上符合上述商品经济社会的特征，但是20世纪70年代以后，基本上不是。主要体现在三方面：商品价值的重心不再指向实用性，而是指向意义性，商品消费背后的社会象征意义成为决定商品是否有影响力的主要因素，商品生产集中表现为"符号的生产"；纸币的印刷逻辑发生根本性转换，从以前的"按照黄金多少印钱"转向"按照交换需求多少印钱"，由此导致现实生活中"钱多于实际财富"成为常态，"钱≠财富"；世界货币美元，因为其信用源于美国对石油的控制（购买石油只认美元），本质上是一种国家强制作抵押的信用模式，由此，世界货币具有了政治经济的双重性，而不再是以往的经济范畴。上述变化意味着，当今世界发生了一个新的变化，虽然在长尺度上，没有脱离商品经济社会区间，但此时的商品经济不是彼时的商品经济，在这个意义上，分析和评估此时商品经济的特殊性更具有直接的现实意义。

总而言之，关于后工业社会的历史方位，可以这样判断：首先，长尺度依然是商品经济社会，但短尺度，今天的商品经济社会更具有特殊性，分析这种特殊性更具有现实意义；其次，两种尺度的复合性意味着，后工业社会无论怎样特殊，依然具有商品经济的共性，因此分析后工业社会的特殊性依然需要从商品、货币、财富入手。

1.1.3 核心结构："商品=意义性+符号化""财富=流动性+资本化"、美元=媒介性+霸权化

从方法论的角度看，界定后工业社会的历史方位本质上是对其在历史上的时间段位进行限定，这意味着当时间段位限定以后，后工业社会在空间上如何展开就成为研究的重点。而从空间视角观察本质上相当于对后工业社会的横截面进行剖析。在逻辑上，一个社会的横截面有诸多因素和架构，并非所有的因素和架构都具有重要价值，因此，这就要求要抓住关键方面，即核心结构。依据商品经济社会的共性结构，后工业社会的核心结构不外乎商品、财富、货币三个方面。相应地，对后工业社会的分析即集中在这三个方面。

第一，后工业社会的商品结构及其特殊性。与工业社会的商品相比，后工业社会的商品从其内涵和生产形态上都发生了重大变化。从内涵上看，工业社会商品的价值在现实生活中指向其实用性，人们关心的是商品的物的有用性，但在后工业社会，人们对商品的关注转向了物的背后的社会象征意义，即人们关心的是在消费过程中社会对自己的评价。商品的价值在经验生活中指向物的意义性，这决定了，在社会生产中，谁能生产出商品的意义性，谁的商品就具有更大的价值，谁就能在商品竞争中胜出。这就是后工业社会商品的第一个变化。从生产形态看，商品的意义性上升为商品价值的主要方面，这意味着商品意义的开发和设计是生产的核心，与工业社会直接生产实体相比，该阶段生产的是虚拟的符号。这一特征意味着，在整个社会产业分工中，"符号的开发和设计—符号载体的制造—符号的营销"是后工业社会产业体系的轴心结构。面对这一轴心结构，不

1. 全球后工业社会问题:探讨当代中国问题的特定历史语境

同国家做出不同的选择,于是便产生了当代全球经济分工的新格局。总的来说,发达国家基本上退出了一般的商品制造行业,转而将本国的产业定位于商品的开发和营销环节,而大多数新兴经济体则以承接上述制造行业为参与全球化主要路径,形成一种工业经济主导的产业体系。从全球范围来看,当今世界的产业格局具有这样的特征:去工业化主导工业化,制造经济成为全球产业的外包环节。

第二,后工业社会的财富结构及其特殊性。从历史上看,人类社会的财富概念在不断发生变化。在物物交换时代,拥有物就是拥有财富;出现一般等价物以后,财富即意味着获得一般等价物的多少;一开始是贝壳充当一般等价物,后来它被黄金取代;之后,在相当长的历史时期内,黄金作为财富概念一直是人们的常识。然而,事实是,黄金在不同的历史时期,其含义是不一样的。在过去的金本位时代,黄金是货币,"黄金=财富";在今天的非金本位时代,黄金不是货币,黄金也就不能完全代表财富。那么是什么原因使黄金发生上述变化的呢?

正如黄金固定充当一般等价物(货币)有其必然性一样,黄金今天无法再充当货币同样具有必然性。从逻辑上说,黄金能取代贝壳充当货币,源于这样一个前提,即人们的交换需求量不大,当时开采黄金的量足够保证完成交换。但这种逻辑面临实践的挑战,即"交换需求的增速>黄金开采的增速",尤其是在工业化能力大幅提升和后工业时代到来的背景下,这已经不仅仅是一个挑战,更是一个现实的矛盾。不仅如此,黄金本身在自然属性上还具有一个缺陷,即交换量大就显得携带不方便,在现代社会,交换量大得惊人,黄金的这种缺陷就更为明显。而现代社会克服黄金上述两种缺点的过程就是黄金逐渐褪去财富内涵的历史。在货币史上,这种过程体现为两个标志性事件。一是用纸币代表黄金,纸币的发行以黄金为抵押,该阶段,"存钱=存财富"。二是用纸币取代黄金,纸币的印刷逻辑发生变化,由以前的"以黄金储备为依据"转向现在的"以交换需求为依据",即以前的钱是黄金的符号,现在的钱和黄金无关,该阶段,黄金不再直接代表财富,黄金的商品属性凸显(工业材料),货币色彩消退。问题是,黄金不再直接代表财富,而钱依照交换需求来印,而需求是一种预期而不是已有财富,这意味着钱从开始印出来就和生活中已有财富不对应。例如,假设一个简单模型,生活中只有1个馒头和1元钱,未来交换需要2个,为了实现按照1元钱一个馒头价格完成交换,必须印出购买两个馒头的钱来,显然,在时间上,钱先会创造出来,然后才是生产出2个馒头,在这个时间差内,社会上有3元钱,一个馒头(即1元钱只能买1/3的馒头),因此,在经验生活中,钱永远多于馒头的,这也是现代社会需要必要的通货膨胀以促进社会经济发展的逻辑必然性。当然,这也意味着,今天的钱从它开始印出,就在不断贬值,对于个人生活来说,你赚钱的时候一元钱可以买一个馒头,但花钱的时候,就一定买不到一个馒头了。也由此,当代社会面临着一个新问题就是:既然存钱已经无法像以前那样就是存财富了,那么什么才是现代的财富呢?

从财富的一般含义看,其内容有三:持币,为了当下消费;储备,为了将来消费;增殖,为了源源不断的消费。财富的这种一般含义在"钱"的印刷逻辑和含义本身发生变化的背景下,其实际的意义也在发生变化。我们可以具体比较。在钱是货币符号的背景下,"钱=财富本身",财富的实际含义就体现为:花钱、存钱、实现钱的增殖。在钱不是货币符号的背景下,"钱=获取财富的媒介",财富意味着:首先,钱是用来消费的,花钱依然具有财富的含义,"财富=花钱";其次,为了实现将来的消费,存钱也是必须的,但问题是,在钱的购买力一直贬值的背景下,仅仅存钱又是不行的,存钱的前提是保证钱不会贬值，所以保值是在存钱的基础上的一个新的财富含义，即"财富=存钱+保值"；最后，同样是基于钱的购买力的贬值原因，在让钱不断增殖的过程中，要解决钱增多了购买力也要增加至少不能降低的要求，否则，钱就不断地贬值了，因此，钱在实现增殖的过程中，前提是要增值，即"财富=增殖+增值"。上述不同背景下的财富含义，可简化为下述图示：

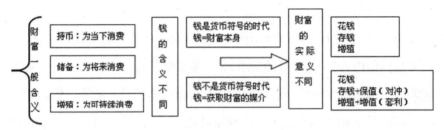

图1-2　财富的一般含义和实际含义

对比两种不同的财富含义，可以发现：二者的共同含义是花钱、存钱和增殖，不同点在于，在钱的印刷逻脱离黄金支持的背景下，为保持财富不贬值，需要增加保值和增值两个环节，而这两个环节则构成当前后工业社会背景下财富的特殊性内容；保值的含义是，在钱不值钱的预期下，人们会把财富配置为资源、资产，即购买商品、证券、房产、黄金等，反过来，当上述资源和资产贬值时人们则卖掉它们持有现金，这即是当代社会对冲配置的基本逻辑和模式；增值的含义是，通过对钱的不同方向的投资，如购买外汇、参股分红、高利率存贷等金融形式实现钱的套利，从而避免贬值和实现财富的持续增长；无论是基于保值的对冲配置还是基于增值的套利配置，其共同点是让钱在流动中避险、增长，也就是说，在后工业社会时代，财富的特殊性在于钱必须流动才能实现财富的保有、增长的目标，与工业社会"存钱=存财富"的模式相比，后者体现的是钱的积累性，金钱就是财富，前者则体现的是钱的流动性，钱只有资本化才是财富。

总而言之，关于后工业社会的财富结构及其特殊性，笔者以为可以这样概括：钱的印刷逻辑的转换，使得钱不再是货币的符号，钱在今天只是获取财富的媒介而不再是财富本身，这决定了实践中财富内涵的新特征，即钱只有在流动中才能避险，只有在流动中才能实现财富的增长，这意味着当今时代，钱的对冲和套利配置变得非常必要，相应地，基于对冲和套利运作逻辑的当代金融经济将成为这个时代经济的主导形态。

第三，后工业社会的货币结构及其特殊性。在全球化时代，货币包含两个层面的内容：一是一般性货币，另一是世界货币。一般货币，可以从逻辑和历史两个角度评估。就逻辑方面说，货币的本质是一般等价物，其中，"等价物"是承担商品交换的价值衡量功能，"一般"是充当商品交换的媒介。货币的一般等价物内涵意味着，货币具有两种核心功能，即价值衡量和交换媒介。而从历史的角度看，人类交换的历史到今天为止一共出现了这样几种货币形式：贝壳、黄金、纸币、数字化货币。在这些货币形式的演进中，贝壳和黄金都是特殊商品，这意味着这些货币形式同时具有价值衡量和交换媒介的功能，或者说，两种核心功能是统一的。而纸币较为特殊，在纸币按照黄金多少相应印刷的时候，纸币是黄金的符号，纸币的核心价值是完成交换，但这个时候"存钱=存财富"，纸币在本质上具有价值衡量功能，即此时货币的两种核心功能依然是统一的；在纸币按照交换需求印刷的时候，纸币已经不是黄金的符号，获得纸币而不进行相应配置是无法代表财富的，因此，这个阶段的纸币仅仅具有交换功能，是获取财富的媒介而不是财富本身，也就是说，此时货币两种功能开始分离了。尤其是，随着电子货币的兴起，交换过程连纸币也变得不必要了，经过数字的显示、转移和标识即完成交换过程，这更意味着，货币的交换媒介性更为显著和重要。因此，从一般货币的视角，可以这样判断，后工业社会货币趋向数字化，货币的媒介性日益凸显。

就世界货币来看，当今时代的世界货币也发生了本根性变化。从逻辑上分析，世界货币从金本位转向信用本位，即以前是黄金作为不同国家相互贸易的结算货币，现在则以特定国家的纸币作为结算货币。从实践上看，世界货币的演变迄今为止经历了如下过程：黄金→英镑→美元。深入分析这一演进过程可以发现更深刻的变化。首先，黄金、英镑是金本位，这毋庸置疑，但美元算不算金本位呢，这是一个问题。其次，美元以20世纪70年代为界，之前的叫黄金美元，本质上是金本位，之后的叫石油美元，其含义是世界石油交换只认美元，而世界离不开石油，因此也就离不开美元，这显然不是金本位，那么这是什么呢。再次，从事实上看，美国获得用美元对石油唯一定价的权力，源于美国强大的军事力量对阿拉伯产油区的控制，即美国以保护该地区的安全换取对石油的唯一定价权，本质上是一种军事强制力，也就是说，石油美元的背后是强大的美国军事后盾。最后，从货币信用来源分析，黄金本位的逻辑是有多少黄金相应印多少纸币，因为黄金是一种特殊商品，因此，金本位的信用模式是"以实际财富为抵押"；美元本位的逻辑是，世界离不开石油→石油离不开美元→世界离不开美元，即人们之所以选择美元是因为人们离不开它，不是人们真的就认为美国经济实力强大，其核心因素是美国军事强力，因此美元本位的信用模式即是"以暴力强制为抵押"。可见，世界货币最大的变化是信用模式的变化。

再结合上面一般货币的属性，我们可以这样评估美元这一世界货币的特征及其影响。

就其一般性而言，美元也是一种货币，一般货币的媒介性凸显，美元的媒介性同样也在凸显，即美元本身不是财富，只是获得财富的媒介。美元的这一媒介性特征给世界带来了深刻影响，即在逻辑上既然钱不可靠，那只能选择资源资产对冲才可靠，该逻辑带来了世界利益格局的新变化。具体说，全球范围内，当美元出现贬值预期时，全球资金会追逐资源资产，如世界大宗商品、资本市场、楼市火热，反之，当美元出现升值预期时，则世界大宗商品、资本市场、楼市冷清。在这一模式中，按照对冲逻辑运作的资本称之为国际对冲资本，其影响力大约几百万亿美元规模，对全球发展具有控制力和主导作用。①这一全球利益博弈的新动向意味着，世界资源、资产因为在各个国家的分布情况不同，形成了一个新的博弈格局，即资源类国家、资产类国家、美国、国际资本。

就其特殊性而言，美元本位背后存在"以暴力强制为抵押"的信用逻辑，这意味着美元的背后是一种国家意志，美元世界货币的背后具有霸权性。这种霸权性决定了，当今世界汇率问题本质上只能是一个政治经济学概念，而不是纯粹的经济学范畴。世界汇率的这种政治性导致了一种新的资本运作模式，即美元套利交易的普遍化。具体说，即在特定国家的货币升值前进入，升值后出来，一进一出获取利润。在该过程中，关键是判断美元对特定国家货币要求升值的意志。在全球范围内，国际资本按照这种逻辑运作，即可称为美元套利资本，其影响力有几十万亿美元规模。

总而言之，后工业社会的货币和世界货币的变化和特殊性表明，当今世界货币正在趋向媒介化，货币只是获取财富的媒介而不是财富本身，由此导致货币对冲和套利配置的普遍化；作为世界货币的美元本位，除了符合上述一般货币的特性和演进趋势，还具有霸权性和影响世界格局的能

---

① 刘军洛：《多角世界下的中国房价》，华夏文史出版社，2009年，第11页。

力,即美元主导的世界汇率是一种政治经济学现象,美元升值还是贬值是可控的,并由此影响全球资源、资产和他国货币价格的变动,世界出现对冲资本、美元套利资本新的资本运作模式。

1.1.4时代格局:美元牵引+对冲套利资本驱动+全球资源资产布局

所谓时代格局,指的是在特定的"时间–空间"点上,社会事件发生、演变及其结果的综合状态,从理论上看,时代格局包含两个重要因素,即特定"时间–空间"点和事件。特定的"时间–空间"点,在实践上就是事件发生和演变的社会平台;事件,在实践上就是在该社会平台上的人的活动。也就是说,在逻辑上,事件和社会平台具有不可分割性。在方法论意义上,分析时代格局就是分析事件和社会平台。

就事件来说,人的活动是事件的核心,同时也是本质,因此,观察和分析事件就是分析人的活动。在一般意义上,人的活动在逻辑上具有这样的层次,即"想做什么→能做什么→要做什么"。其中,想做什么,是人的利益需求,主观意愿性;能做什么,是人所想的实现程度,客观制约性;要做什么,是在客观条件允许的情况下,主观意愿所能实现的程度,即主客观因素的综合、内外因因素的综合。反映在国家层面,上述三个层次即扩展为:国家利益需求→国家实力→国家战略策略。因此,要分析世界格局,其核心因素就是:利益需求、力量博弈以及综合演变。

就社会平台来说,当今世界的核心变化是后工业社会这一新秩序的生成,该秩序具有这样的内容和特征:以美元为按钮,以国际资本为驱动,以全球资源、资产、欧元为主要符号,构成一个特殊的全球利益博弈新结构,该结构的特质在于,美元是按钮,美元内在的"跷跷板"结构决定着它对世界的"跷跷板"效应。上述结构和特征如下图所示:

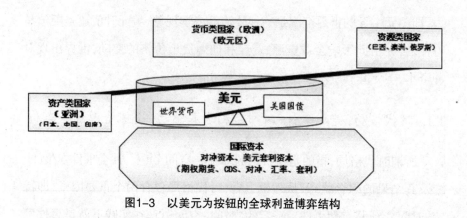

图1-3　以美元为按钮的全球利益博弈结构

　　基于上述分析和判断,笔者拟对当前时代格局进行框架性分析。

　　首先,美元构成全球利益变动的按钮,美元升值还是贬值决定了世界资源资产的变动,从而带动世界利益格局的变化。因此,源于美元的世界货币地位和背后的霸权化事实。作为世界货币,美元是全球交换的唯一通行证,也是全球财富流动的核心媒介。而在后工业社会背景下,"存钱≠存财富"的经济规则决定了,国际资本在美元贬值的周期内,必然会追逐全球资源和资产,由此世界大宗商品和黄金、股市和房地产市场就会高涨;相应地,此周期内的资源类国家就会因资源价格上涨获利,资产类国家就是出现资本的充足和股市、房地产的火热,具有一定的资产泡沫风险。反之,当美元处于升值周期,国际资本则会卖掉资源和资产,追逐美元,在此周期内,资源类国家会面临因全球资源价格大跌而导致的经济萧条,资产类国家则出现美元出逃、资产泡沫破裂的危机。也就是说,美元作为世界货币,在后工业社会"存钱≠存财富"的经济逻辑支配下,与全球资源资产构成一种事实上的跷跷板关系。在这种关系中,跷跷板的支点是国际资本,以对冲为主要运作模式;两端分别是"美元"和"全球资源资产",分别对应着美国和资源类国家(巴西、澳洲、俄罗斯为代表)、资产类国家(日本、中国、印度为代表）；该跷跷板是否变化，取决于美元的升值与否，而美元是否升值则又由美国的利益需求来决定，在这种意义上，美元是世界利益格局变化的按钮，美国是世界利益格局变动的牵引因素。此其一。

其二，美元背后的霸权化事实意味着，世界汇率概念本质上是政治经济性的，美元对他国货币的利益评估决定着汇率的变动情况，由此，国际资本依据美元对其他国家货币意志的判断又产生一种新的运作模式，即美元套利模式。这一模式的逻辑是，在该国货币没有升值之前买进，升值之后卖出，或者升值前进入该国，升值后逃离，目的是套取差价。这一模式对世界的影响是，在全球化背景下只要不是金融锁国，任何国家的货币都可能成为套利对象。由此决定了当今世界各个国家的货币之间具有金融博弈的新关系，该关系中，美元成为杠杆。

综合上面两种情况，可以看到，美元在当今世界的格局中具有这样的影响力：以国际资本为支点，美元与全球资源、资产、他国货币之间具有对冲关系，美元价值的升与贬，决定了全球大宗商品、股市、黄金、房地产以及他国货币的变动，因何变动和何时变动取决于美元的价值，背后是美国的利益需求。正是在这个意义上，美元成为按钮，美国利益需求变动牵引世界局势变化。

其次，国际资本对全球利益格局具有决定性影响力，是当今世界变化的庄家力量。在这里，国际资本是按照资本运作的逻辑来界定的。如上所述，在后工业社会平台上，基于对美元价值变动的应对，全球资本具有两种核心性运作路径：对冲和套利。相应地，基于这两种逻辑运作的资本，笔者把它们称为对冲资本和美元套利资本。在金融实务操作上，对冲资本集中体现为全球对冲基金，套利资本集中表现为美元套利资金和日元套息资金；其操作的基本形式主要有期权期货、CDS、汇市等。就其影响规模来看，因为现代金融运作的杠杆机制，一美元可以放大500倍，因此，全球上述对冲资本和套利资本的全球影响力至少在几百万亿美元的规模以上，而当今世界，最富有的国家美国GDP总量才约15万亿，与几百万亿相比，显然，国际资本的影响力更大。在这个意义上，世界格局变动的决定力量是国际资本，影响世界格局变动方向的是国际资本的投资趋势和走向。

最后，美元自身具有一个跷跷板结构，形成一个内在的循环效应，这决定了美元必然具有一个升值和贬值相互交替循环的周期走势，而这一周期走势带来了全球宏观经济的基于美元的跷跷板效应。美元自身的跷跷板结构指的是，美元作为世界货币，其发行机制是国债货币化，即全球82%以上的美元由美国财政部发行国债、美联储印美元购买的方式发行，[①]这种发行模式意味着，美元一方面是货币，另一方面是国债。当美元作为货币时，发行越多则变得越不值钱，美元就会进入贬值周期，这是跷跷板的一端；当美元作为国债时，美元发行越多，国债也就愈多，国债的收益率也就愈高，这样，为了对冲美元贬值，全球投资资金就追逐国债，而购买国债需要美元，国债需求大，意味着兑美元需求大，于是美元开始变得值钱，美元从贬值周期被拉向升值周期，这是跷跷板的另一端。这样，美元在其"世界货币"和"美国国债"之间构成一个上下运动，形成一个内在的循环。而这个循环在全球层面又因美元与资源资产的对冲关系，形成全球利益博弈格局。在这个格局中，美元自身具有循环周期，基于美元媒介的全球财富流动也具有周期。这就是当今世界利益博弈的周期机制。

综合上述三大框架性特征可以发现，评估当今世界格局的几个基点

---

① 数据显示，截至2008年1月30日，美联储共向市场投放基础货币8143亿美元，其中以持有政府债券资产形式投放的约7184亿美元，占88.2%。参见陆军荣：《美元货币流通发行机制带来四大启示》，《上海证券报》，2008年6月27日。

为:第一,美元周期变化是世界周期性变化的根源,观察和确认美元周期变化的时间点,是把握和评估全球利益格局的关键所在,今天,美元依然处于贬值周期,但美国国债收益率在逐渐上升,这预示着,美元将进入升值周期的时间点在临近,世界经济形势将发生转折性变化;第二,美元一旦进入升值周期,世界美元将在国际资本的推动下向美国回流,这对于美国以外的国家来说,意味着美元短缺,经济进入紧缩状态;第三,美元一旦升值开始,全球范围内资源、资产价格下跌,资源类国家经济受挫,资产类国家面临资产泡沫破裂冲击,欧元遭遇打击,美元回流美国;第四,国际资本将在美元升值之前提前布局做空亚洲和资源类国家,亚洲和资源类国家将在美元升值周期内遭受金融之战;第五,从力量博弈来看,国际资本具有绝对性支配力量,只要美元升值启动,除非实行金融锁国,否则主权国家很难应对货币流失冲击;第六,从趋势演变来看,美元进入升值周期不可阻挡,世界格局将在可以预见的时间内发生转折性变化,新兴经济体需要在战略上进行布局和应对。

此外,补充一则关于从数理角度对美元周期的研究资料,其研究显示:美元升值周期约为10年,贬值周期为5~6年,当然在实际的金融运作中,由于每一位市场参与者都按照这种预期参与,本身成为改变美元周期的因素,因此,真实的美元反转的时间节点一定会提前。下面是关于美元周期统计分析的图表(转引自哈克的BLOG,http://blog.sina.com.cn/guan-misheng;另外,关于美元周期变动历史的实证分析,可以参看向松祚教授的文章《美元周期和全球经济周期(下)》,http://xiangsongzuo.blog.163.com/blog/static/207388882007111710012496/)。

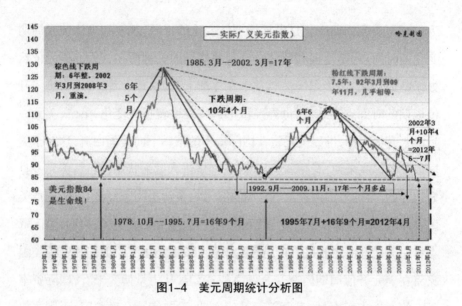

图1-4　美元周期统计分析图

1.1.5后工业社会时代的到来对当前我国社会发展的挑战

当然,从实践上看,当前世情新变化体现的是一种一般趋势,该趋势所展示的发展路径及前景具有普遍的参考价值,但一般不是特殊,趋势也不等同于现实,实践中的我国发展,同时还具有自身的特殊性和实际情况,着眼于一般趋势和立足于具体实际,我们的判断是,世情新变化给当前我国社会发展带来了挑战并产生了重大影响。这些挑战和影响主要是:

第一,财富资本化意味着以美元为主体的外汇储备本质上是存钱,而在世界范围内后工业社会来临的背景下,金钱储备不具有战略优势,本质上应被核心资源储备代替,因此,外汇储备在实际上会产生财富虚拟化和购买力缩水之风险,尤其是此次世界金融危机的爆发,更是把这种风险推向了前台。

第二,美元本位的风险决定了我国货币发行在实际操作中紧盯美元是不具有可持续性的，并可能带来货币危机，数据显示，1994年之后，外汇占款开始逐渐成为基础货币投放的主流，尤其是2006年，全年基础货币净投放1.34万亿，而通过外汇占款投放的基础货币大约是1.93万亿，也就是说，央行通过外汇占款科目投放的基础货币大约是基础货币净投放的1.44倍，[①]由此，因外汇占款的快速增长而导致的国内流动性过剩是当前中央银行所面临的一个最严重的货币政策问题，尤其是在美元本位风险日益显现的今天及今后一个可以预见的时期内，这种本质上是美元主义的货币发行思路，将会产生更严峻的金融问题；

第三，产业链分工中的低端格局预示着，未来我国社会发展将受制于国际市场，没有对国际市场的自主权和主动性。在产业链三大主要环节中，中国只在加工制造、装配环节占有一定的优势，而两端均处于弱势，跨国公司则一端掌握核心技术和关键部件，另一端拥有销售渠道，形成操控两端的封闭体系。[②]

这些挑战和影响意味着，如何应对这些外汇风险、货币缺陷和产业劣势问题，如何消除这些已经产生和即将带来的严重后果，如何依据一般趋势并结合实际来制定发展规划和国家战略，已十分必要和迫切。

总而言之，上述分析表明，后工业社会是实现我国社会科学发展的基本历史语境，也是我们在今后一个时期内所立足的世界性时代平台，只要我们发展市场经济，只要我们不退出全球化进程，就必须面对这些问题和挑战。

---

① 参见国务院发展研究中心研究员范建军在《中国货币政策工具之争》一文提供的数据，引自国研网，http://www.drcnet.com.cn/DRCnet.common.web/DocViewSummary.aspx?docid=1492813&chnid=7&leafid=1&gourl=/DRCnet.common.web/DocView.aspx。

② 参见陈楫宝：《商务部力推"中国创造"》，《21世纪经济报道》，2005年3月24日。

1.2 后工业社会的特征：哲学分析

哲学视角的特殊性体现为两个方面，即观察问题的高度性和分析问题的深度性，基于哲学视角对后工业社会的研究，可以概括为三个方面的内容；第一个是，后工业社会表现为"商品符号化"，其背后是社会总体消费层次的升级；第二个是"财富资本化"，"积累性≠财富=流动性"成为后工业社会基本财富观念和投资逻辑，"投资经济+定价经济"成为后工业社会经济运作中的主体模式；第三个是"货币霸权化"，背后是美国霸权的强制性逻辑和暴力化事实，当今世界依然并将在一个很长的时期内处于"政治-经济学"时代。①

1.2.1 后工业社会的商品结构：价值的意义性与商品的符号化

后工业社会的第一个经济特征，即从"制造"向"服务"的转换，从生成论角度看，归因于当代社会商品价值重心的转换，根源在于其背后的社会总体消费层次的升级，该变化带来了后工业社会产业分工和生产模式的革新。

在工业社会中，"制造为重心"，表明该阶段生产的主要是商品的"实用性价值"，即造的是"实物"。而"实物"之所以有意义，就在于商品"有用"，因此，"制造"对应的是商品的"有用性"。在后工业社会阶段，"服务为重心"，表明此时的消费重点不在于商品是否有用（有用只是一种前提），而在于商品是否有意义以及有多大意义（即人们关心的是消费该商品能

---

① 张健：《后工业社会的特殊研究——基于哲学视角》，《人文杂志》，2011年第4期。

在多大程度上获得社会的尊重），究其实质，是商品背后的社会象征意义（意义性），即造的是商品的"符号价值"。例如，抽好烟代表着好身份好地位，开好车象征着社会地位和身价，这是当代人们消费重心所在。由此可见，"制造"向"服务"的转换，其背后反映的是，在消费偏好上，人们已经开始从工业社会对实物商品（有用性）的关注走向后工业社会对符号商品（符号性）的青睐。后工业社会的首要特征是商品价值的意义性和商品的符号化。

那么如何评估后工业社会商品价值的这一变化呢？

从逻辑上看，商品的"符号价值"来源于消费者关注消费过程中别人对自己的评价，看重的是商品的社会象征意义，展示的是消费者的身份、地位和社会价值，本质上是一种"心理体验"。但问题是，这种"心理体验"如何与经济行为挂钩呢？从社会发展的一般规律看，随着社会需求层次的升级，物质性需求得到充分满足，人们便会转向高级的精神性需要，而精神性需求是抽象的、无形的，需要借助一定的载体才能体现。于是，社会上便有一批人专门研究人们的精神性需求，并把这些内容附载在商品上，这就是品牌设计。可见，后工业社会第一个重要的经济环节就是"研究开发"，没有它就没有商品的"符号价值"。那么把特定的社会象征意义附载在商品上，人们就一定相信吗？比如，人们凭什么相信"抽好烟就代表着好身份"呢？这说明，要让人们相信，还需要一个说服环节。而实际上，广告及其背后的营销手段就扮演了这样的角色。可见，"符号价值"的最终实现又离不开营销环节。这样，在后工业社会中一个"符号价值"的生产就包含了这样的基本环节：首先需要研究开发，设计出"符号"；其次要造出商品，作为承载"符号"的媒介；最后要通过营销手段，说服大家相信这个"符号"代表某种意义。也就是说，"研发—制造—营销"构成了后工业社会的基本生产体系。在该体系中，三大环节具有内在的逻辑关联，围绕符号这一中轴形成一种"链条化"结构。这就是后工业社会的"产业链条化"新趋势。那么，"产业链条化"的本质是什么？其带给世界的分工格局又怎样呢？

从其本质上看，"产业链条化"实际上是当今世界经济的新一轮大分工，即"创造符号""附载符号"和"卖符号"，核心是符号生产，并辅之以实物制造。而"符号"的本质是精神性需求的有形化（社会象征意义在商品上的附载），这意味着，在这样的分工体系中，"创造符号"（开发精神性需求）和"卖符号"（实现精神性要求）是整个产业体系的关键和战略制高点，只要抓住了这两个环节，也就掌握了整个产业的核心和主框架。实际情况如何呢？一般来说，企业和学界基本采用1:9的分配格局，即在当前产业链利润分配中，制造仅占十分之一，十分之九归于研发和营销。①不仅如此，产业链的含义是，不同的环节联动发展，即有一个环节动，其他环节都动。反映在实践中就是，如果你通过制造赚了一块钱，那么别人则同时通过研发和营销可以赚九块钱。在这个意义上，"产业链条化"的背后是一种全球利润分配格局的新变化。该变化意味着，作为居于制造环节的国家实际上处于一种利益分配的不利位置。

而从其影响来看，上述三大分工实际上可归为两大发展模式，分属两类经济体系。两大发展模式是："制造=自然资源消耗+体力资源依赖"，"研发与营销=人文资源消耗+智力资源依赖"。两类经济系统为：其一，"制造"，其基本作用是提供"符号价值"的实物载体，是整个"符号生产"的

---

① 美国商务部的数据显示，一个售价在9.99美元的芭比娃娃，扣除成本0.65美元，到最终消费者手中时总共增值9.34美元。"中国制造"在这块全球增值的大蛋糕中只分得了0.35美元，占4%不到，而美国的玩具厂商和零售商得到的是中国厂商的23倍。国际上的"微笑曲线"，即一个商品、三个环节（研发、制造和销售），其中制造环节占三个环节总利润的5%，最高不超过10%。

准备环节，无论是投入的还是产出的都是实体性的物品，整个过程均具有实体性特征，可称之为"实体经济体系"；其二，"研发与营销"，其基本功能是"开发出符号"和"卖出符号"，整体过程鲜见实体因素，可称之为"虚拟经济体系"。两者比较。首先，"实体经济体系"因依赖自然资源消耗，靠为符号准备载体而获得利润，因此处在世界经济大厦的底座，发展受资源制约；而"虚拟经济体系"则因消耗人文资源，靠符号卖钱，因此处在大厦的顶端，同时也不受资源制约。其次，在后工业社会的经济大厦中，作为底座的"实体经济体系"在功能上是基础，但在利润分配中是微利。这就意味着，作为构成这一体系主体的国家在经济格局中基本上处于弱势。再次，从投入的角度看，"实体经济"投入的是自然资源和体力，是有限和不可再生的，可持续性较差；"虚拟经济"则投入的是人文资源和智力，是无限和可再生的，可持续性较强。这预示着，在潜在的竞争力上，后者比前者更具有优势。这样，一方面，全球利润分配"实体经济体系"是微利和大成本；另一方面，全球竞争"虚拟经济体系"是大收获和强势，后工业社会的产业链最终造成了这样的总格局，即发展中国家在这轮分工和利益分配中普遍处于劣势，战略上陷于被动。

基于上述分析，笔者判断：在后工业社会中，"制造"向"服务"的转换，深层反映的是商品价值重心的转换，体现为消费重心由"实用性"转向"意义性"，"符号价值"成为后工业社会商品消费的主要内容；基于这一转换，产业链出现"研发—制造—营销"的新形态，世界产业分工出现新格局；这是后工业社会的第一个特征，可概括为"商品符号化"。

1.2.2 后工业社会的财富结构：流动性与资本化

后工业社会的第二个经济特征，即从"生产决定消费"向"消费主导生产"的转换，从深层次看，本质上反映的是货币有效性基础由"财富抵押"向"强制抵押"转换的历史逻辑，其背后是财富内涵和尺度的转换，该变化带来了后工业社会财富分配上的"食物链化"趋向，使得当今世界财富分配权问题成为后工业社会经济博弈的核心所在。

　　首先，关于财富内涵的更新。历史地看，人类社会财富的含义在不断发生变化，在人类早期的"物物交换"阶段，财富的本质就是交换之"物"，有"物"就有财，有财就是有"物"，即"财富=财物"。进入到一般等价物交换时代，社会财富的获得要通过一般等价物这个媒介实现，一开始是贝壳充当一般等价物，后来由金银取代并固定充当一般等价物，在这个历史阶段，拥有贝壳或者金银就是拥有财富，即"财富=金银（贝壳）"。随着人类社会交换需求扩大，金银充当一般等价物面临两种缺陷：一是携带不方便，二是供给不足。携带不方便，使得人们在交换中用纸币代替金银进行交换，这个阶段，纸币的发行取决于金银储备量。在这里，因为纸币和金银之间具有对应关系，因此，纸币成为金银符号。也就是说，这个历史阶段上，拥有多少纸币也就是拥有多少金银，即"财富=纸币"。而金银的第二个缺陷，即供给不足（交换需求增长速度大于金银开采速度），使得纸币与金银的对应关系也无法反映现实的交换需求（如，交换规模太大，比例对应关系必须不断调整才能与之相适应，但现实中这种频繁调整纸币含金量会带了纸币信用的弱化），由此，纸币与金银脱钩。但是，脱离了金银抵押的纸币，如何被人们接受为金钱呢？人们通常认为，由国家作担保即可，即注入国家信用。但问题是，国家信用又来源于什么？国家强制发行纸币，即意味着非国家以外的任何个人和机构发行的纸币都是非法的，都不管用；从个人的角度看，别的纸币不管用，只能用国家的，这说明，你不得不接受它，或者说你离不开它。可见，国家信用的来源本质上是一种"强制抵押"。

而在逻辑上，"强制抵押"意味着纸币的背后是国家强制力，不是金银，纸币的目的是用来满足交换需求的，其本质是交换的媒介。由此，"纸币≠财富"。简言之，从"'财富=财物'→'财富=金银（贝壳）'→'财富=纸币'"到今天的"纸币≠财富"，这就是关于财富内涵演进的一般理论分析。那么历史层面又如何呢？

在工业社会阶段，经济运行的主导规则是"生产决定消费"，这意味着，交换需求受制于生产能力，交换的规模总体上在社会生产的许可范围内变动，与此相应，社会的金银供给可以满足交换的需求。因此，该阶段，金银的缺陷体现在携带不便上，克服该缺陷的主要货币行为集中在货币的符号化上，即该历史阶段上的纸币，本质上是货币的符号，"财富=钱"。

而在后工业社会阶段，经济运行的主导规则是"消费主导生产"，从逻辑上看，"消费"是一种对"未来价值"的预期，需要通过交换予以实现，因此"消费主导生产"在本质上意味着，交换需求牵引和决定生产取向，交换的规模、增长速度远大于已经生产出来的价值的规模及其增速。也就是说，社会的金银生产难以为纸币提供足够的抵押，由此，金银充当货币的缺陷也就集中转向了"供给不足"方面。相应地，克服该缺陷的货币行为也表现为货币的媒介化上，即纸币脱离金银抵押，转向强制抵押，纸币成为交换的媒介，"纸币≠财富"。那么新的问题来了，纸币不是财富，什么才是财富呢？

对上述两个阶段进行对比，不难发现，纸币=财富，背后的根源是社会的"生产性"占主导，即生产力水平不高，"交换需求"受制于"生产能力"，社会看重的是"已经生产出来的价值"，衡量社会发展的指标是"对过去价值的积累程度"，即"积累性=财富内涵"。"纸币≠财富"，源于社会的"消费性"占主导，体现为"交换需求"牵引和决定"生产取向"，又因为"消费"本质上是一种预期价值的生产，因此，社会经济运行的重心转向"未来价值的折现"，衡量社会发展的指标是"对预期价值的折现能力"。而在逻辑上，要把未来的钱拿到今天来用，需要把钱流动起来（即通过钱把过去价值、未来价值连通起来，形成资金流，如通过利率机制，钱的使用权不断流转）。就此而言，"流动性=财富内涵"这构成后工业社会的基本财富特征。在这里，流动性的含义是：纸币只有在不断的交换中才有意义（钱花出去才有价值—消费，钱要换到资源才是财富—保值），交换只有不断持续和升级才有价值（钱不断增值才有意义—投资），即"流动性=消费+资源持有+增值"。反映在资本运作上，上述流动性含义分别是："消费=花钱"，资源"持有=对冲避险"，"增值=投资升值"。在这个意义上，后工业社会的财富内容就是：消费、对冲、投资三者的有机组合。

其次，关于财富尺度的转换。在工业社会，"生产决定消费"意味着，在现实生活中人们消费什么取决于这个社会已经生产出了什么东西，"已经产出的价值"是人们进行消费的前提和对象。这说明，"已经产出的价值"对人们具有决定意义，而在经济范畴里，"已经产出"的价值可用"钱"来衡量，"钱"即是对"已经产出"的价值的确认。在这个意义上，"钱"就是财富，"有钱"就是有财富。而在后工业社会，"消费主导生产"意味着消费环节更为重要。"消费"是什么？从缘起的角度看，"消费"就是欲望，就是心理预期，是一种对"还未产出的价值"的意向，体现的是一种"预期价值"。较之于"已经产出的价值"，显然，"钱"不能有效衡量它（"钱"衡量的是在形态上"已经产出"，在时态上"已经存在"这样的价值）。因此，在后工业社会阶段，"钱"无法指代财富，也无法有效衡量财富。那么该用什么衡量呢？这就是"资本"。这是因为，"预期价值"内含两大诉求：一是时间意义上的"未来价值"，它对今天有什么意义；二是心理意义上的"可预期获利"，如何保证它能实现。"预期价值对今天有什么意义"，资本市场显示，"未来收入"可以拿到今天来用，即它可以折现，如产权抵押贷款。在这个意义上，钱是指向过去收入，资本就是指向未来收入。"如何保证它能实现"，资本市场表明，可以以利率为杠杆"对预期价值"进行产权化运作，在这里，利率实际上是对未来收入的保证机制，即确定了利率，就是确定了未来的收入额。换言之，利率的功能就是对"未来价值"进行定价。就此而言，资本之所以对未来收入有决定性影响，源于对定价权的控制，资本就是拥有定价权。由此可见，在后工业社会阶段，可以这样评估钱与资本："钱=过去收入的积累"；"资本=未来收入的折现+对未来收入的定价"。

最后，财富由"金钱"转向"资本"，"资本化=预期价值折现+预期价值定价"成为后工业社会评估财富的新框架。在这里，该框架包含下面两个基本内容：

一是，"预期价值折现"含义及其影响。"预期价值折现"从逻辑上说是把明天的"钱"拿到今天来用。那么，什么是明天的"钱"，它为何能拿到今天来用，资本的这一含义带来什么样结果呢？从消费者的角度来看，明天的"钱"就是他未来的收入，把未来的收入拿到今天来用一般体现为"借贷"，即借别人的钱来消费。在该过程中，借贷包括两个部分，即"本钱+利息"，其中，"本钱"就是过去积累的货币，"利息"是借贷的动力，本质就是"本钱"使用权的收益。可见，未来收入之所以能拿到今天来用，是因为借钱人在用"利息"购买出钱人的"本钱"的使用权，该过程的实质性内容可概括为："本钱"的使用权的商品化（使用权可以卖钱），或者说货币使用权的商品化。那么货币使用权的商品化意味着什么呢？它意味着，货币的使用权要想卖钱，必须存在货币的大量积累，即必须存在可以出让的货币，就此而言，要具备该意义上的资本，实际上就是要拥有大量的货币储备。

反映在经济活动上，就是"投资"。在这个意义上，资本的"预期价值折现"这一含义实际演化为"投资经济"这样一种运作形式。该形式预示着，在后工业社会阶段，哪个国家能把货币使用权拿来卖钱，哪个国家在"投资"环节占主导，哪个国家就具有很强的资本运作能力。

二是，"定价权"含义与影响。从概念上看，"定价权"源于经济学中"定价能力"（Pricing power）一词，[①]表达的是一种在经济链条中占据绝对主导地位，从而在利润分配上拥有主动权和优势地位的状态。从实践上看，"定价权"的形成至少包含三个递进性条件：第一，对产品价格制定拥有主动权；第二，改变产品定价不会对需求有负面影响；第三，通过提价可将新增成本传导给下游且不影响销量。可见，"定价权"背后反映的是这样的经济景观：在经济分工链条化基础上，源于劳动环节所创造的新价值（利润）在量上不断增加，在分配上逐渐向劳动以外的其他环节倾斜，即劳动本身的报酬在总体报酬中所占的比重越来越小。为何会出现这一趋势？源于后工业社会商品价值内涵的转换。工业社会中，社会总需求处于"求温饱"层次，商品的意义在于"有用"，而能否"有用"，取决于制造环节，因此"制造经济"的收益（工资）比较高，其他环节不太明显；但在后工业社会，社会总需求上升至"精神性"层面，商品的有效性在于"有意义"，而能否"有意义"主要来源于"设计"和"营销"环节，因此"智力劳动"和"虚拟因素"收益就相对高些，即"非制造经济"收益较高。不仅如此，由于整个产业分工的链条化，全球利润分配呈现出联动态势，即一个环节动，另外的环节跟着动。在总利润一定的前提下，若"设计与营销"得的较多，那么"制造"则必然减少，而实际上，在当前的产业链中，由于整个"制造"环节处于"外包"地位，

---

① 指公司对其产品价格制定拥有主动权，若改变产品定价不会对需求有负面影响。拥有定价权的公司在成本上升情况下可以顺利通过提价将新增成本传导给下游且不影响销量。

不具有自主性，要抬高其自身所得而减少其他所得基本不可能，相反，因"设计"和"营销"在整个链条具有绝对的自主性，其抬高自身所得不仅可能更是必然，这样整个链条利润分配表现出一种增减的单向性。基于这种单向性，"设计与营销"环节呈现出一种对整个利润的"定价"趋向，即"设计与营销"具有定价能力。相应地，建立在"设计与营销"基础上的西方经济体系总体上也就表现为一种"定价经济"模式。再结合上述关于"投资经济"的论述，不难发现，当前全球经济从利润分配的角度出现了三个新的形态，即"制造经济""投资经济"和"定价经济"，其中，"投资经济"源于资本的"预期价值折现"的内在规定，"定价经济"源于资本的"定价权"内涵。

总而言之，后工业社会中的"生产决定消费"向"消费主导生产"的转换，背后反映的是财富内涵的更新和尺度的转换；基于这两大变化，"积累性≠财富，财富=流动性"成为后工业社会基本的财富观念和投资逻辑，"投资经济+定价经济"成为后工业社会形经济运作中的主体模式；财富尺度的资本化使得"制造经济"成为辅助，并日渐演化为外包环节，总体上形成"制造经济→投资经济→定价经济"这样一条世界财富食物链；这是后工业社会的第二个特征，可概括为"财富资本化"，其本质是资本的效力愈来愈大，呈现集权化趋势。

1.2.3 后工业社会的货币结构：美元本位及其背后的霸权化

后工业社会的第三个经济特征，即世界货币从"金本位"向"美元本位"的转换，从真理性和价值性两个维度看，这一变化一方面反映的是货币的信用来源在发生变化（物质性财富抵押→精神性信用抵押），另一方面更深层次反映的是世界货币的决定因素由以往的经济实力转向当今的政治强力，背后是美国货币霸权的强制性逻辑和暴力化事实，该变化带来了后工业社会中两大金融景观，即"经济的核心在于金融/金融的核心在于美元"和"对冲资本对全球具有控制力/美元套利交易普遍化"。

首先，就理论层面看，黄金充当世界货币，具有特定的历史性。在工业社会阶段，基于市场的全球化驱动，黄金既是一般性的日常货币，同时也是世界货币。因为黄金充当一般等价物，本质上是一种特殊商品，因此黄金作为世界货币的有效性基础可概括为"实物担当"。然而，随着世界贸易的发展，黄金充当世界货币越来越显现出局限性，这主要集中在两个方面，即携带不便和供给不足（黄金开采速度满足不了贸易增长的速度）。

第一，携带不便，产生了对纸币的需求，纸币作为黄金的符号，二者之间具有一种对应关系，纸币有效性源于背后的黄金抵押，在这个阶段，世界货币体系是"金本位"。与黄金直接充当世界货币相比，基于黄金抵押的特定纸币担当世界货币（早期是英镑，后来是美元），其基本特征有二：一是它使得国际贸易更为方便了，因为它克服了黄金携带不便的不足，有效地促进了世界交换需求的持续增长；二是该纸币具有一定的含金量，其背后信用来源于"定量的黄金作抵押"，因此其有效性基础是"物质性财富抵押"。

第二，黄金供给不足，使得国家发行的纸币走向垄断地位，即历史进入只有国家发行的货币才是唯一合法纸币的时代，这种对纸币合法性的强制性规定，使得纸币的发行脱离黄金抵押之基础，纸币发行取决于商品交换的需求规模，纸币成为一种纯粹充当交换媒介的角色。在这个意义上，该阶段上的纸币其有效性源于国家的强制性抵押（它是国家发行的唯一交换媒介，你离不开它），本质上，该阶段上的纸币是一种流动性符号，而非原先的货币符号。可见，历史进入该区间，黄金退出了世界货币体系，特定国家的纸币成为世界货币，而该纸币是美元，这就是"美元本位"货币体系。

其次，从实践的层面看，美元充当世界货币在不同的阶段具有不同的内涵和意义。20世纪70年代以前，美元与黄金挂钩，意味着人们拿着美元就是拿着黄金，人们相信美元，本质上是相信黄金，在这个意义上，美元的信用模式表现为"物质性财富抵押"，理论上，这是"金本位"货币体系。该阶段，美元作为世界货币，其决定性力量来源于美国强大黄金储备，即美国的强大经济实力。而20世纪70年代以后，美国单方面宣布美元与黄金脱钩，这意味着人们拿着美元未必就是拿着黄金，即美元信用模式不再是"物质性财富抵押"，世界货币体系的"金本位"内涵消失。那么美元信用不再是"物质性财富抵押"，又会是什么呢？事实是，石油与美元挂钩形成"石油美元"，即美国通过国家行为宣布石油与美元挂钩，同时并通过国家力量迫使石油由美元进行唯一定价。至此，美元信用来源转换为"强制抵押"，理论上，"美元本位"内涵正式生成。该阶段，美元作为世界货币，一则，其发行在理论上取决于世界交换需求规模，不再依赖美国的黄金储备，也就是不需要美国经济实力作唯一基础；二则，在实践上美国依靠强大的军事力量让世界离不开石油，让石油离不开美元，从而确立了美元背后的"美国国家强制抵押"的地位，也就是说，该阶段的美元背后是美国强大的政治强权。世界货币的背后是国家霸权化事实。

那么世界货币的这种有效性来源之转化会带来什么影响呢？笔者以为可参照下述两个故事进行评估。

故事一：一个裁缝拿一张纸，上面写着"凭此纸条可到本裁缝处换一条裤子"；裁缝用这张纸条换了大米、猪肉；这个纸条就可称为纸币；在这里，纸条的信用来源于实际财富抵押—裤子。与此类似，人类历史上的作为货币符号的纸币，本质上就是现实世界中"裁缝纸条"，其背后的历史内涵是，该阶段上的纸币信用来源于"物质性财富抵押"。

故事二：张三，宣布裁缝的纸条作废，用他写的纸条；大家明明知道张三没有裤子，但害怕张三，被迫接受纸条；这个纸条也叫纸币；在这里，纸条信用来源于强制。显然，与人类历史上的纸币相比，"张三纸条"对应着石油美元体系，其现实含义即是，美元之所以能担当世界货币，核心原因是石油是工业的血液，任何国家都离不开它。这就是美国的国家战略之一：控制石油，就控制了各国。

比较这两个故事中的纸条功能及意义。二者的共同点是：都具有流通、支付功能，都可以当作钱来用。不同点是：基于实际财富抵押的纸币同时还具有储备价值，"存钱=存财富"；基于强制抵押的纸币可以用来交易，也可以在交易中实现交易目的，但唯独不能最后存储，即不具备储备价值，因为，"存钱=买单"。由此可见，美元信用基础转换的背后实际上反映的是世界财富内涵与尺度的变化。它意味着，在美元与黄金挂钩背景下，美元即财富本身；在美元与黄金脱钩条件下，美元本身不是财富，它只是获取财富的媒介。这种转换带来了新的世界金融格局。

第一，美元的"强制为主"的信用基础意味着，在世界货币体系中，美元具有支付流通功能，不具备战略储备价值，但问题在于，美元传来传去，最终必有接单人，因此，从理论上看，以强制为信用基础的美元在其流通中必然形成一种"击鼓传花"式的演进逻辑和路径。该逻辑意味着，美元不能用来进行战略储备，否则就是最后接"花"者；该路径预示着，只有不断地把手中的美元之"花"传递出去，才能避免接单，才能在传中获利。由此可见，美元的"强制信用"带来的是世界金融活动中"击鼓传花"游戏理路。

第二，"击鼓传花"的理路必然会给世界带来两大需求。美元的不能储备（储备=买单）和恶意流通（支付=获利=转到下家），必然使得人们在利益博弈的过程中逐渐意识到"美元非储备"原则的重要性和"重大资源储备"（美元≠财富=资源）原则的战略价值。因此，一方面人们会尽力主动加快美元在自己手中的流通速度，争取尽快转手；另一方面尽可能用美元获取财富，最大可能把手中的美元兑现。这样，在世界范围内，"争取转手的意愿""不能在战略上储备美元的理性"使得美元的扩散变得迅速，"最大可能兑现的需求"使得美元不断向下家积压，美元本位的危害处于一种不断的积累和膨胀中。这就意味着，在货币演进的逻辑上，美元体系必然崩溃。

第三，"不存美元，存资源"的普遍需求及对冲资本对全球的控制力。美元作为张三纸条，其意义仅在于流通和支付，这决定了人们必须思考什么才是财富。什么才是财富呢？在张三纸条流通的过程中人们发现，张三纸条只有买到东西才是财富，因此，在张三纸条作为世界货币的历史语境下，资源与纸币具有一种跷跷板关系，即钱不保值时资源保值，资源不保值时钱可保值。基于这样一种特殊关系，人们在对财富配置的时候，首先想到的就是"用美元换资源"，其目的就是储备财富；其次，当资源不保值时，则暂时卖资源换美元，目的是避险。反映在现代资本市场上，上述财富配置方式就是世界资本对冲行为。由此可见，资本的对冲行为来源于美元本位的世界货币体系，也就是说对冲行为在美元本位体系下，具有普遍性。不仅如此，从该类资本的规模上看，一项由基金咨询机构Casey Quirk和纽约银行共同发布的研究资料显示，全球对冲基金规模在2万亿美元以上，以当前金融杠杆效应可放大5~10倍甚至上百倍来估计，对冲资本的影响力可达几十万亿或者几百万亿这样的规模程度。而在当今世界范围内，国力最强大的美国本身国内生产总值不超过15万亿美元，可见，在今天的全球金融市场上，任何国家都不是资本市场的庄家，真正的庄家在于这些对冲资本。简言之，"不存美元存资源"的资本运作逻辑带来了世界资本运作的美元对冲行为的普遍化，形成了世界对冲资本是世界资本市场的庄家的新金融格局，笔者把它概括为，对冲资本对全球具有控制力。这种格局可形象地图示如下：

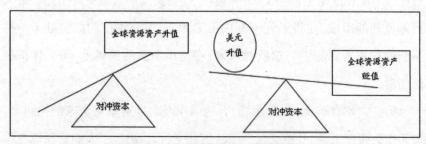

图1-5　对中资本对全球的控制力

第四，"投资美元，增强流动性"的普遍需求及世界美元套利资本的形成。在美元本位体系下，美元既是美国的钱，同时也是世界的钱，这就决定了美国发行基础货币，同时也是给世界发行基础货币，即美国拥有世界基础货币发行的主导权。而在逻辑上，特定国家的货币主导世界货币则必然意味着该种货币具有牟利性，即可获得铸币税。不仅如此，事实上，美元背后具有国家意志，这又意味着美元还具有可操纵性。一个是必然的铸币税，一个具有事实上的可操纵性，这决定了美元在世界金融市场中具有很好的投资价值，如通过美元与他国货币的汇率变动谋求差价（升值前进入，升值后退出，获取利差），通过汇率投机实现财富的再分配等（投机资本攻击一国的汇率，做空该国货币）。由此，世界资本运作形成一个以美元套利交易为主要模式的美元投资体系。据估计，美元套利资本通过金融杠杆的操作，其效应扩大到几十万亿美元之规模，由此可窥见该资本力量的影响力。

第五，美元本位体系在财富资本化的推动下，形成世界经济的如下轴心结构——"经济的核心在于金融，金融的核心在于货币，货币的核心在于美元"，"世界金融—霸权货币—美元本位"构成当今世界经济的新景观。在后工业社会背景下，财富尺度的资本化，造就了世界投资经济和定价经济两大新经济模式，这两大新模式的普遍化使得当今世界经济走向"金融经济"新阶段，即货币、投资、定价权等金融要素在经济中居于核心地位，具有主导性作用。而在"金融经济"的语境下，美元，一则作为世界货币是世界金融的关键因素，一则作为霸权货币对世界金融具有政治性影响力，从而使得美元体系在世界经济中占据核心性地位，具有政治和经济双重性影响力。基于这样一种特殊结构，笔者以为，当今世界经济依然处于政治经济学时代，观察和评估经济现状和前景，既需要以后工业社会的一般规律作依据，也需要以美国国家利益取向作判断的参照。美元本位的历史事实，决定了当今世界金融博弈的核心在于美元结构，资本博弈的庄家在于对冲、套利资本；世界金融走向如何，既取决于上述力量的博弈状况，同时也被美国利益取向所牵引。

总之，世界货币由"黄金本位"转向"美元本位"，在"美元本位"体系中，美元信用由以前的"黄金抵押"转向"军事抵押"；基于这一变化，世界财富获取的格局发生重大变化，对冲资本、美元套利资本形成世界金融市场的庄家；当今世界依然并将在一个很长的时期内处于"政治-经济学"时代，观察世情变化，必须坚持"政治经济学"前提和价值取向；这是后工业社会的第三个特征，可概括为"货币霸权化"。

综上三个特征的分析，笔者的基本结论是，后工业社会在商品价值（商品符号化）、财富尺度（财富资本化）和世界货币信用（货币霸权化）方面的三大变化，分别对世界的产业体系、利益布局和战略博弈产生了巨大影响,形成了当今世界新的"产业链条化"、"财富食物链化"和"货币霸权化"三大宏观格局和态势。

1.3当今资本主义的新变化

所谓"金权政治"就是指资本对国家的政治议程、经济议程、文化议程的控制。①

1.3.1"金权政治"的新变化

在当今时代,随着商品经济从"商品化"阶段向"资本化"的阶段转换,资本主导的"金权政治"开始出现与传统资本主义不一样的新变化。概括说,集中体现为以下四个方面:

第一,军队国家化和军事私营化。军队国家化来源于这样的逻辑:在国王和富翁之间,富翁之所以惧怕国王,是因为国王手里有军队,富翁要控制国家,前提是把军队从国王手中拿走。因此,基于这一逻辑的军队国家化的本质就是:军队中立,完成军队从国王手中的脱离。这样,"没有军队的国王"和"有钱的富翁"之间力量博弈出现了质变。以前是国王独大,富翁畏惧于国王;现在是国王无军权,富翁再无忌惮。军事私营化,即许多军事业务包括武装人员被大量的外包给保安公司和军事公司,社会开始出现雇佣军组织、军事训练公司。数据显示,该趋势在美国较为明显。20世纪90年代后,美国军事私营化在两个方面很突出:一是私营保安公司,主要提供武装和非武装的保安服务;二是私营军事公司,主要提供国家防

---

① 张健:《当今资本主义的新变化》,《党政论坛》,2014年第1期。

务、军事训练、安全保卫等服务。2003年攻占巴格达时和以后一段时间，约10万雇员参与防务，与美国现役士兵之比达到1:1。从本质上看，该趋势的后面是资本以公司为名义实现对军事的直接控制。

第二，资本对政治议程的控制。该控制具有两种机制或者模式：一是"资本→神秘组织→政要"模式，即资本建立一些神秘组织，政治家加入这些组织，即可获得政治人脉和资源，不加入则基本很难进入政治决策层；二是"财团→政要"模式，即大多数政治家进入政界前都是财团中的重要角色，或者CEO或者主管等。例如，"彼得伯格俱乐部"组织，其背后是壳牌财团资本，其会员与政治家的关系：克林顿，1991年成为会员，1992年总统；布莱尔，1993年参会，1994年党魁，1997年首相；罗伯逊，1998年参会会员，1999年北约秘书长；普罗迪，1999年参会会员，1999年欧盟主席。"外交关系委员会"组织，其背后是"洛克菲勒、卡内基基金"资本，2006年，美国超过4000个居于领导地位的机构首脑，均是该组织会员。基辛格：洛克菲勒兄弟基金会"特别研究项目"主管，1974年任国务卿；杜勒斯：洛克菲勒兄弟基金会主席，艾森豪威尔政府的国务卿，和平演变构想者；拉姆斯菲尔德：孟山都下属公司CEO，国防部长，等等。本质上，这两种模式实际上意味着资本在控制社会的政治家资源，而控制了政治家，也当然控制了政治议程。

第三，资本对经济核心权力的控制。在商品经济中，征税权和货币发行权是两个最为关键和核心的经济权力。如果说，征税权是国家对经济进行调控的杠杆，那么货币发行权就是国家对经济进行总体掌控的按钮。国家要具备完整经济权，则征税权和货币权二者缺一不可。但是在资本主导国家的体系中，这两项权力恰恰不在国家手中。之所以这样，源于西欧社会历史演进的特殊路径，即资本集团放贷给封建王朝，支持和鼓动进行战争,王朝还贷不上,就以征税权作让渡;继续进行战争,继续借贷,再以货币权作交换;由此,待资本推翻封建王朝时,西方社会的经济政治基础早已经被改造为"资本实质上控制征税和发行货币,国家名义上立宪征税,政府形式上授权发行货币"的结构了。如英格兰银行,1694年英国国王特许,在民间募集120万英镑以支撑英国政府能够与法国作战,1844年英国国会立法,使英格兰银行成为政府的财政代理人,获得在英国发行纸币的独占权,其私有身份一直保持了252年,其间,银行的董事是由股东选举而不是由政府任命。一直到1946年,银行被收归国有。而从事实上看,例如对各国央行研究的数据显示,央行可分为四类:第一类,资本归国家所有=国家拨款设立+国家收买股份。英国、法国(英法两国是二战后将私有的中央银行收归国有)、德国、加拿大、澳大利亚、荷兰、挪威、印度等五十多个国家的中央银行属于此类。第二类,公私股份混合所有=多半由国家持股,少半由民间持股。日本、比利时、奥地利、墨西哥、土耳其等国为代表。第三类,全部股份由私人持有的中央银行=经政府授权,行使中央银行职能。意大利、美联储即是此类。第四类,中央银行根本没有资本金,中央银行运作的资金,主要是各金融机构的存款和流通中货币,韩国即是。这四类中,或者曾经是完全私有央行,或者后来被改造成为不标准的私有央行,完全意义上的国有央行很少。结构决定功能。经济成分的私有性决定了其功能不可能完全代表国家。

再如征税权,以美国为例,美国国税局,英文名"Internal Revenue Service",一般译作"国内收入服务机构",因为该机构,本质上是一个受雇于联邦政府的私人公司,所收税款的主体部分不是上缴给美国政府,而是直接付给美联储用以偿还国债。而一些研究者指出,该公司是一个注册于波多黎各的离岸公司,其真实身份无从知晓。美国最高法院在1979年的一个法案的注脚中也提到,美国国税局的成立没有组织法依据。由此可见,无论是从生成历史,还是从当前事实看,"金权政治"对征税权和货币权的控制,是实现资本控制经济议程的核心手段。

第四,资本对信息权和话语权的控制。主要体现在两个方面:一是对媒体的控制,二是信息情报收集的公司化。关于对媒体的控制,美国著名政策学家托马斯·戴伊《自上而下的政策制定》一书概括得非常好,"媒体的权力,即决定大多数人关于他们周围的世界将要看什么、听什么和读什么的权力,很大程度上取决于少数几家私人拥有的公司的运作。"而在全球范围,汤姆·伯内特指出,"时代华纳、美国电话电报、世通、英国电讯、新闻集团、索尼、通用电器、贝塔斯曼、微软及迪士尼等一小撮儿公司控制了世界上绝大多 数媒体和几乎整个电信行业。"可见,控制媒体即控制话语权。

不仅如此,随着信息技术的发展,苹果手机、微软操作系统等不断被揭露,有一些特殊程序嵌在其中。例如,《华尔街日报》2011年4月22日报道说, 其安全分析师发现苹果和使用谷歌安卓操作系统的智能手机会自动收集用户行踪信息,并将这些私人信息发送给两家公司。该报还报道说,分析师又发现苹果手机在定位功能被关掉后仍在收集用户的行踪信息。再例如,微软系统的后门程序等。这些程序的存在,都指向对用户信息的收集和传输。仔细分析,所有被收集起来的信息和数据会输送到哪里呢?因为这些程序的总部都是公司,因此,数据一定会送到公司总数据库。而谁有权调动这些数据呢?当然是公司后面的资本集团。在这个意义上,信息时代的信息收集能力和信息资源掌握在公司手中。

1.3.2"金权政治"的新挑战

在当今时代，"金权政治"具有三种潜在趋势，会给全球带来新的危险。

第一种趋势是，"金权政治"在原有"军队国家化"路径上开辟出"军事私营化"新方向。"军队国家化"的逻辑是，军队从"国王"手中脱离，目标是暴力机器中立；"军事私营化"的逻辑则是，资本直接组建军队，目标是资本直接控制暴力机器。可见，资本的意图是直接控制军队。这个趋势意味着，"金权政治"在逐渐设计和实现"资本指挥枪"的原则。相比于以前资本追求"军队"中立，这种"资本指挥枪"的新趋向预示着，资本的暴力倾向在扩张。如果说，以前资本主要体现为"贪婪和自私"，要动用暴力需要鼓动国家机器，成本要高些，那么随着今天"资本指挥枪"的逐渐实现，资本启动暴力程序相对容易。可以预见，未来资本的暴力性会逐渐增强。世界和平将会受到威胁。

第二种趋势是，"金权政治"对政治、经济、文化的控制逐渐全球化和绝对化，即以前是通过对不同民族国家（资本财团是很少跨国界的）和相对间接的方式（政治捐献、游说集团等）影响和左右政治、经济、文化进程，而现在则是直接跨国家（资本财团跨国界，如上述提及"彼得伯格俱乐部"是跨欧美的组织）、直接支配三大议程（通过神秘组织遴选政治家、通过国际资本布局渗控民族国家经济、通过信息收集系统控制信息权和话语权）。这种趋势意味着，资本在全球将变得更强势，"金权政治"会更咄咄逼人。

第三种趋势是，资本全球化架构成型，"美元跷跷板架构"成为全球资本的基本布局和手段。这里，三个"跷跷板"指的是：美元——全球资源资产，美元——非美货币，美元现金——美国国债。其中，全球资源资产——

1. 全球后工业社会问题：探讨当代中国问题的特定历史语境

美元——非美货币，两个跷跷板构成了美元对全球的撬动机制；美元现金——美国国债，构成美元"升贬"自我循环机制。因为美元上述机制由美联储设计，而美联储从构成上看，其股东是全球大资本，因此，在本质上，美元是资本的一个全球布局和手段。

该框架实践运作显示：美元升值6年，全球资源资产低迷，非美货币相对贬值；反之，美元贬值10年，全球资源资产火爆，非美货币相对升值。美元之所以具有10和6年的周期性，源于第三个跷跷板。具体机制是："印国债≈发美元"，"美元贬值=国债印得多→国债便宜"，这样，美元现金一端贬值下行，国债一端收益率高上行，跷跷板形成；同时，美元贬值，为避险就会买国债，而买国债需要美元现金，这样就意味着，美元越贬值，大家就越买国债，也就越需要美元现金，美元需求高涨，本来贬值，现在不贬并转而升值。上述格局意味着，美元的周期运行决定着世界形势的好坏。如何应对美元的全球流动性，是当今发展中国家应对"金权政治"的新课题。

2. 当代中国特色社会主义问题：观察当前中国社会发展的几个框架

2.1 中国特色社会主义实践：内在逻辑与发展趋向

理论有三种产生方式：论从"经"出，从经典文本中来；论从"史"出，从社会历史和思想历史中来；论从"实"出，从客观实际和实践生活中来。中国特色社会主义建设实践已走过了四十多年的历程，总结中国特色社会主义建设实践，既要从经验表象揭示背后的内在逻辑，也要从中提升出引领当代中国实践发展的有价值的理念，从而使中国特色社会主义建设实践更好地走向未来。因此，基于"全球视野—结构分析"的逻辑框架，阐释中国特色社会主义建设实践，无疑具有重要意义。①

---

① 韩庆祥、张健：《中国特色社会主义建设实践的内在逻辑与发展趋向》，《中国社会科学》，2012年第3期。

2. 当代中国特色社会主义问题:观察当前中国社会发展的几个框架

2.1.1 历史语境与框架选择:"全球视野—结构分析"的总体逻辑

哲学是世界观和方法论的统一,是时代精神的升华。哲学的这种特质决定了它对现实问题的分析具有两种向度,即基于"世界观"意义的视野性(高度和深度)和基于"方法论"意义的框架性(静态和动态),二者形成哲学观察世界的基本框架。

首先,作为一种世界观,哲学意味着只有在总体上和深层次观察世界,才叫哲学。而要做到"总体上"和"深层次",则需要思维具有一定的高度和深度。就高度而言,一般有三种情形:山底下注视、半山腰俯视和山顶上总揽全局。山底下注视,可以观测到细节,但无法把握全貌;半山腰俯视,可以有一定的全局感,但观察者本身依然是山顶上那只眼睛之中的一道风景;山顶上总揽全局,则一览众山小,全局性、总体性、宏观性一概收入揽眼底。而山顶上总揽全局,即为哲学的高度。就深度而言,哲学对事物本质的把握源于科学性和价值性两种尺度的统一。所谓科学性,着眼于揭示事物"是什么"和"为何是",即求"真"。但仅仅求"真"未必就是本质,因为在人化的世界中,事物在"真"的背后还有立场的注入,立场不同,事物的内涵及其展示给予实践的效应就不同。因此,分析事物背后的"立场性"在实践的意义上更为重要,此为价值性。正是基于这种意义,我们以为,哲学之所以体现出深度,就是因为它既揭示"是什么"及其"为何是",体现出认知的深刻性;又判断"谁的立场",体现出判断的深层次性。

回到实践,哲学的这种"高度"和"深度",若用以分析中国特色社会主义建设的实践,其核心就是:全球视野中的中国道路和中国道路中的世界眼光。其含义是:我们要站在当今世界全球化进程的上空观测中国现代化进程和中国道路,把中国发展放进世界发展的时空坐标系中进行分析、解释和评估，这是哲学的高度；同时还要分析中国现代化进程背后的"立场"和"主体意图"，即谁在主导这一进程，谁拥有对此的解释权，谁的话语具有解释力，这是哲学的深度。

从时间维度看，当今世界依然处于商品经济历史区间，但工业社会阶段从20世纪70年代后逐渐退去，后工业社会时代逐渐生成，中国现代化进程和中国道路就处于这种时间的交接区域。抓住这样的历史方位，我们才能判断这个时代的本质，否则，哲学是时代精神的升华就无从谈起。

从空间维度看，在全球商品经济结构中，当代世界发展进入了一个新阶段，表现出一种"金融资本集权"的新特征。该特征意味着，全球资本通过所有权机制完成对经济的控制，通过国家权力分立制衡和军队国家化完成对政治的控制，通过媒体私有化完成对意识形态的控制，从而形成由资本集权的新资本主义模式。在实践中，该模式体现为：美元是世界格局变动的按钮，以国际资本为支点，美元与全球资源之间，美元的世界货币角色和美国国债角色之间，分别形成各自的跷跷板结构，世界格局在美元利益需求的变动中变动，世界进入资本主导时代。①因为世界各国的发展均以此为平台，这就决定了，无论我们承认与否，中国道路都只能在这种历史格局和时代语境中进行分析。这一点是我们解释和评估中国道路的现实参照系，没有这样一个对时代格局的把握，评估就会失去现实性和缺乏战略性。

上述三点是我们解释和分析现代化进程和中国道路的全球性视野，也是对中国道路进行结构性分析的理论视阈和语境。

其次，作为一种方法论，哲学在思维上一般包含两种路径，即存在论

---

① 关于资本主导为特征的后工业时代的内涵、结构及其趋向，参见张健：《后工业社会的特征研究——基于哲学的视角》，《人文杂志》，2011年第4期。

2. 当代中国特色社会主义问题：观察当前中国社会发展的几个框架

路径和生成论路径。前者是从存在的角度分析和观察事物,旨在寻找共性(普遍性)和现象背后的本质,表现为结构性、静态化特征;后者则是从生成的角度探寻事物根源和过程背后的规定性, 表现为过程性、动态化特征。马克思主义哲学既注重从结构层面分析事物的本质,也重视从过程层面分析事物发展的根源、演进和历程,更强调结构和过程的统一。这主要体现在唯物史观的两个方面。第一,两个核心理论。在马克思那里,社会的主体是人,人们之间相互交往而形成的生活共同体就是社会,没有人们之间的相互交往,就没有社会。由此,马克思指出:"社会——不管其形式如何——是什么呢? 是人们交互作用的产物。"[1]在马克思看来,社会是一个起源于物质生产过程的具体历史范畴, 人们在生产物品的同时也生产着他们之间的关系,这些"生产关系总合起来就构成所谓社会关系,构成所谓社会,并且是构成一个处于一定历史发展阶段上的社会,具有独有的特征的社会。"[2]由马克思的文本论述来看,社会可定义为:以共同物质生产活动为基础而相互联系的人类生活的有机体, 它是以生产关系为基础的社会关系的总和。社会关系的深层是一种结构性关系,因而社会在本质上首先体现为一种社会结构。基于这样的理解,马克思为了解释、分析人类社会历史和资本主义社会历史,创立了唯物史观。唯物史观的核心理论,从"静态"来讲,主要是社会结构理论;从"动态"来讲,主要是历史发展过程(规律)理论,社会结构理论和历史过程理论是马克思解释分析社会历史发展的两种基本框架。马克思在《〈政治经济学批判〉序言》中,对唯物史观做出了经典表述。这一表述从"人们在自己生活的社会生产中"到"与之

---

① 《马克思恩格斯选集》(第4卷),人民出版社,1972年,第320页。

② 《马克思恩格斯文集》(第1卷),人民出版社,2009年,第724页。

相适应的现实基础"，实质上讲的就是社会结构分析；而从"物质生活的生产方式制约着整个社会生活、政治生活和精神生活的过程"到"人类社会历史的史前时期就以这种社会形态而告终"的表述，实质上讲的就是历史过程分析。①第二，四个核心点。众所周知，马克思的社会结构分析和历史过程分析方法具有四个核心点：一是物质生产力、生产关系、经济基础（经济因素）、上层建筑（政治因素、思想文化因素）构成合力推动社会历史发展，经济因素、政治因素和文化因素之间的关系构成社会结构，社会结构是什么样的，社会历史发展状况往往就是什么样的；二是这几种因素之间的关系是，生产力决定生产关系，生产关系的总和构成经济基础，经济基础决定上层建筑；三是归根结底，经济因素起最终决定作用；四是生产力和生产关系的矛盾、经济基础和上层建筑的矛盾是人类社会历史发展的基本矛盾，它们的矛盾运动推动社会历史发展，而从它们的矛盾运动中可以揭示出人类社会历史发展的一般规律。这里，马克思特别注重运用社会结构和历史过程来解释、分析社会历史。换句话说，"结构分析"和"过程分析"是马克思唯物史观解释、分析社会历史的最根本的方法论框架。②

　　马克思运用"结构分析"方法得出的具体结论不一定完全适合中国，但其"结构分析"的基本方法经过转换，可以用来分析三十多年的中国改革开放，也可用来解释中国特色社会主义建设实践的历史进程。实际上，根据中国特色社会主义建设实践的经验，可以从中提升出解释分析中国特色社会主义建设实践之内在逻辑的哲学框架，这一哲学分析框架就是结构分析。具体说，就是其中蕴涵着"功能思维→政府主导→理论引领→

---

　　① 《马克思恩格斯选集》（第2卷），人民出版社，1995年，第32~33页。

　　② 《马克思恩格斯选集》（第1卷），人民出版社，1995年，第92页；《马克思恩格斯选集》（第2卷），人民出版社，1995年，第32~33页。

混合结构→人民主体"五个基本结构要素和相应的五个演进梯次所构成的一种结构，这种结构内在推动着中国特色社会主义建设实践的发展。

2.1.2 中国特色社会主义建设实践的内在逻辑：功能思维→政府主导→理论引领→混合结构→人民主体

"现代化"是人类面临的共同课题，但最早是由西方发达国家完成的。在发展中国家对现代化道路的探索中，总是或多或少地有些对西方模式效仿的痕迹。[①]于是西方式现代化便成为一种强有力的话语范式，其包含的特定价值立场也被其共性问题所掩盖，变成了具有"普世价值"的一种导向。在这样的历史语境下，提出"中国道路"便具有特殊意义，它意味着我们要去探索一种既遵循现代化建设的一般规律但又异于西方式现代化而具有中国特色的现代化建设道路，也意味着要去挖掘促进中国成功背后所蕴含的"中国逻辑"。

中国特色社会主义现代化建设实践究竟具有怎样的"中国逻辑"？应采用什么样的哲学框架去解释、分析这种内在逻辑？我们认为，其内在逻辑与解释、分析框架可概括为：功能思维→政府主导→理论引领→混合结构→人民主体。

2.1.2.1 功能思维：中国特色社会主义建设要求在坚持根本原则的前提下首先确立功能思维

前一段时期，我们相对热衷于争论事物在性质和名分上的"两极对立"，而且把这种对立看成是观察一切事物和对象的唯一标准。在这种一味注重"两极对立"的抽象的定性思维方式影响下，我们往往把在资本主

---

① 参见俞可平：《回顾与思考："西化"与"中化"的百年论争》，《北京日报》，2011年11月28日。

义社会中存在，但实际上属于人类共同文明的优秀成果当作"姓资"而加以排斥，结果影响了对人类优秀的共同文明成果的吸收。在今天，我们依然要注重不同国家在意识形态和根本制度上的"性质"对立。然而，中国特色社会主义实践的发展更要求我们在坚持根本原则的前提下解放思想，树立相对注重"功能"的功能思维，注重名分与实力的统一，注重以实正名。

改革开放初期，通过解放思想，我们确立了从客观实际出发认识中国国情的认识路线，提出了三个基本判断：一是中国处于并将长期处于社会主义初级阶段；二是人民群众日益增长的物质文化需要与落后的社会生产这一矛盾是在我国长期存在的社会主要矛盾；三是我国生产力不发达，还是一个"不够格"的社会主义。这三大基本判断一直被我们强调着，并内在要求我国在相当长的时期内，必须坚定不移地把大力解放和发展生产力作为中国特色社会主义建设的首要根本任务。改革开放以来，我们从强调"实践标准"，到突出"生产力标准"，再到提出"三个有利于"标准，其根本目的就是解放和发展生产力，而这三种标准蕴涵并注重的就是"功能思维"，即注重实践、注重实干、注重实力、注重实效，我们可称之为"功能性标准"。

从哲学上讲，改革开放以来，许多事物和对象在性质上处在混合和不确定状态。在这种混合和不确定性中，我们依然要追问事物和对象的性质，但也要追问事物和对象对我们的发展和强大有什么功用、价值、意义，即有什么积极功能，而要追问功能，必须确立体现"功能思维"的"功能性标准"。在中国特色社会主义建设进程中，我们正是根据"功能思维"或"功能性标准"，大胆而灵活地利用了市场经济、股份制和证券市场，灵活而有序地发展非公有制经济。

2. 当代中国特色社会主义问题：观察当前中国社会发展的几个框架

2.1.2.2 政府主导：自觉建构"一元主导""二基和谐""自主创新"的中国发展新格局

中华人民共和国成立以来，为缩小中国与西方发达国家之间的差距，我们一直实行追赶战略。最见效的追赶就是国家政府集中一切资源来发展生产力，"政府主导"自然蕴涵其中。改革开放以来，解放和发展生产力，也首先需要通过政府主导来实现。在我国，有三种力量影响着社会历史发展：经济力量、政治力量和社会力量，文化力量渗透于三者其中。这三种力量之间的结构是：政治力量相对过大，而经济力量、社会力量相对较小，经济和社会常常依附于政治；政治力量的载体主要是政治权力及行政权力，这里权力是分层级的，由此就构成了以权力层级为核心的"金字塔"式的社会结构。这样的社会结构是解释"政府主导"的历史原因。

在中国特色社会主义建设历程中，政府的主导作用是突出的。这主要体现在政府利用其强大的动员和组织力量，自觉建构"一元主导""二基和谐""自主创新"的中国发展新格局。

2.1.2.2.1 "一元主导"与中国特色社会主义建设的根本政治原则

探索中国特色社会主义建设道路的一个基本前提，是首先确定我们必须坚持的根本政治原则，这一根本政治原则就是"一元主导"。这体现为改革开放以来，在政治领域，我们的政党制度是以中国共产党领导为主体，国家政体是以全国人民代表大会等为国家权力主体，我们是在中国共产党领导下开启改革开放和中国特色社会主义建设实践的；在经济领域，我们强调的基本经济制度，是以公有制为主体、多种所有制经济共同发展，确立的经济运行体制，是以市场经济为主体；在意识形态领域，我们强调以马克思列宁主义、毛泽东思想、邓小平理论和习近平新时代中国特色社会主义思想为指导，强调弘扬主旋律、提倡多样化。总体来说，中国共产党以其基本理论、基本路线、基本纲领建构起的中国道路的基本框架,实质上就是党要从经济、政治、文化、社会等总体布局上领导中国特色社会主义建设。在对"中国特色社会主义建设实践的内在逻辑"的"解释框架"中,这些根本政治原则不可或缺,否则,我们搞的就不是社会主义,也会动摇中国共产党执政的政治基础。

2.1.2.2.2"二基和谐"与中国特色社会主义建设进程中的"两个基本矛盾方面"

在中国特色社会主义建设进程中,如果我们继续坚持过去那种"两极对立"的思维方式,既不利于让一切创造财富的源泉涌流,让一切创新能力迸发,也不利于使民众共创和共享社会发展成果,还不利于民众各尽其能、各得其所、和谐相处,最终也难以真正建设好中国特色社会主义。要建设好中国特色社会主义,最基本也最关键的,就是党和政府要主动处理好中国特色社会主义建设进程中经常遇到的一系列"两个基本的矛盾关系方面",使其达到和谐结合,简称"二基和谐"。正确处理这些"矛盾关系",直接构成中国特色社会主义建设的主要内容和方式,也事关中国特色社会主义建设的成败。

中国特色社会主义建设进程中所遇到的基本的"矛盾关系",有三个层次:

一是发展原则层面的关系。这些"关系"与中国特色社会主义建设的根本原则直接相关,具有统领全局与引导其他关系的重要作用。首先是解放思想与实事求是的关系。过去我国社会主义建设的一条教训,就是背离实事求是原则,脱离中国国情,从唯上、唯书的思维出发建设社会主义,结果犯了超越历史阶段的错误。由此,实事求是,从中国特殊实际出发,是中国特色社会主义建设必须坚持的一条根本原则。在中国特色社会主义建

2. 当代中国特色社会主义问题:观察当前中国社会发展的几个框架

设中,坚持实事求是必须解放思想,这是因为一些僵化思想观念阻碍着我们遵循实事求是,影响着中国特色社会主义建设。这里,实事求是必须以解放思想为条件,而解放思想又必须以实事求是为基础。不坚持实事求是,中国特色社会主义建设就难以立足中国国情;而不坚持解放思想,中国特色社会主义建设就难以持续进行。其次是坚持改革开放与坚持四项基本原则的关系。改革开放是中国特色社会主义建设的强大动力,这种改革开放既要解放思想,同时也必须以坚持四项基本原则为前提。不坚持改革开放,中国特色社会主义建设就难以深入进行,不坚持四项基本原则,中国特色社会主义建设就会偏离正确的政治方向。再次是坚持社会主义基本制度与发展市场经济体制的关系。如何处理二者的关系,是中国特色社会主义建设必须解决的一个难题。市场经济体制与社会主义基本制度二者的侧重点有所不同,但最终目标都是为了促进人的全面发展。只是在发展过程中,我们要在始终坚持社会主义基本制度的前提下,不断发挥市场经济的灵活性和创造性,克服传统社会主义模式的种种弊端,为激发社会主义的内在活力提供重要体制机制。不发展市场经济体制,中国特色社会主义建设就缺乏活力,不坚持社会主义基本制度,中国特色社会主义建设就失去正确的政治方向。最后是促进改革发展与保持社会稳定的关系。只有处理好二者之间的辩证关系,才能保证中国特色社会主义建设的健康发展。

二是发展目标层面的关系。这些关系构成中国特色社会主义建设的价值目标。首先是物与人的关系。中国特色社会主义建设的首要根本任务是解放和发展生产力,解决物质财富积累的问题。当"物"的发展问题没有解决的时候,"人"的发展问题无法真正提到议事日程;而当"物"的发展问题基本解决之后,"人"的发展问题也就自然提到日程上来,成为中国特色

51

社会主义建设不可忽视的主导理念。不解决"物"的发展问题，"中国特色"就缺乏物质基础，不解决"人"的发展问题，"社会主义"就缺乏价值指向。其次是提高效率与促进社会公平的关系。在改革开放初期，"效率优先兼顾公平"的策略有效地打破了平均主义，为建设中国特色社会主义奠定了物质基础；但在经济社会发展进程中，如果长期奉行这一策略，很容易导致人与人之间在财富分配和收入分配及享受改革发展成果等方面的不公平，进而导致社会不和谐。由此，公平正义就越来越成为中国特色社会主义的基本价值，公平与效率也越来越具有同等重要的地位和意义。再次是共创与共享的关系。坚持共创发展成果与共享发展成果的统一，是中国特色社会主义的本质要求和奋斗目标。共创，指的是人在劳动权上的平等；共享，指的是人在成果分配上的平等。一个是机会上的平等，一个是结果上的平等，二者相辅相成，缺一不可。共创是共享的基础和根据，共享是共创的深化和结果。没有共创，就谈不上共享，没有共享，共创就缺乏动力和意义。如果共创与共享发生分离与矛盾，就容易导致各种社会矛盾与冲突。最后是社会活力与社会和谐的关系。社会活力体现的是社会的创造力，社会和谐体现的是社会的凝聚力，二者具有辩证统一关系。社会活力必须以社会和谐为基础，没有社会和谐，这种社会就不会充满活力，而社会的和谐又必须通过社会的活力体现出来，没有社会活力，社会和谐就难以真正实现。

三是发展方式层面的关系。首先是又快与又好的关系。"快"意味着速度、规模、数量，"好"意味着质量、效益，以及关注民生。"快"是中国特色社会主义建设在"量"上的具体要求，"好"则是中国特色社会主义建设在"质"上的具体体现，"快"必须以"好"为标准，"好"必须以"快"为条件，二者互相规定、相辅相成。其次是资本与劳动的关系。中国特色社会主义建设首

2. 当代中国特色社会主义问题：观察当前中国社会发展的几个框架

先任务是要解决物质财富的积累问题，而劳动是创造财富的直接手段；在进一步发展的过程中，仅用劳动来创造物质财富已远远不能满足经济发展的需求，因此，在尊重劳动的基础上，还要善于利用资本要素，即从"劳动—资本"等基本生产要素的内在结合上来创造社会物质财富。正确处理这两方面的基本关系是建设中国特色社会主义的一个关键。最后是循序渐进发展与超越式发展的关系。在中国特色社会主义建设中，发展具有内在规律性，因而必须遵循规律循序渐进；发展也具有多样性和创新性，由此可以根据具体情况实行超越式发展。

自觉实现好上述各种基本矛盾关系的"结合"，使我们党和政府既坚持了原则性，又具有灵活性；既避免了左右摇摆，也有利于澄清中国特色社会主义建设问题上的一些模糊认识。党的十七大报告中讲的"十个结合"，①强调的就是中国共产党人要注重中国特色社会主义建设进程中所遇到的基本矛盾关系方面的和谐结合，它是对中国特色社会主义建设之内在逻辑的一种提升和概括。

2.1.2.2.3"自主创新"与中国特色社会主义建设的根本路径与手段

新中国成立以来，中国共产党人一直在主动地探索中国特色的现代化道路。从邓小平的"走自己的路"，到江泽民同志的"治国之道"，再到胡锦涛同志的"走中国特色自主创新道路"，习近平的"中国梦"，实质上蕴涵着中国共产党人"开创中国特色社会主义事业新局面"的主导性。中国共产党人开辟的自主创新之路可从理论和实践两方面来理解：在理论上，从提出社会主义初级阶段的论断到创立中国特色社会主义理论体系，从邓小平理论到科学发展观，从马克思主义一般原则到马克思主义中国化，这

---

① 《中国共产党第十七次全国代表大会文件汇编》，人民出版社，2007年，第11页。

是一种自主创新；在实践上，从计划经济体制到社会主义市场经济体制，从传统工业化道路到走新型工业化道路，从作为一场新的伟大革命的改革开放，到创立经济、政治、文化和社会的新体制，从以经济建设为中心到科学发展，从苏联模式到中国特色社会主义道路，也是一种自主创新。这种自主创新，已获得部分国外研究者的认同。①

强调中国特色社会主义建设中的自主创新有其重要根据。首先，建设社会主义没有固有不变的模式可循，需要随着时代和实践的发展变化不断进行自主创新。苏联东欧社会主义的演变启示我们，一味照搬马克思、恩格斯书本中的"社会主义公式"且不结合本国实践来推进社会主义创新，必然遭到失败；西方的现代化道路因其主导价值与中国文化有本质区别，也不能为中国特色社会主义建设提供现成的模本；中国共产党人所依靠的，只能是基于对中西方社会历史发展的经验教训的反思和对社会历史发展规律的把握，积极主动和创造性地探索具有中国特色的自主型发展模式。其次，当代中国发展的再生之路是提高人的自主创新能力。改革开放初期，我国一些地方在实践上主要是以"物"的手段来实现经济增长。这实质上是注重物质驱动（资源驱动和资本驱动）的经济发展模式。这种模式在中国发展进程中起着"积累物质财富"的重要作用。但从今天和未来发展的走势来看，这种模式的发展空间越来越小，代价越来越大。如何寻求当代中国发展的再生之路？这是一个事关中国特色社会主义建设的前途命运的战略性问题。在我国巨大的人口压力和资源紧缺的国情背景

---

① 2004年，英国著名思想库"伦敦外交政策中心"发表乔舒亚·库玻·雷默《北京共识》一文，提出了与"华盛顿共识"相对应的以"创新、公平、自主"为核心内容的"北京共识"。美国学者阿里夫·德里克进一步对"中国模式"的核心内容进行了揭示，即"民族经济的一体化、自主发展、政治和经济的主权"，由此引发了人们对"中国模式"的讨论。参见黄平、崔之元主编：《全球化与中国——"华盛顿共识"还是"北京共识"》，社会科学文献出版社，2005年。

2. 当代中国特色社会主义问题：观察当前中国社会发展的几个框架

下，我们寻找到了一条新路：把人的自主创新能力看作实现经济发展方式根本转变的中心性环节。以自主创新能力为核心的发展方式可概括为注重"创新驱动"的发展模式。最后，影响社会发展的力量总体上将转向创新能力。从哲学看历史发展，有一条规律：历史越往前追索，人之外的物质因素在经济社会发展中的作用就越大，历史越往后发展，人的创新能力在经济社会发展中的主体作用就越突出。当今中国社会发展的总趋势，就是从以权力为主导的发展模式，经过以物为主导的发展模式，再逐步走向以创新能力为主导的发展模式。由上看出，提高自主创新能力，对中国特色社会主义建设越来越具有基础性、战略性、决定性的意义。

"政府主导"的上述三方面内容具有不同地位："一元主导"侧重的是中国特色社会主义建设的政治原则（方向）、根本前提（立场）与主体（主旋律），在中国特色社会主义建设中居主导地位；"二基和谐"属于解决问题，侧重的是中国特色社会主义建设进程中的诸多"两个基本矛盾方面"的和谐结合，强调的是中国特色社会主义建设的基本运行方式，它在中国特色社会主义建设中具有协调、平衡、统筹兼顾以达到可持续发展的作用；"自主创新"侧重的是中国特色社会主义建设的根本路径与手段，在中国特色社会主义建设中具有动力作用。尽管在中国特色社会主义建设实践中，政府主导也会导致某些负面结果，但总体看，积极作用是主要的。

2.1.2.3 理论引领：确定中国特色社会主义的发展目标、发展路径和发展思路需要理论引领

在中国特色社会主义建设四十多年的历程中，政府主导首先是通过理论引领来进行的。在中国社会历史大转折时期，当需要明确新的发展目标、发展路径和发展思路时，特别需要注重理论创新与理论引领。这里，理论引领主要体现在解放思想、确立党的思想路线和注重理论创新。

　　过去，我们对中国国情认识的一条重要教训就是以唯书、唯上的思维看待社会主义，从马克思、恩格斯书本中所设想的社会主义和斯大林的"社会主义模式"出发看待中国的社会主义，认为中国可以跑步进入共产主义。结果多注重生产关系领域的革命，没有把大力发展社会生产力看作中国社会主义建设的首要根本任务，犯了跨越历史阶段的错误。要正确认识中国国情，必须运用求实思维即从客观实际出发来解放思想。1978年以后，我们通过实践标准大讨论冲破了"两个凡是"，解放了思想，选准了正确认识中国国情的出发点，即从中国实际出发，实事求是地认识中国国情，结果认为中国的社会主义仍处于初级阶段，还是一个生产力不发达的、"不够格"的社会主义，[①]我们应该走中国特色的社会主义道路，其首要任务就是大力解放和发展社会生产力，解放和发展生产力的有效方式是利用市场经济体制，判断改革开放成败得失以及选择发展生产力方式的根本标准是"三个有利于"。正是基于这种正确的认识与判断，当然也正是邓小平理论，才使中国特色社会主义建设实践沿着正确的方向发展。

　　求实思维在实践上的效果，就是解放思想、解放人和解放生产力。改革开放初期，针对"两个凡是"及"左"的唯书唯上倾向，我们高举解放思想的大旗，强调"实践标准"以及从中国客观实际出发，以确立解放思想、实事求是的思想路线，转向以经济建设为中心，开启了改革开放的新步伐；在深化改革开放的进程中，当我们强调以经济建设为中心、大力发展社会生产力的时候，遇到了传统的社会主义观的阻碍。针对传统的社会主义观，我们又举起解放思想的大旗，提出"生产力标准"，强调把是否有利于

---

　　① 1987年4月26日邓小平在接见捷克斯洛伐克总理什特劳加尔时说："现在虽说我们也在搞社会主义，但事实上'不够格'"。参见《邓小平文选》（第3卷），人民出版社，1993年，第225页。

2. 当代中国特色社会主义问题：观察当前中国社会发展的几个框架

解放和发展生产力作为判断社会主义的一个重要标准；在进一步深化改革开放的过程中，当我们强调要大胆地闯、大胆地试并建立市场经济体制的时候，又遇到了"姓社姓资"的抽象定性思维的阻挠。针对这种阻挠，我们又举起解放思想的大旗，提出了注重事物功能、功效的"三个有利于"判断标准。解放思想的实质就是解放人，释放人的潜能，焕发人们的积极性、主动性和创造性，为中国特色社会主义建设注入新的活力。解放人的实质就是解放生产力、发展生产力。从改革开放以来我国的经济社会实践发展看，解放思想确实带来了中国人潜能的巨大释放，进而也促进了生产力的快速发展。

解放思想取得的一个重要成果，就是确立了"解放思想、实事求是"思想路线。在1978年的拨乱反正、实现伟大历史转变的关键时期，思想路线是决定中国能否实现历史转变的首要问题，思想路线的拨乱反正是最根本的拨乱反正。为解决思想路线问题，我们党首先揭露了"两个凡是"思想路线的性质、实质、根源和危害，阐述了"解放思想、实事求是"思想路线的性质、含义、内容、实质和实现条件，尤其是充分阐述了思想路线对中国改革和发展及中国特色社会主义建设的重大意义，认为思想路线是关乎实现伟大历史转折及中国特色社会主义建设的前途命运问题。第一，从党的领导能力来讲，解放思想、实事求是，是科学制定党的路线、方针、政策的思想基础。执政党的能力首先表现在能否制定好正确的路线、方针和政策，而党的路线、方针、政策正确与否，事关中国特色社会主义建设的成败。在邓小平看来，思想路线是确定政治路线的基础，不解决思想路线问题，正确的政治路线和组织路线就制定不出来，制定了也贯彻不下去；不解放思想，不实事求是，不从实际出发，就不可能有现在的方针、政策。①搞社会主义现代化建设是我党的政治路线，这是从打破以阶级斗争为纲和"两个凡是"的"左"的束缚，进而从中国实际出发而提出来的。否则，就不可能把全党的工作重心转到现代化建设上来。我们党的组织路线主要是关于如何让人才有效发挥作用的问题，是选人、用人和育人的问题。邓小平指出："我们的人才是有的，关键是要解放思想，打破框框"，"我们说资本主义社会不好，但它在发现人才、使用人才方面是非常大胆的。它有个特点，不论资排辈，凡是合格的人就使用，并且认为这是理所当然的。从这方面看，我们选拔干部的制度是落后的。论资排辈是一种习惯势力，是一种落后的习惯势力。"②就是说，要解决好选人、用人、育人问题，制定适合四个现代化建设的组织路线，就必须解放思想，实事求是。第二，从认识过程来讲，解放思想、实事求是，是正确总结我国社会发展的历史经验教训，进一步提高认识、明确工作方向的思想方法。我们党非常善于总结经验教训，主张"走一段"就要回顾一下。要升华对于事物的认识，把握事物的客观规律，提出新的科学理论，促进事业的发展，都要靠不断地总结经验教训。要正确总结经验教训，首要的就是坚持正确的思想路线，如果没有正确的思想路线，不管有多么丰富的经验，都难给予科学的总结和说明，更谈不上从中引出规律性的东西来。1982—1992年这十年，邓小平特别注重运用"解放思想、实事求是"思想路线，来分析解决组织路线、经济体制改革、政治体制改革、香港问题上的"一国两制"、成立经济特区、建立市场经济体制和中国社会主义发展阶段等一系列重大问题。

"解放思想、实事求是"思想路线带来的最大理论成果，是推进了党的

---

① 《邓小平文选》（第2卷），人民出版社，1994年，第191页。

② 《邓小平文选》（第2卷），人民出版社，1994年，第193、225页。

2. 当代中国特色社会主义问题：观察当前中国社会发展的几个框架

理论创新。中国共产党领导中国特色社会主义建设的指导思想是至关重要的，它关乎中国改革和发展的方向。基于中国革命实践而形成的毛泽东思想引领中国革命取得了成功，而"文革"时期盛行"左"的以阶级斗争为纲的理论使中国经济社会发展付出沉重代价。成功与失败的经验教训昭示我们：确立一种立足中国国情、汲取中国优秀历史文化传统、解决中国问题、指导中国具体实践的我们自己的"理论"或"主义"，是中国特色社会主义建设实践走向成功的首要前提。因此，中国共产党人在中国特色社会主义建设实践的进程中，力求自觉地提升并确立中国特色社会主义理论体系。自改革开放以来，我们党逐步形成了"邓小平理论""三个代表"重要思想、科学发展观等理论创新的成果。"邓小平理论"在引领中国共产党和中国人民解放思想、解放人、解放生产力，进而在解决中国人民富裕、解决中国特色社会主义建设方面发挥着重要作用；"三个代表"重要思想在引领中国共产党推进先进性建设和执政能力建设方面发挥着推动作用；科学发展观在引领中国经济、政治、文化和社会全面、协调、可持续发展与推进社会和谐方面，发挥着引领作用。十七大报告指出："中国特色社会主义理论体系……凝结了几代中国共产党人带领人民不懈探索实践的智慧和心血，是马克思主义中国化最新成果，是党的最可宝贵的政治和精神财富，是全国各族人民团结奋斗的共同思想基础"；"改革开放以来我们取得一切成绩和进步的根本原因，归结起来就是：开辟了中国特色社会主义道路，形成了中国特色社会主义理论体系。"[①]

中国共产党第十八次全国代表大会对第一命题做出新的表述："中国特色社会主义理论体系，就是包括邓小平理论、'三个代表'重要思想以及

① 《中国共产党第十七次全国代表大会文件汇编》，人民出版社，2007年，第10~11页。

科学发展观在内的科学理论体系，是对马克思列宁主义、毛泽东思想的坚持和发展"。党的十九大是在我国全面建成小康社会决胜阶段、中国特色社会主义进入新时代的关键时期召开的一次十分重要的大会。这次大会分析了国际国内形势发展变化，回顾和总结了过去五年的工作和历史性变革，做出了中国特色社会主义已进入新时代、我国社会主要矛盾已经转化为人民日益增长的美好生活需要和不平衡不充分的发展之间的矛盾等重大政治论断，深刻阐述了新时代中国共产党的历史使命，提出了新时代坚持和发展中国特色社会主义的基本方略，确定了决胜全国建成小康社会、开启全面建设社会主义现代化国家新征程的目标，对新时代推进中国特色社会主义伟大事业和党的建设新的伟大工程作出了全面部署。其中，党的十九大最重大的理论成就，就是把习近平新时代中国特色社会主义思想写在党的旗帜上，确立为党必须长期坚持的指导思想，实现了党的指导思想又一次与时俱进。

2.1.2.4 混合结构：中国特色社会主义建设的一个基本图景就是形成了混合结构

理论创新推进实践创新的一个最重要成果，就是1992年我国确定建立社会主义市场经济体制。市场经济体制对中国特色社会主义建设产生着深远影响，它引发了中国社会的"领域分离"和"结构转型"，形成了中国特色社会主义建设和发展中的"混合结构"。

改革开放四十多年来，中国社会发生的最深刻变化及其根源，是市场经济的出现。从经济学角度讲，市场经济是资源配置的一种基础性方式，由此，1992年以来，我国的资源配置方式逐渐发生变化，市场配置的作用日趋显现。从哲学角度讲，市场经济应是利益经济、能力经济、平等经济和自主经济。就是说，从事经济活动的主体要追求自身利益的最大化，就必

2. 当代中国特色社会主义问题：观察当前中国社会发展的几个框架

须充分发挥其能力；要充分发挥其能力，就必须注重权利、机会、规则、起点等方面的相对平等；市场经济还要求从事经济活动的人凭其能力而自主、自立。正因此，新时期以来，中国人的生存方式、行为方式和思维方式发生了很大变化，人们日趋重视自身的利益、发挥自身的能力，并注重平等和自主。

我们曾经分析论证过，市场经济注重自主、自立与能力、平等逻辑上会逐步孕育出现代社会，而市场经济、现代社会对中国社会发展的根本影响在于它将产生三种分离。首先，"经济与政治"的相对分离。它使政党、国家逐渐趋向在"法律规定"的范围内理性地行使公共权力。市场源于人类天生的需求与供给本性，只要允许交换，那么市场就会生成。市场具有自组织性，这意味着国家没有必要从微观上直接管理经济。相应地，一旦市场经济崛起，那么它就会从国家手中脱离出来，表现为"经济与政治"的相对分离。基于这一分离，社会发展会进入一个以经济活动自由超越权力直接管制的新阶段。其次，"私人领域与公共领域"的相对分离。它使私人活动空间逐渐扩大，私人行为逐渐自主和自治。基于市场与国家的相对分离，二者分别居于不同的轨道，国家"法律许可才可为"，市场"法无禁止即可为"；二者背后的社会空间明显不同，前者即国家领域，后者即私人领域；社会在市场经济的驱动下形成私人领域与国家领域的划界。基于这一变化，国家的政治统治色彩将渐趋潜隐，民主的色彩将逐渐显现。这预示着，传统国家那种对整个社会绝对式的、自上而下的权力管制的色彩会逐渐削弱。最后，"私人权力与公共权力"的相对分离。它使人们对政党、国家及其权力观念不断发生变化，逐渐形成一种"公民赋权"的现代意识。在社会日益公私划界的基础上，人们私权意识增强，并逐渐意识到必须让渡一部分私权给国家（如安全权，私人行使既不经济也不可能），而国家则接受委托成为一种公权机构；同时，因为国家不再直接创造财富，但履行公务又需要经济支撑，因此，就产生公民纳税支撑其公务行动的需求，这就是公民纳税、国家服务的基本逻辑；由此，私人纳税与国家提供公共服务，私人授权与国家接受授权，将形成一种新的社会基本架构，公民纳税与授权观念将成为社会的基本共识。建立市场经济体制以来，这三种分离正在逐渐进行，且初见端倪。

这三种相对分离过程会产生一个显著的结果，就是社会结构会发生重大变化，即逐渐形成市场经济、公共领域和公共服务型政府相互制约、相辅相成的新型社会结构。1978年以前，中国的社会结构是经济领域、社会领域没有独立而依附于政治力量的政府管制型的传统社会结构。现代化的进程一定意义上就是领域分离的过程，其分离的结果就是形成一种新型的社会结构。由此可以说，现代化的过程也是结构转型的过程。至今，随着领域的逐渐分离，一种市场经济、公共领域和公共服务型政府构成的新型社会结构正在形成：一个相对独立的市场经济领域正在形成，在经济领域，市场机制越来越发挥主导作用；一个相对独立的现代社会领域正在形成，公民意识已经觉醒，公民的独立性、自主性逐渐确立起来，公民的社会参与也日趋增强，社会组织也开始发挥应有的作用；市场经济和公共领域内在要求转变政府职能，由管制型政府逐渐转向公共服务型政府。当今中央提出的"政企分开""政社分开"与"加强社会建设""建设公共服务型政府"，实际上就反映了我国正在发生的结构转型的现实和趋势。社会结构转型正在引起整个社会结构的转换或重组，即形成了"混合型结构"。

市场经济、公共领域的出现，改变了过去我国传统的社会结构：建立市场经济体制，就必然利用多种非公有制经济，因而在经济领域，就形成了以公有制为主体、多种所有制经济共同发展以及以按劳分配为主体、多种分配形式并存的混合性经济结构；公共领域的出现，必然使社会组织和公民参与在社会领域发挥日趋重要的作用，因而在社会领域，就形成了以政府组织为主导、社会组织为参与的政府与公民协商合作共同治理社会的关系结构、治理结构；市场经济、公共领域的出现，必然使思想文化领域出现多样化的社会思潮，因而在文化领域，就形成了弘扬主旋律与提倡多样化的意识形态结构。这些混合型结构之基本特征，就是包容，所以，"包容"就成了中国特色社会主义建设30多年来的一种重要图景。这种图景对中国特色社会主义具有特殊意义和影响。①

2.1.2.5 人民主体：中国特色社会主义建设的根本价值取向是注重民众参与、尊重合理诉求和关注民生

市场经济的发展逐渐培育出注重利益、能力、平等和自立的人，也逐渐使人民群众的独立意识、自主意识、平等意识和民主意识等主体意识日趋觉醒与增强，这就必然确立起"人民的主体性"。这种"人民主体"集中体现为坚持以人为本及其人民立场，具体体现为"注重民众参与""尊重合理

---

① 在当代语境下，这种"混合型结构"的独特性在于：社会在私人诉求集结的基础上，在国家行动趋于层次清晰化的背景下，生成一种介于二者之间的新领域，即公共领域。这种公共领域因其地位(介于私域与国家之间)与属性(非官非商)的独特性，对私人领域和国家领域来说都具特殊意义：一方面，公共领域可以集成私人诉求，通过私权的集体行动表达私人意愿，从而增强私权的影响力；另一方面，这一新领域也可以提取国家行动中的社会性因素，通过公共行为表达国家所担负的社会职责，从而强化公权的社会色彩，提高公民对国家的认同度。因此，从实践的角度看，公共领域充当了私人与国家之间的缓冲地带，扮演着非官非商的社会中间角色，本质上体现的是一种人类社会的公共性。这种公共性不同于国家的契约性和阶级性，而是对人类私人性的集成与社会性的提炼，因此，这种公共性相对于人类社会的阶级性、契约性和私人性来说，更具有持久的生命力和优越性。也因此，当代语境下的公民社会概念指向"经济/政治/文化"三分模式，体现了公共性成长的路径：在经济、政治分离的基础上(经济/政治二分模式)，通过"社会交往"的公共性不断实现对私权的超越和对公权的覆盖。参见张健：《公民社会：概念的语言学分析及解释框架》，《文史哲》，2009年第3期。

诉求"和"关注民生"。这种人民主体性对中国特色社会主义建设具有重要的推动作用。

我们曾经强调现在依然要强调的是，改革开放初期的主要历史使命，是力求把人民群众的一切积极因素和力量动员起来，参与到改革开放与发展中去，共创社会发展成果，因而在逻辑上，这是一个"动员参与期"。这一时期的基本特征，就是我们从制度和政策上采取了一系列重要措施，使民众做到各尽其能，使社会充满活力。以人为本在这里主要体现为民众参与且各尽其能。

在中国特色社会主义建设进程中，许多民众的积极因素和力量被动员起来了，我国社会也突出呈现为多样化的发展状态。当民众的积极因素和力量的作用越来越大且社会多样化的态势日趋发展的时候，就会向社会表达各种诉求。这意味着中国特色社会主义建设在逻辑上进入了"表达诉求期"。这一时期的基本特征，就是力求尊重人民群众所表达的各种合理诉求，努力使社会各阶层的社会成员能各得其所。以人为本在这里主要体现为充分尊重人民群众的合理诉求。

面对这些诉求，无非采取两种态度。一种是消极对待，这会使群众表达诉求的渠道不畅，造成多种利益主体之间的矛盾冲突，不利于社会和谐，也不利于扩大党的群众基础和增强党的凝聚力（当今一些底层民众是改革与发展代价的承担者，但他们依然没有给社会带来不稳定，这实际上是对改革与发展的另一种形式的支持）；另一种态度就是必须积极对待，即不仅要建立一种积极整合民众合理要求、凝聚民众一切积极力量、注重解决民生问题和化解各种民怨的制度化权益表达机制和民主参与机制，而且要进一步对我国的改革和发展进行顶层设计，以形成改革和发展的新的整体秩序。这有利于形成一种各得其所又和谐相处的局面，也有利于

2. 当代中国特色社会主义问题：观察当前中国社会发展的几个框架

扩大党的群众基础和增强党的凝聚力。这意味着中国特色社会主义建设在逻辑上进入了"整合凝聚期"。其基本特征就是积极保障和改善民生，这是这一时期坚持以人为本及其人民立场的集中体现。从人的存在性质来讲，人具有生存与发展两种基本需求，相应地，民生也包括满足生存性需求的民生与满足发展性需求的民生。满足生存性需求的民生主要指，为人民群众的生存需要提供基本的生活资料，如住有所居，病有所医，学有所教，老有所养，等等；满足发展性需求的民生主要指，为人民群众的发展需要提供基本保障，如充分发挥民众的创新能力和创造个性，积极营造人们和谐交往的社会环境，尊重民众的政治参与和社会参与，丰富民众的精神世界。

"中国特色社会主义建设的逻辑"的上述五个方面具有内在联系：中国特色社会主义建设，首先是通过解放思想进而从客观实际出发重新认识中国国情开始的，在重新认识中国国情的进程中，我们提出了"三个基本判断"，并由此把解放和发展生产力作为中国特色社会主义建设的首要根本任务，这其中蕴涵着"功能思维"；解放和发展生产力首先需要政府主导来推动，在中国特色社会主义建设进程中，"政府主导"首先体现在"理论引领"，即通过理论创新来引导中国特色社会主义建设的实践；"理论引领"包括理论创新，而理论创新的一个重要成果，就是在中国社会主义初级阶段确立了"市场经济"体制并形成"混合型结构"；市场经济及"混合型结构"培育并发挥了"人民主体性"。以上五个方面构成一种结构，这种结构的最大功能，就是成就了中国特色社会主义建设，并构成中国特色社会主义建设的基本逻辑。其中政府主导和理论引领是最为重要的。尽管这种逻辑还处在进一步探索与发展之中，甚至某些方面会产生负面效应，但它是立足中国国情、解决中国问题、指导中国实践、促进中国成功的基本逻辑，也是从结构上对中国特色社会主义道路的一种学术上的初步总结和提炼，它会随着中国特色社会主义建设实践的发展不断得到丰富和完善。

2.1.3 中国特色社会主义实践的发展趋向："执政为民"与"结构→体制→方式→秩序"的实践创新

中国特色社会主义正处在发展的路途中。那么它在今后发展过程中需要解决的根本问题是什么？发展趋向是什么？中国共产党人在其中的责任与使命是什么？人民群众有什么新期待？在中国特色社会主义进一步发展的进程中，中国共产党人的重要责任和使命，是要进一步补充、丰富和完善中国特色社会主义道路和中国特色社会主义理论体系，是通过实践创新来真正深入贯彻落实中国特色社会主义建设所取得的理论成果；人民群众的新期待，就是由理论创新进一步走向实践创新，真正把中国特色社会主义理论体系的最新成果切实付诸实践行动。要言之，就是更加注重执政为民方面的实践创新。基于这种实践创新，中国特色社会主义进一步发展的趋向就是：调整结构→改革体制→转变方式→建构秩序。

2.1.3.1 整体结构的战略性调整

所谓"调整结构"，指的是整体结构的战略性调整，既包括权力结构调整，也包括经济结构、政治结构、文化结构和社会结构的调整。结构调整影响着中国特色社会主义的发展趋向。

改革开放四十多年使我国取得巨大成就，但同时也存在大量问题。改革，包括政治体制改革取得许多成果，但今天却遇到了"难啃的硬骨头"；起初推行的改革，问题明晰、目标明确、标准具体，动力很足，而当今我们改革的动力显得不足，缺乏"顶层设计"；当今我国的社会结构发生了很大变化，但人们对社会结构的变化缺乏全面深入的认识、分析和理解；中国

2. 当代中国特色社会主义问题：观察当前中国社会发展的几个框架

共产党人提出了许多先进理念，但在实践中却阻力重重。由此，在对改革开放进行清理总结中，下述一些根本问题就呈现在我们面前：中国存在的问题究竟是什么性质的问题，是怎样产生的？体制改革、包括政治体制改革的深层障碍究竟在哪里，应从哪里寻求改革，尤其是政治体制改革的切实有效的突破口？怎样全面深入解释并积极主动推动我国社会结构的转型？中国共产党人提出的先进理念为什么在实践层面遇到了"肠梗阻"？弄清这些问题，有利于回答中国特色社会主义建设"向何处去"的问题。

任何国家都有自己的问题，我们需要追问的是属于中国特有、普遍存在、根深蒂固、影响中国长远发展命运的根本性问题。人们常常认为，中国存在的问题是体制性问题，即是由体制产生的。但进一步追问就会看到：体制是由结构决定的，归根到底，许多问题是由结构产生的，是结构性问题，即是由传统的"社会层级结构"及其蕴涵的权力结构和权力运作方式产生的。所谓社会层级结构，本意是指在传统政治国家领域中依据权力至上与权力大小而形成的权力级别阶梯和权力层级结构，后被延伸为在经济、社会和文化领域根据人和人之间之权力大小、地位高低、身份有别而建立的层级关系结构。这种传统的社会层级结构之核心是权力层级结构。这种权力结构具体体现为：以权力为本且政治权力较大，经济权力、社会权力较小，因而总体上属于"金字塔式"的权力层级结构。这种传统的社会层级结构注重的是权力层级以及地位层级、身份层级和关系层级。考察一个社会，最基本的方法论，是从"结构—体制—文化"三维入手。马克思考察、理解社会的一个根本视角是社会结构。在马克思看来，资本主义社会的运作体制和机制是由资本主义的社会结构决定的。就是说，有什么样的社会结构，往往会有什么样的社会运作体制，有什么样的社会运作体制，往往会有什么样的文化。①中国尤其如此。从根本上说，中国民众的文化取向中有一种"官本位"，这种"官本位"与政府一元主导体制有关，而说到底，这种体制与政治权力至上而经济权力和社会权力较小的"金字塔形"的权力结构有关。由此，结构问题不解决，体制和文化问题也解决不了。

改革开放初期，我们十分注重文化观念变革；后来，进一步深入体制层面，进行体制改革。当今我们的改革主要是在体制层面进行的，如经济体制、政治体制、文化体制和社会管理体制的改革。应当说这是一种进步，然而目前的问题是：体制改革已出现难以深入下去的迹象；社会中存在的许多问题通过体制改革依然未能解决。这究竟为什么？我们认为，其根本原因在于人们未能认识到中国传统"社会层级结构"这一比体制更为深层、更为根本的问题，也未能自觉主动地推进结构性调整。实际上，当今中国存在的许多问题，包括体制问题的世俗基础和根源，主要是中国传统社会形成并作为残余遗留下来的权力至上、自上而下的、逐级管制的传统"社会层级结构"及其权力运作方式。由此，当今中国应把体制改革进一步引申到结构调整（一定意义上也可称之为结构改革）上来。

基于上述分析，所谓结构调整（改革）具有两个层面的内容：一是权力结构，二是经济结构、政治结构、文化结构和社会结构。就权力结构来说，就是从市场经济、公共领域、公共服务型政府三方面同步进行调整，并按照相互制约、相互协调、相辅相成的目标要求进行调整；经济体制改革的目标是建立社会主义市场经济体制，市场经济主要解决财富问题，市场经济体制建设，既为公共领域培育和公共服务型政府建设提出适合自身发

---

① 马克思在《〈政治经济学批判〉序言》中所得出的"物质生活的生产方式制约着整个社会生活、政治生活和精神生活的过程"结论，蕴含着社会结构是物质生活、政治生活和精神生活三者有机统一的思想。参见《马克思恩格斯选集》（第2卷），人民出版社，1995年，第32页。

展的要求,也为培育公共领域和建设公共服务型政府提供物质基础;社会建设的目标是培育成熟的公共领域,公共领域主要解决公民的民主参与问题,培育公共领域,既向市场经济体制建设和公共服务型政府建设提出有利于自身发展的要求,避免权力霸权和资本霸权,也为市场经济体制建设和公共服务型政府建设提供健全的人格基础;政府自身改革的目标是建立公共服务型政府,公共服务型政府主要解决如何公正运用公共权力为市场经济体制建设和公民社会培育提供公共服务的问题,建设公共服务型政府,既向市场经济体制建设和公共领域建设提出有利于自身发展的要求,也为市场经济体制建设和公共领域建设提供良好的政治环境。显然,在今天,仅单方面进行经济体制改革、政治体制改革、文化体制改革和社会管理体制改革等体制性改革是不够的,应将体制改革进一步深入到结构性改革,既要改造传统的社会层级结构及其权力运作体制,又要从市场经济、公共领域和公共服务型政府三维制约、互相协调、相辅相成的视野来推进结构性改革。结构性改革不进行,单方面的改革难以深入,也难以取得实效。就经济结构、政治结构、文化结构和社会结构的调整而言,经济结构调整主要包括经济增长的要素结构、产业结构、投资结构、分配结构的调整;政治结构调整主要包括权力结构的调整;文化结构调整主要指调整好主旋律与多样化的关系结构;社会结构调整主要指对政府组织与社会组织之关系结构的调整。

2.1.3.2推进政府行政体制改革

中国共产党人一贯倡导执政为民,问题的关键是执政为民的体制保障,尤其是政府行政体制保障不到位。为此,必须推进政府行政体制改革。

当今理论界围绕"政府与民众的关系"开出了一些大同小异的有价值的"药方",但都没有抓住问题的根本——体制背后的社会结构。前有所述，马克思的唯物史观运用"结构方法"分析社会历史对我们有启示意义。按照马克思的社会结构理论，社会结构是由经济、政治和文化等因素构成的，社会结构状况影响着社会发展和人的发展状况，其中经济因素起最终决定作用。这反映的主要是近代欧洲的社会结构状况。受此启发，要从根本上真正解决政府行政体制改革问题，就需要为大家提供一种哲学分析框架：从体制走向社会结构。中国传统的社会结构与近代西欧的社会结构不同，如前所述，中国历史形成并遗留下来的传统社会结构是社会层级结构。这种社会层级结构使我国传统政府行政体制具有下述特征，就是政府主导、权力至上、自上而下、逐级管制。这种体制有其存在的历史必然性与合理性，政府不仅在推动我国经济社会发展中具有"火车头"的带动作用，而且如果决策正确，可举全国之力办大事，还可控制社会矛盾，所以不能完全否定，在我国现有条件下，它依然要发挥重要作用。辩证地看，这种体制也有一定历史局限性：注重政府的主导作用而人民群众的主体作用未充分发挥出来，注重权力而非能力，自上而下有余而民众表达权益不足，重行政权力管制而轻公共服务。

应根据我国社会结构变化的新趋势，着重在市场经济、公共领域、公共服务型政府相互制约、相互作用的框架内，逐步推进政府行政体制改革。其完整思路及逻辑是：首先，通过推进领域分开，解决政府的定位问题。在什么位谋什么政。要通过"政企分开"、"政社分开"，来避免政府的越位、缺位、错位。其次，解决政府应干什么的问题，这就要转变政府职能。应在政府与市场经济、公共领域的互动关系中确定政府职能，由管制型政府逐渐转向公共服务型政府，政府为市场提供公平竞争环境并加强市场监管，为社会提供公共服务并加强社会管理，为自身配置和调节公共资源（产品）制定规则并教育群众。再次，解决政府自身怎样干的问题，这就要

2. 当代中国特色社会主义问题：观察当前中国社会发展的几个框架

创新管理方式。就是由行政审批和行政命令走向依法行政、靠制度行政和凭能力行政。复次，因社会结构的变化，公民参与日趋增强，所以还要解决在政府与公民的关系中政府怎样干的问题，这就要鼓励公民参与。就是扩大公民有序政治参与，政府与民众协商合作共同管理国家事务和社会事务，民众通过社会组织等渠道向政府合理合法表达诉求，参与监督。最后，解决如何保证政府顺利有效履行职责的问题，就是要加强行政问责，健全决策失误纠错机制和责任追究制度。政府责任是弥补制度缺位的最好良方。显然，这种行政体制既注重政府主导与民众参与相结合、政府权力管制与政府凭能力为民众提供公共服务相结合、自上而下与自下而上相结合，又注重政府与经济、社会的相互协调、相互推动。

2.1.3.3 加快经济发展方式转变

加快经济发展方式转变是当今中国经济社会进一步升级发展的必然要求。改革开放初期，由于必须解决物质财富积累、物质生活水平提高的问题，不少地方主要通过"物"的路径来拉动经济增长，如消耗自然资源，开办一些高投入、高消耗、高污染的生产性企业，注重物质资本投资，依靠廉价的劳动力"成本"。历史地看，这种路径功不可没，为我国今后经济社会升级发展提供了较为雄厚的"物质积累"和"物质基础"。但这种路径使我们面临两方面困局。在国内方面，从经济的角度可概括为"四高四低"：投入高产出低；产值高科技低；排放高循环低；代价高效益低。在国际方面，我国在世界产业分工链条化新格局中处于不利地位：当今世界产业分为研发、制造和营销三大链条，世界经济发展呈现如下趋势，即"去工业化主导工业化""金融经济主导""美元杠杆性和霸权化"，在上述三大趋势中,我们大多数现有路径都不占优势甚至处于绝对劣势。[1]这就意味着,这种路径已经使我们的发展空间越来越小,付出的代价越来越大。由此,我们要利用全球都在进行产业调整的机遇,主动"加快"经济发展方式的根本转变,由"以增长促发展"走向"在转变中谋发展"。

从实践来看,转变经济发展方式具有很大难度。1995年"九五"规划就提出转变我国经济增长方式的问题,但至今传统的经济增长方式依然没有从根本上转变过来。由此,党的十七届五中全会明确提出加快经济发展方式转变的"五大论断":"十二五"时期是加快转变经济发展方式的攻坚期;制定"十二五"规划,必须以加快转变经济发展方式为主线;加快转变经济发展方式是我国经济社会领域的一场深刻变革;必须把加快转变经济发展方式贯穿经济社会发展全过程和各领域;要在转变中谋发展。转变经济发展方式艰难的根本原因,在于从总体上我国还缺乏自主创新能力;而缺乏自主创新能力的深层原因,从哲学来看,就是我国传统社会总体上属于权力社会,而不是能力社会。权力社会过于注重对人的控制,使人们愿意做官,抑制人的自主创新能力的充分发挥;而能力社会注重解放人,鼓励人们学习知识、发明科学技术,有利于使民众各尽其能、社会焕发活力。

我国经济社会发展不平衡,因而转变经济发展方式要从分类推进:欠发达地区可把着力点放在符合科学发展要求的项目选择上;发达地区可把着力点放在结构调整和产业升级上,核心是发展产业聚集区;国家应在战略层面把着力点放在提高自主创新能力、建设创新型国家上来,由物质驱动走向创新驱动。从哲学上分析经济发展方式的根本转变,本质上就是

---

① 张健:《后危机时代的风险研究:后工业社会的格局、挑战及评估》,《社会科学战线》,2011年第6期。

2. 当代中国特色社会主义问题：观察当前中国社会发展的几个框架

提高人的自主创新能力。过去我们用四十多年发展的高速度换来了较大的世界发展空间，今后我国应主要通过提高自主创新能力来抢占世界发展的制高点。

从哲学角度讲，提高自主创新能力的基本思路是，依据"力量转移"理论，由权力社会逐渐转向能力社会，大力加强能力建设。从过去看，中西方社会拉开差距的一个根本原因是西方社会相对注重能力，尤其创新能力，而中国传统社会结构中相对注重权力，马克思称之为"行政权力支配社会"。①对中西文化了如指掌的严复、陈独秀、李大钊指出：中国之所以贫弱，西方之所以富强，主要原因之一是中国重天命，而西方重人力，西方知道万事全靠人力做成。②从今天来看，国家之间的竞争在根本上是创新能力人才的竞争；从社会力量转移趋势来看，具有影响力的未来学家托夫勒认为，有三大力量操纵着社会生活和人的生活——暴力、财富和知识，影响当今世界发展的力量正在向知识和创新能力转移。③

加强能力建设，可以采取以下基本路径：一是确立"和而不同、能力本位"的文化价值导向。从哲学上讲，文化主要包括价值取向、思维方式和人格类型，它既解决整个社会朝什么方向导向和努力问题，又解决文化认同和文化竞争力问题。马克思曾经指出，如果从观念上来考察，那么一定的意识形态的解体足以使整个时代覆灭。④如果说过去的战争可以打败一个民族，那么当今的文化可以征服人心。由此看，文化软实力与硬实力同等

---

① 《马克思恩格斯全集》（第8卷），人民出版社，1961年，第217页。

② 本杰明·史华兹：《寻求富强：严复与西方》，叶凤美译，江苏人民出版社，1995年，第39~69页。

③ 阿尔文·托夫勒：《力量转移——临近21世纪时的知识、财富和暴力》，刘炳章等译，新华出版社，1991年。

④ 《马克思恩格斯全集》（第30卷），人民出版社，1974年，第539页。

重要。"和而不同"是在对待当今人和人的关系问题上需要倡导的价值取向，"能力本位"是在对待当今中国发展进程中人和做事的关系问题上需要确立的价值取向。二是树立"提高自主创新能力、建设创新型国家"的核心发展战略，用这一战略支撑其他国家战略。德国哲学家黑格尔曾指出，一个民族若有一些仰望星空的人，这个民族就有希望，一个民族只关心脚下的事情，注定没有未来。对这里的"星空"予以引申，就是民族发展战略。只有从国家战略层面对提高自主创新能力予以高度重视，这个国家的未来才有希望。三是选择"使人能够充分发展其能力"的制度安排。主要在用人制度和分配制度里把"能力尤其创新能力及其贡献"设计进去。最后是要营造"凭能绩立足"的琢磨事的工作环境，引导人们由琢磨人走向琢磨事，由注重权力逐渐走向在正确行使权力前提下更加注重能力。这是一种大世界观、战略观和文化观。尽管实现这些是艰难的，但对中国发展来说是具有根本性和战略性的。

2.1.3.4 良性改革和发展新秩序

所谓秩序，指的是人们遵循一定的事物发展规律，制定公正的做事规则和制度，形成合理的结构，并且通过一定的组织自觉主动实现这样的规则、制度与结构，以使人们各司其职、各尽其能、各得其所、和谐相处，从而形成一种使人和社会得到全面发展、协调发展、持续发展的良性运转状态。"遵循规律""公正的规则和制度""合理结构""组织管理""各司其职、各尽其能、各得其所、和谐相处"和"协调发展"，是理解秩序概念的核心要素。这里，我们着重谈论中国改革、发展的秩序。因为新时期最鲜明的特点是改革开放，新时期最显著的成就是快速发展，而且中国特色社会主义的主题是发展。

经过四十多年的改革和发展，我国呈现出良好的发展态势，但要形成

2. 当代中国特色社会主义问题:观察当前中国社会发展的几个框架

一种良性的改革和发展新秩序还有很长的路要走。形成一种良性的改革和发展新秩序,是中国特色社会主义建设的一种根本趋向。

要形成改革新秩序。这就是要在注重研究人类社会历史发展的一般规律、社会主义发展规律、党的执政规律和当代中国发展规律的前提下,基于公正的理念、规则和制度,有组织地、整体有序地推进各项改革:首先在经济领域,使经济体制改革先行,建立社会主义市场经济体制,并且强调提高自主创新能力,使民众各尽其能、各得其所,聚精会神搞建设,一心一意谋发展,共同为创造社会财富做贡献,以解决社会活力(解放和发展生产力,解决好财富与效率问题)问题,使民众富裕起来且从中受益,进而为政治体制改革以及其他改革提供物质基础和群众基础。当今,要注重对不合理的经济结构进行战略性调整。其次在文化领域进行文化体制改革,形成一种既解放思想又凝聚人心的共同思想基础与文化环境,形成价值取向上的"一和多"的合理关系结构,用解放思想以解决思想僵化问题,用共同价值观来凝聚人心以解决思想分化问题,进而力求为我国经济体制和政治体制改革提供团结奋斗的共同思想基础。再次在社会领域进行社会管理体制改革,注重公共领域建设,加强公民意识教育,特别要注重民主参与和民众素质的统一,注重社会管理与公共服务的统一,注重形成一种政府与公民的良好关系结构,力求为我国政治体制建设提供人格基础。最后,当市场力量、文化力量和社会力量三者逐渐强大并形成合力的时候,我们就具有了改革传统政治体制的基础、动力和态势,也就会从外部逐步推动政治体制改革;而当我们的经济建设、文化建设和社会建设为政治体制改革提供强有力的物质基础、思想基础和人格基础的时候,我们就具备了政治体制改革的基础;在这种情况下,我们的政府便不断觉悟,主动地进行自我改革以达到自我完善,即更加有力地推进以权力结构调整和健全权力运行机制为核心内容的政治体制改革;在这种自我改革和自我完善中,我们的政府注重制度建设,转变职能,提高自己的执政能力,完善执政方式和领导方式,保持先进性,进而去领导好经济、文化和社会建设;并且在政治体制改革中,我们的政府靠控制与解放两手,来领导经济、文化和社会领域的改革,而对自身,它既防范改革中出现的风险,也注重自身的思想解放。

要形成发展新秩序。这里有一个前提,即对民众的需求进行理性分析,且针对民众的需求,确定我国实践发展变化的新要求和人民群众的新期待。当今我国民众的"生存性需求"即温饱问题已基本解决,今后面临的是更高层次的"发展性需求"。

"发展性需求"是一种多样化需求,涉及经济、政治、文化、社会(狭义)等各个领域。"发展性需求"的多样化,要求当下社会的供给不能再是前一阶段的"生产性"模式,而应转向新的"分配性"模式;相应地,当前我国实践发展变化的新要求与人民群众的新期待也就体现为:从"生产性努力"转向"分配性急需"。在这里,"分配性急需"具有两个内容:一是物质层面的生产成果的分配,二是政治、社会和精神层面的资源分配。由此我们必须进一步解决两个相关的分配问题:如何在分配性问题中保证效率,以确保分配的可持续性;如何使"蛋糕"分得满意、秩序建得合理和规则定得公正,确保分配的正义性和道德性。前者是公平问题,后者是正义问题。这就对我们党在分配问题上基于公平正义的理念而建立一种合理的分配结构,提出了新的更高要求。

"发展性需求"是一种高层次需求,关涉到人的政治性、社会性、精神性内容。"发展性需求"的高层次化,要求当下社会的供给不能再停留于前一阶段的"基础性"层面,而应转向新的"发展性"层次;相应地,当前我国

2. 当代中国特色社会主义问题：观察当前中国社会发展的几个框架

实践发展变化的新要求与人民群众的新期待也就体现为：从"基础性急需"转向"发展性急需"。这里，"发展性急需"指的是当前中国发展具有特殊的境遇：一方面，人民群众日益增长的美好生活需要与不平衡不充分的发展之间的矛盾依然是当今我国社会的主要矛盾；另一方面，人民群众的自主性以及政治参与、社会参与诉求日益觉醒与增强。前者意味着，中国经济发展的"蛋糕"依然需要进一步做大，"生产决定消费"的运行逻辑依然是国内市场的主要方面，金钱的价值、商品的使用价值依然是国内人群消费的关注点，即现代性是主要方面；后者却意味着，"人民主体"的逻辑不可避免地出场。这就要求我们必须进一步解决这样的问题：一是如何依靠人民群众的创新能力充分发挥来把"蛋糕"做得更大？二是如何鼓励与引导民众有序的社会参与和政治参与并为民众提供良好的公共服务？这就对我们党积极自觉地建立好执政为民的体制，提出了新的更高要求。

2.2 新中国70年马克思主义哲学研究的范式转型

新中国70年马克思主义哲学研究取得较大进展，但也有教训，其经验教训蕴涵在新中国马克思主义哲学研究的路向演变中。从路向演进的方面看，70年来马克思主义哲学研究出现了六个方面的变化，内含着三个重要的理念转换。六个变化是：由"意识形态化哲学"走向"科学性哲学"，由"相对注重本质与定性思维的哲学"走向"也注重功能与价值的哲学"，由"注重书本理论逻辑的理论哲学"走向"注重现实生活世界逻辑的生活哲学"，由"一元模式哲学"走向"多样个性哲学"，由"注重把传统教科书当教条的教科书哲学"走向"注重从文本解读中挖掘本真精神、基本价值的文本哲学"，由"谈人色变哲学"走向"以人为本哲学"。三个理念是："书本逻辑导向——现实问题导向""哲学与政治关系之现代重构""哲学与生活世界关系之现代重构"。从语言分析的视角看,这些变化的背后是中国社会结构转型与中国政治、人的发展。①

那么这些变化的背后是什么,如何评估这些变化?本文拟从语言分析的视角作一探讨。

2.2.1 哲学的解释框架——一个语言分析的视角

从思维方式的角度看,哲学思维的内容可以这样概括:第一,研究概念之间的关系(概念、判断、推理),与其他形而下学科具有共同性;第二,研究概念所指称对象的一般性,即研究自然现象、社会现象和精神现象的共同性(存在论角度)和根源性(生成论角度);第三,研究概念提出的背景和解释者怎样解释的问题,也就是概念对解释者的意义。深入地看,概念本质上是一种符号,上述三种研究路向体现在符号上,即可表述为:"符号—符号"研究、"符号—现实"研究以及"符号—解释者"研究。相应地,哲学思维的一般性可以概括为:首先以符号为手段,建立分析的文本,并在此基础上确立分析框架;然后追问符号指称对象的共同性和根源性;最后是揭示该符号对解释者的意义。问题是,符号何以具有这样的功能? 这根源于符号的本质及其在思维过程中的作用。

从符号的本质来看,符号具有这样三种属性。第一,它是为了表达个体诉求而制定的公共标识,是人类观念交流过程中的共同约定。这意味着各个符号之间具有关联性。第二,符号表现为观念交流的一种工具和平台,是人们在实践过程中对现实对象的一种命名。通过这种命名,人们就

---

① 韩庆祥、张健:《江海学刊》,2009 年 9 月 10 日。

可以共同讨论指定的话题,实现交流的目的,因此符号又具有工具性。这意味着符号与现实之间具有关联。第三,符号的共约性实现了观念个体的不可通约向可通约的跨越,这种通约性决定了它所表达的观念是个体观念的集结,具有公共色彩。这意味着符号虽然不能完全表达个体性观念,但可以传递个体的信息,反过来看这预示着同一符号对不同的人来说,也会具有不同的解释,即基于公共约定意义基础之上的意义的多元化。在这种意义上,符号又具有可解释性,符号与人之间具有关联性。

概括之,符号的本质具有三重规定性,即共约性、工具性和可解释性,三种属性对应着三种基本关系,即"符号—符号"关系、"符号—现实"关系以及"符号—人"关系。这三种关系担负着不同的思维功能,即通约功能、命名功能和解释功能。通约功能,指的是人通过符号这一中介实现人际的交流。命名功能,指的是人们通过符号来指称外部世界。解释功能,也就是符号如何对人产生价值。符号从其产生的过程来看,源于对个体观念不可通约性的克服,它舍弃的是个体观念的特殊性,保留的是个体观念的共性;而从运用过程来看,个体观念的特殊性转换为个体对特定符号的独特的理解或者预期,这即解释需求;而个体观念的共性则演化为具体个人的话语背景,即解释语境。如何在既定语境下满足上述需求,这就构成符号的解释过程。显然,在这一过程中,解释需求是主观的,它决定着一个解释者为何对一个符号要作这样的解释;解释语境则是客观的,它决定着一个具体的人是在何种背景下进行解释的。

总而言之,关于符号的本质及其功能框架,可以这样概括:它是人类为了克服个体观念之间的不可通约性而建立起来的一种公共交流规则或者公共约定,符的这种本质决定了其在思维中具有三种基本功能和相应的三种基本分析框架,即通约功能和相应的"符号—符号"框架、命名功能和相应的"符号—现实"框架、解释功能和相应的"符号—解释者"框架；这些功能和框架体现在经验层面，即表明符号具有"逻辑结构""现实指称"以及"特定意义"；体现在语言层面，表现为"语法""语义"和"语用"；体现在思维功能上，表现为"语法解析""语义界定"和"语用阐释"。这几个方面合起来就是"语言分析"的基本范式，也是我们对哲学功能的一种解释框架。基于这一框架，我们对70年来我国马克思主义哲学的发展作一考察和分析。

2.2.2 "符号—符号"结构与马克思主义哲学从"教科书哲学"向 "文本哲学"的转换

哲学研究中的"符号—符号"结构，意味着哲学离不开对文本的依赖，即哲学要通过其自身的文本体系来延续其发展的路径。但问题在于，这种文本如何理解，是形而上学地把其教条化，还是科学地把其符号化，这是观察和评估70年来我国马哲变化的一个基本尺度。

中华人民共和国成立以后，我国马克思主义哲学研究尤其是教学方面，主要采用的是前苏联教科书文本体系。①应该说，这种文本对马克思主义哲学的普及起过重要作用，但不可否认，它同时也在一定程度上束缚了中国马克思主义哲学研究的独立性。这是因为，该教科书体系有一个局限，即对实践和个人主体性的忽视。马克思在《关于费尔巴哈的提纲》中突出强调人的实践的地位和主体性的作用。②这种情况直到十一届三中全会以后经过两次大讨论才发生了改变：一次是哲学教科书体系改革的讨论。

---

① 比如，亚历山大诺夫的《辩证唯物主义》，康士坦丁诺夫的《历史唯物主义》，尤金的《简明哲学辞典》，斯大林的《论辩证唯物主义与历史唯物主义》。中国人后来编写的哲学教材，主要是参照苏联20世纪二三十年代通行的教材。

② 郭建宁：《关于马克思主义哲学中国化的几个问题》，《北京大学学报》（哲学社会科学版），2002 年第 6 期。

2. 当代中国特色社会主义问题:观察当前中国社会发展的几个框架

这场讨论通过强调实践、主体性范畴对传统教科书体系进行了改革;另一次是关于实践唯物主义讨论,该讨论认为马克思主义哲学既是辩证的,也是历史的,更是实践的,把它们割裂开来仅仅强调某一方面都是不正确的。那么为何我国马克思主义哲学研究会出现教科书文本形式呢?历史地看,这源于当时特殊的国情。

具体说,中华人民共和国成立以后,我们利用政权的力量,不仅使马克思主义哲学成为国家意识形态,而且发动思想战线的运动,使马克思主义哲学渗透和深入到民众生活的各个领域。但与此同时,教条化与行政组织化相结合的方式,也使民众的日常生活带上了强烈的政治色彩。当中国逐步实现从计划经济体制向市场经济体制转轨时,所面临的一方面是西方世界的发展,苏联的解体;另一方面则是中国当下实践与传统理解的马克思主义哲学的强烈反差,这引起了不少人对马克思主义哲学的疑惑。重新理解马克思主义哲学,便成为摆在中国知识分子面前的一个尖锐的时代课题。[①]

正是在这种背景下,学界自身围绕如何推进马克思主义哲学的创新与发展,在研究格局、研究路径、研究视野、研究内容上进行探索,实现了马克思主义哲学研究从"教科书哲学"向"文本哲学"的转换。这种转换具体体现为三大研究走向:一是"回到马克思"的原初语境以及随之而来的文本研究,为重现一个真正的马克思提供可靠的基础;二是与现代西方哲学展开对话,使马克思哲学研究更具学科前沿和世界背景;三是发挥马克思哲学的实践和批判精神,从基础理论上深化研究现实中具有时代性的课题。[②]

---

① 马俊峰:《马克思主义哲学中国化的几个问题》,《学术研究》,2006 年第 3 期。

② 参见叶汝贤、孙麾:《马克思与我们同行》,中国社会科学出版社,2003 年。

2.2.3 "符号—现实"结构与马克思主义哲学由"一元模式"向"多样个性"的转换

"符号—现实"结构，决定了哲学研究的生命力在于紧跟现实世界的发展。为何70年来我国马克思主义哲学发展中会出现由"一元模式哲学"向"多样个性哲学"的转换趋向，其根源何在？弄清这一点，需要把握哲学背后的现实生活发生了什么。

改革开放以前，中国社会基本上是一个传统的社会层级结构，在经济上实行计划体制，在政治上高度中央集权，在文化上是一种一元主导下的"百花齐放、百家争鸣"。这种结构使得社会的权力体系在社会运行中处于绝对支配地位，具有对社会资源的绝对优先权，这两种绝对性使得整个社会在价值观念上形成一种对"权力"的追逐和认同，"权力本位"成为人们普遍接受的价值观念。基于这种普遍的社会心理基础，政治优先、政治挂帅也就成为人们不能反思的事实。政治居于学术之上，学术服务于政治，也就成为当时整个社会运行的基本规则和格局。反映在中国马克思主义哲学研究上，即出现了哲学因对意识形态的过分强调而使哲学家的思维失去独立性。这种独立性的丧失，从个体的角度看，是哲学研究"照着说"之风盛行，哲学失去个性；从社会的角度看，是马克思主义哲学研究的"三化"流弊，即哲学话语的"一元化"，哲学解释权的"唯上化"以及哲学体系的"教科书化"①，究其实质是哲学的政治化。

具体说，因为政治居于学术之上，政治的"自上而下"的权力运行规则

---

① 李德顺：《探索马克思主义哲学新形态》，《教学与研究》，1999年第10期；王锐生：《马克思主义哲学50年来的几点经验教训》，《首都师范大学学报》（社会科学版），2000年第1期；韩庆祥：《当代中国马克思主义哲学研究的进展》，《哲学研究》，2006年第5期。

也成为"学术"的游戏规则，评判学术的标准不是真理原则而是路线原则。这样，在实际的研究中，"唯上"（尊上是必需的）就成为学者研究的一个自觉和不自觉的行为规则。在这种意义上，过去我们的哲学千人一面、缺乏个性、没有哲学流派，表面上是一种研究风格问题，但从深层次来看是一种政治氛围问题。也因此，随着这种氛围的解除，随着改革开放的不断深入，首先是"唯上"的现实基础慢慢瓦解，研究者主体性的发挥具有了现实条件；其次是"唯实"的时代要求不断增强，改革开放所带来的社会新气象要求哲学必须解释、必须反思、必须提供理念导引，这就使得哲学家表达自己的生存体验、人生感悟、哲学立场、价值观和思想倾向的诉求与意愿逐渐增强，哲学研究中"我思"一面相应凸显，研究者的主体性和个性得到了一定体现，哲学研究出现了"多样化""个性化"之趋向。

2.2.4 "符号—解释者"结构与马克思主义哲学从"谈人色变哲学" 向"以人为本哲学"转换

哲学研究中的"符号—解释者"结构，意味着对现实人的关注是哲学必不可少的内容之一，"解释者"内涵的"解释需要"与"解释语境"两个要件意味着理解我国马哲研究由"谈人色变哲学"走向"以人为本哲学"，需要深入分析历史语境的变化和时代发展的诉求。

改革开放之前，我国马克思主义哲学的发展与阶级斗争和政治路线的关系极为密切。"人性"一直被当作西方资产阶级人道主义和人本主义的主要观点而遭到严厉的批判，"文革"期间更是把人与人的关系视为阶级关系，要讨论人性就等于否定阶级性，是要受到政治批判的。由于任意拔高哲学的阶级性，甚至把哲学当作阶级斗争的工具，搞得人们不敢讲哲学的科学性，不敢提"共同人性"，不承认"共同美"。思维与存在的同一性，一分为二与合二而一,本是学术讨论,最终搞成了政治批判,严重妨碍了哲学的健康发展。①但是,从逻辑上看,强调阶级性和否认人性,这仅仅是强调人的发展的特殊方面,而把人性问题等同为人本主义和人道主义的主要观念更是在一定意义上否定了人的发展的一般性内容。这说明,在一个历史时期内,我们的研究理念和取向存在着偏失。这种状况一直到20世纪80年代初才有所改变,这就是哲学界的"人性、异化与人道主义"大讨论。这场讨论提出了深层的哲学问题,如人性是什么? 有无共同人性? 社会主义是否更应该强调人性?等等。这为以后马克思主义哲学研究的思路转换提供了理论基础。

改革开放以后,随着国门的打开和外部信息的涌入,尤其是20世纪末社会主义运动的挫折和中国市场经济的崛起,中国社会结构发生了深刻变动,人性逐渐觉醒,人的发展进入一个新的阶段。这个时候,无论是历史语境还是人的发展内在需求,都出现了新的变化,都提出了新的发展要求。

首先,从历史语境上看,社会结构转型引起政党、国家与公民关系模式的重组,进而引发政党、国家政治权力、权威的基础发生转换。首先是公民逐渐成为现代社会的主人。这意味着国家的地位和角色要实现现代转换,国家是为公民提供公共服务的公共权力机构。其次是现代"公民赋权"观念的普及化。这使整个社会对政党、国家政治权威的基础产生理性思考:既然公民是主人,国家是为公民提供公共服务的公共权力机构,那么政党、国家政治权威的基础就应该获得公民的认同。政党、国家政治系统要满足全体公民所提出的正当性社会诉求,要获得全体公民的认同、支持

---

① 一次是20世纪50年代到60年代的五次哲学问题批判的政治化,马哲研究的学术进程被迫打断;另一次是"文化大革命"时期,唯心主义、形而上学盛行,马克思主义哲学的科学性遭受曲解和践踏。

2. 当代中国特色社会主义问题：观察当前中国社会发展的几个框架

和拥护，既要顺应社会结构的变化，实现政党、国家与公民的关系模式的重组，又要顺应政党、国家权威基础转换的趋势，把政党、国家政治权威的基础由传统的革命业绩转换为现代的建设业绩及民意资源的支持，由主要靠权力及权力控制资源获得权威转向主要靠提高执政能力并为民众创造公共价值来赢得权威。这就意味着，时代把公共性问题、现代政治问题推向了历史发展的前台，政治哲学将成为未来一个时期中国马哲研究的重心之一。

其次，从人的发展的需求上看，中国的市场化改革已经改变了国家社会一体化的传统格局，公共领域在逐渐发育。公众特别是青年一代对个人权利和社会公正问题特别敏感、特别关注。中国社会的这种深刻转型需要深刻的理论设计和理论指导。①显然，这需要研究人、关心人。这意味着，哲学研究中人的分量将不断加大，"以人为本"的哲学将成为时代之所需。

事实上，国家意识形态层面相继提出了"以人为本""借鉴人类共同文明的成果""注重人文关怀和心理疏导"等新理念，这表明我们对人性问题、人的发展问题的认识更全面了。在一定意义上也可以说，我们的社会总体上实现了"从注重阶级性到在坚持阶级性前提下注重人性一般性和人类共同文明"的思维方式之转换。

2.2.5 "符号—现实—人"结构与马克思主义哲学研究的"理论逻辑"和"生活逻辑"之统一

哲学思维内在的"符号—现实—人"之结构意味着，哲学既要研究符号本身，同时更要研究符号背后的现实指称与解释者，实现"符号—现

---

① 庞元正：《建国五十年来马克思主义哲学发展的三大问题》，《学术界》，2000年第1期。

实—人"的有机综合。其中，研究符号本身决定了哲学必须关注理论与逻辑的连续性，研究现实指称与解释者决定了哲学离不开对生活世界的依赖。哲学的这种特殊性决定了哲学研究必须实现"理论逻辑"与"生活逻辑"的统一。总结70年来我国马克思主义哲学研究的路径演变，上述两个逻辑的转换就是一个显著特征。

就理论与逻辑的连续性一面来看，马克思主义哲学自身的理论逻辑结构既严密又具有独特性，这主要体现在其研究视域、主题、目标手段以及本质功能等方面。在抽象思辨世界与人的生活世界中，马克思主义哲学更关注人的生活世界，这是马克思主义哲学基本的研究视域；在抽象的"类"与现实的人中，马克思主义哲学更关注现实人的生存境遇与发展命运，这是马克思主义哲学最鲜明的研究主题；在"注解—论证"与"批判—前导"中，马克思更关注在批判旧世界中为新世界建构提供前导性理念，这是马克思主义哲学研究功能的基本特色。就其目标与手段而言，马克思主义哲学注重无产阶级的解放、每个人自由全面的发展与社会发展的和谐一致和人的能力的充分发挥；就其思维方式而言，马克思主义哲学注重实践生成论思维方式；就哲学本质而言，马克思注重的是考察世界的科学原则与价值原则相统一的方法。然而，在我国马克思主义哲学的历史发展过程中，存在着远离马克思主义哲学上述特征的倾向。这种倾向不大关注"现实的人"和"人的世界"，把现实人的生存境遇、人的解放、人的发展、人的自由、人的权利、人的价值、人的个性和人的主体性等问题冷落在一边。尤其是把哲学与政治的关系实用化，使得我国马克思主义哲学的正常发展遭到人为性挤压。[①]

---

① 王秀美：《马克思主义哲学中国化的途径与经验教训反思》，《求实》，2007 年第 3 期。

2.当代中国特色社会主义问题:观察当前中国社会发展的几个框架

改革开放以来，中国大多数马克思主义哲学工作者在对马克思哲学的重新理解中，在对以往马克思主义哲学研究的反思中，在对中国现代化建设实践经验教训的总结中，逐渐认识到马克思的哲学主要是在批判德国思辨哲学和用哲学方式关注工人阶级的生活世界与生存状况的过程中建立的，马克思主义哲学研究的主题主要是人的生活世界。由此，当代中国许多马克思主义哲学工作者逐步实现了研究主题的转换，由过去着重研究整个世界转向着重研究人的现实生活世界。主要表现在:第一，从过去传统苏联哲学教科书那种多见物少见人的哲学转变为既见物又见人的哲学，重新恢复和确立了人在马克思主义哲学体系中的地位，注重研究人的问题，关怀人的生存与发展，人学、价值哲学和生存哲学的出现就是如此。第二，从只关注阶级性不关注人性、共同人性、先进性和人类共同文明成果的哲学，转变为既关注前者又关注后者的哲学，发展哲学、交往哲学、生态哲学和人学的出现就是确证。第三，从关注"书本公式"的哲学转变为关注"生活公式"的哲学，更注重研究人的生活世界中的问题，经济哲学、政治哲学、社会哲学、文化哲学、生存哲学和生活哲学的出现就反映了这一点。第四，从关注"客观"存在的哲学转变为也关注"价值"存在的哲学，注重研究存在的意义和价值问题，价值哲学的出现就是这方面研究的重要成果。

2.2.6 两点思考:正确处理马克思主义哲学在方法论与学科性质上的二重性问题

从研究理路上看，哲学既要研究本体性存在，又要研究生成性存在，是存在论与生成论的统一。存在论视野要求哲学要追问本质和侧重结构分析，生成论视野则要求哲学要开掘意义与侧重功能分析。完整哲学需要实现"本质追问""定性思维""意义解读"以及"功能分析"的有机统一。70年来，我国马克思主义哲学研究正逐渐向这个方向演进，表现出由"相对注重本质与定性思维的哲学"走向"也注重功能与价值的哲学"演进趋向。

改革开放以前，我国马克思主义哲学偏重存在论思维方式，研究主题侧重于"革命"，强调造反性而忽视发展性；强调阶级斗争而忽视生产力因素；倚重矛盾的斗争性，相对忽视甚至否认解决矛盾的"共赢"可能。①从方法论的角度来看，这表现出一种"注重本质"的思维方式，是从既定原则出发对事实的一种辩护性解释，反映出当时马克思主义哲学研究对定性分析的一种偏好。

改革开放以后，我国马克思主义哲学研究，从生成论与存在论统一的角度研究重大现实和理论问题，在提升哲学功能方面做出努力，出现了研究的新气象。一是使哲学在批判反思现实方面有所作为，开始改变以往人们关于哲学就是为"现存"辩护的不好印象。二是使哲学在为当代中国发展提供前导性理念方面有所作为。三是使哲学在关注公共领域、公共生活和公众的精神世界方面有所作为。如自然哲学、社会哲学、历史哲学、科技哲学、经济哲学等，尤其是随着中国社会结构的转型，马克思主义政治哲学的兴起，更是体现了哲学对生成论思维方式的重视。

从性质上看，哲学既是一种一般性的观念体系，也是一种特殊的社会意识形态。前者决定了哲学具有科学性特征，后者则意味着它同时具有意识形态色彩。但在实践层面，马克思主义哲学科学性与意识形态性始终存在着一种紧张关系：一方面，学术领域的马克思主义哲学诠释必须以"政治立场、政治正确"为底线，力求做到"政治立场、科学表达"，而哲学的真

---

① 庞元正：《建国五十年来马克思主义哲学发展的三大问题》，《学术界》，2000年第1期。

正功能在于批判现实，批判与诠释之间具有内在紧张性；另一方面，作为意识形态化的马克思主义哲学，首先是政治话语，其次才是学术问题，而哲学的首要性质在于其科学性，政治与学术之间无法回避冲突。①这两种内在紧张给中国马克思主义哲学的正常发展带来干扰。主要表现为：前30年相对强调其意识形态性而损害了它的科学性，后30年在矫正上述错误的同时某种程度上出现了淡化意识形态性的倾向。②

正确处理两者的关系需要把它们有机结合起来，既要强调哲学研究的学术性，又要关注哲学的意识形态性。如何把握两者之间张力的"度"，如何正确处理它们的关系？我们认为，马克思主义哲学学科的科学性与意识形态性是统一的，马克思主义哲学的学科科学性注重的是事实判断问题，而意识形态性注重的是价值判断问题，两者的统一是真理尺度与价值尺度的内在统一。

2.3当代中国马克思主义哲学研究的三维语境及其方式创新

在逻辑上，当代中国马克思主义哲学研究需要厘清三个语境：当今时代、中华文化和思想研究自身的演进趋势。具有西方文化基因的原生态马克思主义哲学，通过"私—私·公—大公"这一社会发展理念与中华文化中的"去我—忘我—无我"这一价值取向，在"大公无私"这一共同理念上实现了契合，并在此基础上形成马克思主义哲学在中国发展的特殊根基。随

---

① 王秀美：《马克思主义哲学中国化的途径与经验教训反思》，《求实》，2007 年第 3 期。

② 例如，实证化的倾向，把哲学科学化、知识化，把哲学看成和实证科学一样；方法论化倾向，把马克思主义哲学仅仅归结为一种方法论，或单纯的认识论；本体论化倾向，受西方近代哲学的影响，企图建立一种关于整个世界图景的绝对体系。参见张远新：《新中国马克思主义哲学50 年研究的回顾与展望》，《社会科学动态》，2000 年第 10 期。

着全球范围内思想理论研究本身向学术化和智库化两个方向的演进,随着国内社会需求由"物质性需求"向"精神性需求"的升级,当代中国马克思主义哲学研究需要实现其自身研究方式上的"研究什么"和"怎样研究"两个基本方面的创新。①

从内容上看,马克思主义哲学,其框架涵盖自然、社会和思维三大领域,时域横跨人类"自然经济—商品经济—产品经济"历史进程,视域恢宏,境界高远。然而,从另外一个角度看,一则,诞生于170年前的马克思主义哲学,从其话语本身及所指涉的现实问题来说,具有一定的时代局限性,如何在研究上与时俱进,这是当代中国马克思主义哲学研究面临的新问题;二则,中西文化语境具有异质性,诞生于西方文化土壤的马克思主义哲学如何与中华文化真正相契合,这是一个更深层次的问题。基于这两点考虑,我们拟立足于当今时代,探讨当代中国马克思主义哲学研究的两个关键问题:一是它如何与中华文化相契合? 二是其研究方式如何实现创新?

2.3.1 当代中国马克思主义哲学研究的三维语境:当今时代、中华文化和研究自身

与时俱进,是马克思主义哲学的基本理论品质,在新的历史条件下坚持发展并研究马克思主义哲学,从逻辑上看,要对哲学"所居的时代""所依存的文化"及"思想理论研究自身的规律"具有较为清晰的认知和界定。

从大的尺度看,当今世界依然处于商品经济历史区间,马克思主义哲学对当今时代特征的基本判定没有变;而从小尺度且就世界现代化进程

---

① 韩庆祥、张健:《当代中国马克思主义哲学研究的三维语境及其方式创新》,《马克思主义与现实》,2018年第2期。

2. 当代中国特色社会主义问题：观察当前中国社会发展的几个框架

来看，以20世纪70年代为分界线，①这个"大时代"正在发生深刻变革。一般而言，70年代以前，学界称之为工业社会阶段；70年代以后，被称为后工业社会时代。之所以以70年代作为分界线，从根源上看，是因为70年以后，全球在生产力（科学技术、商品、货币）、经济基础、上层建筑三个层面发生了巨大的变化。其一，按照马克思主义分析商品社会的基本框架，技术、商品、货币三大支柱的变革会重构且生成一个新的社会秩序，由此，70年代对全球具有标志意义。此即当代中国马克思主义哲学研究的"时代"维度。其二，马克思主义哲学产生于西方文化土壤，虽然它研究的是自然、社会和人类思维发展的一般规律，具有广泛的适用性，但是其话语范式和文化基因终归于西方文化体系，因此马克思主义哲学如何在中国生根开花，如何解决中国问题，这是贯穿于马克思主义哲学中国化进程始终的一个重大问题。在当今后工业社会，在中国，坚持发展并研究马克思主义哲学同样要面对这一问题。这意味着，我们要研究中华文化的语境与马克思主义哲学如何真正相契合的问题。这是当代中国马克思主义哲学研究的"中华

---

① 西方学者对当今时代的研究主要着眼于现代化之视角。后现代化理论是西方学者提出的一种理论分析框架，认为20世纪70年代以来，发达国家社会发展已经从现代化阶段进入后现代化阶段。其中，美国密执根大学教授殷格哈特(Inglehart，1997)把1970年以来先进工业国家发生的变化称为后现代化；经济合作与发展组织(OECD)著名经济学家麦迪森把1973年作为工业革命以来的第五个经济发展阶段(1973—1992年)，在时间点上与上述分界一致。需强调的是，殷格哈特教授是世界价值观念调查项目(World Values Surveys)委员会的执行主席，参加该项目的80名专家对43个国家进行了问卷调查(1995年—1998年)，该项调查覆盖全球70%的人。调查显示，有些国家如韩国，接近于从现代化向后现代化的转折点；有些国家如英国、德国和美国，已经进入后现代化；北欧国家(瑞典、挪威、丹麦、芬兰等)和荷兰基本是后现代社会。本书以这些实证研究为分析文本，并参照西方关于后现代社会理论的研究，如，后资本主义社会(达伦多夫，1959)、后工业社会(贝尔，1973)、后现代主义(Lyotard，1984；Best and Kellner，1991；格里芬，1997)、后现代化理论(Crook，1992；Inglehart，1997)、知识社会(莱恩，1966)、信息社会、网络社会和数字化社会等都将20世纪70年代作为分界线。

文化语境"维度。其三，从思想理论自身研究的发展规律来看，马克思主义哲学首先是一种理论体系，在社会结构中属于观念上层建筑范畴，而在当今时代，观念上层建筑本身的发展也出现了深刻变化，其中之一体现为研究本身分化为两种主要趋向，即学术性研究和智库性研究。在这种背景下，当代中国马克思主义哲学研究需要关注并自觉适应这一客观趋向。这是"研究方式创新"的维度。

第一，关于后工业时代语境与当代中国马克思主义哲学研究的时代议题。社会存在决定社会意识。马克思主义哲学本质上是一种观念体系，它要随着时代的发展而发展。当今世界依然处于商品经济历史区间，马克思主义哲学对"商品现象"研究的基本结论并没有过时。然而，20世纪70年代以后，此时的"商品"已经不是彼时的"商品"了。相应地，此时的"商品"所衍生的一系列社会结构，也已经从根本上迥异于彼时的社会结构了。例如，马克思那个时代的商品研究，用"价值"和"使用价值"就足以概括当时商品的核心特征了。但是在后工业社会，随着生产力从"物质生产力"水平向"文化生产力"水平的升级，人们对商品消费的重心不再是"实用性"，而变成"符号性"，即人们更多关注的是在消费过程中所显示的自身的社会地位问题。如对汽车的消费，人们更多关注的是"开什么样的车才有面子"，而不再是"有车开就行"。究其本质，人们需求的是社会认同和尊重，是一种非物质性的、精神性的需求。基于这一商品价值重心的转变，由商品衍生的经济结构也相应地发生变化：货币信用的来源由传统的"金银本位"转变为"需求本位"，货币的本质由传统的"金银符号"为主转变为"交换媒介"为主，财富内涵由传统的"存钱＝存财富"转换为"获取流动性＝得

2. 当代中国特色社会主义问题：观察当前中国社会发展的几个框架

财富"，等等。①由此，社会宏观经济、政治、文化秩序在经济结构之内变的基础上出现了裂变、解构，当今时代处于深刻变革之中。那么如何对待这些变化？如何在坚持马克思主义哲学对商品经济现象判断的基本结论的基础上对这些新变化及其实质进行界定和评估，进而提炼出当今时代的基本特征？这是当今中国马克思主义哲学研究不可回避的时代性议题。

第二，关于中华文化语境及马克思主义哲学与它的契合点。从深层次看，马克思主义哲学植根于西方文化土壤，马克思主义哲学的基本范畴本质上属于西方话语体系。这就产生一个问题，即作为具有西方文化基因的马克思主义哲学是如何嵌入中华文化话语体系的？一般说，中华文化与西方文化有两大差异：一是历史渊源之差以千年计，迄今为止，中华文化有确切纪年的历史四千多年，②有神话流传的历史至少五千年，而西方文化从古希腊算起，才两千多年；二是中华文化的哲学世界观和方法论独特而又深奥，与西方相比，具有本质性的不同。中华文化把世界三分，即显态的"阳"、隐态的"阴"和根源性的"形而上"，由此，世界分成经验世界、超验世界和形而上世界（本源世界），而西方文化则没有关于隐态的"阴"和显态的"阳"的深入区分；就认识路径来说，西方文化自亚里士多德起，强调的是通过"实验"和"推理"为核心特征的"外求法"，本质上是通过"五种感官+意识"来认识世界，而中华哲学文化，从伏羲、黄帝到老子，从道学到佛

---

① 关于当今时代的变革及其基本特征，请参阅我们关于后工业社会的研究。《后工业社会的基本特征研究》，《人文杂志》，2011年第4期。《后危机时代的风险研究：后工业社会的格局、挑战及评估》，《社会科学战线》，2011年第6期。

② 中国史学界以公元前841年作为中国历史有确切纪年的开始，但史学界的"夏商周断代工程"把中国历史确切纪年向前推了几千年。2000年10月，正式公布新的夏商周年表中，夏代约为公元前2070年到公元前1600年，这意味着中国有确切纪年的开始时间约为四千年前。

学，从孔孟"内省"到荀子的"虚壹而静"，①都强调通过以"内观"和"悟"为核心特征的"内求法"，②本质上是通过"思识+藏识"来认识世界。③"三分世界"的世界观、"内观而非外求"的认知路径构成了中华文化的哲学内核。可见，与西方文化相比，中华文化的基因与西方具有很大的异质性。那么在两种文化具有异质性的基础上，马克思主义哲学是如何在中国文化土壤里获得生长的条件的呢？显然，这是马克思主义哲学要在中国，尤其是当代中国获得深度发展，必须要回答的问题。

第三，关于思想理论研究自身的分向演进与当代中国马克思主义哲学研究方式的创新。从观念上层建筑自身发展的规律来看，当今时代思想理论研究本身也在发生重大变化。从一个发展趋势角度看，今天的"研究体系"本身出现了两种变化趋向：一是纯粹学理性研究，即对人类未知领域的探索，特征是开拓性、前沿性，面对的是未知领域；二是应用性研究，即对社会紧迫需求的针对性研究，特征是应对性、时效性，面对的是特定领域的急切需求。前者可以称为"学术性研究"，后者则可称为"智库性研究。"④究其根源，这两种研究的分向，源于社会发展的内在需要。首先，当今社会趋向于知识型社会。知识作为一种核心资源，其价值体现在谁能拥

---

① 参见《荀子·解蔽》第二十一相关内容。

② 无名氏：《内证观察笔记—真图本中医解剖学纲目》，广西师范大学出版社，2009年，第7-10页。

③ 道学和佛学认为，人的认知结构可分为四层：表层的五种感觉、中间层的意识、内层的思识、核心层的藏识，通过"意识+五种感官"向外认识世界，叫作智观；通过"思识+藏识"向内认识世界，叫作慧观。参见《楞伽经》。

④ 现代智库的发展呈现出下述发展脉络：20世纪初到二战前，表现为政策研究型，核心特征是为政治实践提供"政策建议"；二战结束到20世纪60年代，表现为政府合同型，核心特征是提供"政策方案"；20世纪60年代后期到20世纪80年代，表现为政策倡导型，核心特征是提供"政策市场"；20世纪80年代至今，智库表现为政治家后援型，核心特征是提供"政策思想"。

2. 当代中国特色社会主义问题：观察当前中国社会发展的几个框架

有"新知识"，因此"新知识"就成社会的稀缺资源。基于这一趋势，对"新知识"的需求就变得极为紧迫。其次，当今社会同时还是一个"时空压缩"的社会。信息技术的发展使得全球空间距离变"小"，世界扁平化，社会矛盾和冲突的传播加速，"冲突不断"和"紧张持续"逐渐成为这个社会阶段的显著特征。而"紧张"和"冲突"的社会特质强烈需求解决之道，这就产生了"应对性研究"，这是智库性研究产生的深层根源。简而言之，无论是学术性研究还是智库性研究，归根究底都是来自时代和社会的内在需求，它是内生性的，是不可回避的。这意味着，作为一种本质上也是"研究体系"的马克思主义哲学研究，同样也要受到这种趋势的规制。在这个意义上，今天的中国马克思主义哲学研究要想获得生命力和影响力，就需要认真关注和考虑这种研究自身的发展规律和趋势。

总之，我们以为，当前要深化中国马克思主义哲学研究，就需要厘清三个研究语境：一是后工业社会时代。厘清该语境，是我们确定当今中国马克思主义哲学研究应指向哪些重大问题的重要前提，也是推进马克思主义时代化的关键一环。二是中华文化土壤。这是研究的文化语境，厘清该语境，有助于推进马克思主义哲学与中华文化的融合进程，实现马克思主义与中国文化的深度契合。三是学术性研究和智库性研究的分向演进。这是当代中国马克思主义哲学研究在纯粹技术层面的问题，即马克思主义哲学研究的方式如何创新的问题。深入研究这一问题，有助于使中国马克思主义哲学在当代获得更多认同，不断扩大其影响力。

2.3.2马克思主义哲学与中华文化的深层契合："大公无私"之理念

任何事物都是共性与个性的统一体。不同文化体系虽然各不相同，但也存在着共性，即都在深层内涵上包含着这样三个要素：世界观，即如何从根本上看世界；方法论，即通过什么路径认识世界；关于人和社会的基本认知，即如何看人和社会历史。如前所述，中华文化和马克思主义哲学在前两个方面体现的主要是异质性。这意味着，二者的共性存在于第三个方面，即关于人和社会历史的基本认知或理念。基于此，我们来深入研究中华文化和马克思主义哲学关于人和社会的基本理念。

2.3.2.1 中华文化关于人和社会发展的核心价值理念

从内容上看，中华文化的核心框架是儒释道，体现为修心、养性和内圣外王的优秀传统；从渊源上看，中华文化根源于远古时代的古道教和上古时代的伏羲易道，之后有黄老之学传承，同儒学和佛学相互辉映发展，①集中体现为易、阴阳五行、中医、修身养性、天人合一等这些东方文明之精髓。分析中华文化的优秀传统和文明精髓，可以梳理出中华文化中关于人和社会历史的基本理念。

首先，中华文化中的佛学和道学强调"天人""合一"，核心理念是"去我"。在这里，"天人"即天和人的关系；"合一"即如何处理人与天的关系。关于这一问题，中华文化主要从两个层面探索，即佛学的形而上研究和道学的形而下研究。②不过，因为在中华文化的理念中，存在着这样一种逻辑，即"形而上"主宰"形而下"，因此佛和道两者相比，佛学对该问题的探索更根本，更具有代表性和实质意义。在这里，我们主要分析佛学在这一问题上的理念。佛学的逻辑是：心（非肉体也非精神，音译为"阿赖耶识"，

---

① 据《史记·天官书》，黄帝考定星历，牺和占日、常牺占月、蚩尤明天道。二十八宿的概念产生很早，黄帝时已在应用是千真万确的。

② 在中华文化中，儒学研究的是人活着为了什么，道学强调生命到底是什么，而无论是"活着为什么"还是"生命到底是什么"，都属于形而下范畴，而佛学研究"生和死是什么"，注重的则是形而上。

2. 当代中国特色社会主义问题：观察当前中国社会发展的几个框架

"心"是意译)是实体性、根源性存在，内含三种机制，即"万物本源机制"（能藏）、"记忆机制"（所藏）和"'我'之意向性机制"（我爱执藏）。①其中，"万物本源机制"与宇宙万物相通联，是人能回到本源的基本通道。该机制处于心的核心部位。核心层的次外一层，是"记忆机制"，这一层不断覆盖核心层，由此造成人与本源连接的阻隔，即"累世记忆"的负面性越多，人就越难以回到本源。心的最外层是"'我'之意向性机制"，该层产生心的第一个衍生体——"意"（音译为"末那识"，"意"是意译)。在"意"（末那识）这一衍生体中，内生两种意向性，即"我执"和"法执"②，相应地分别产生两个领域："我执"产生"根身"（即肉体），"法执"产生"器界"（即自然界和社会）。至此，佛学建构了一个独特的对世界的观察框架，即心（本源）→意（末那识）→人（根身）→社会和自然（器界）。这一框架可从两个角度理解：一是直接看，心是本源，人和自然界都是本源的次生结构，"本源"主宰"次生结构"；二是反过来看，人与自然、社会在本源上一体，人要想主宰自己和外部世界，必须回到本源（上述逻辑参见图示1中的下面部分）。由此，佛学追问一个终极的、形而上的问题，即人从哪里来？人应该向哪里去？佛学

---

① 参见佛学中有关唯识论内容。有关论述见《八识规矩颂》、《成唯识论述记》。佛学的世界观，唯识论是其核心和要义。其基本内容是：世界被分为心（阿赖耶识）、根身、器界三部分，根身与器界是心的次生体；世界的特征是"唯识无境"，即根身和器界皆为假象，只有心是真实的。具体说有二：一是，心有三层，内核是"能藏"，内有万物种子；次外层是"所藏"，记忆存储累世的业；最外层是"我爱执"。外层"我爱执"次生出"意"（末那识），末那识又次生出"识"（意识和五感觉）。二是，所谓根身和器界是假象，其实质是指，它们不是元生体，都是末那识的次生结构，只要阿赖耶识中次外层"能藏"（累世业力）变化了，那么"我"就变了，"我"变了，那么所看到的外部世界也就变了。以水为例，当"我"是人时，看到的是水；当"我"是天人时，看到的则是琉璃；当"我"是鱼时，看到的则是水晶宫；由此，水非永恒的元结构，是假象。

② 我执，就是我见，就是执着于自身，自我意识太强，认为存在一个真实、独立、单一、主宰、恒常不变的"我"。法执，就是固执一切诸法实有，不知道一切事物都是随着客观条件的变化而变化，同时把外在的一切事物当真。

的思路大致如下：因为人、自然和社会都来源于本源性实体（阿赖耶识），且"本源的"主宰"次生的"，所以人要想获得主宰地位，要想具有主体性，就必须回到本源。如何回到本源？如图2-1所示，人面临两种路径：一种是以"意"（末那识）为起点，继续次生出"意识和五种感官"，这意味着，"我"越来越显化，这是一种"本源（阿赖耶识）→本源有我（末那识）→自我（意识+五种感官）"之路；另一种是以"意"（末那识）为基点，反向走，即去除"我"，逐渐走向无我，这是一种"本源（阿赖耶识）←无我←去我←本源有我（末那识）"之路。而后者就是佛学提出的回归本源之路，其基本理念就是立足"去我"和走向"无我"。因为这一理念是中华文化的形而上部分，在逻辑上处于中华文化中的"主宰"地位，因此这一理念本质上反映了中华文化对人和社会发展的基本看法，即重"去我"，轻"有我"，最终求"无我"（体现在日常生活世界中，就是重"集体"轻"个体"，贵"成仁"轻"杀身"等）。

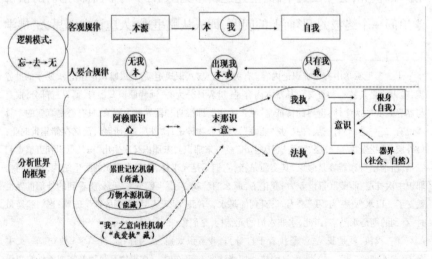

图2-1　佛学关于"去我"的逻辑示意图

2. 当代中国特色社会主义问题：观察当前中国社会发展的几个框架

其次，中华文化中儒释道三家都强调"贵德""行善"，核心理念是"忘我"。所谓"贵德"，在道学和儒学中分别具有不同含义。在道学中，"道"意指本源，"德"是其在人身上的体现，展示为"仁义礼智信"五种结构性要素。在这里，人体"五藏"（中华文化对"心肝脾肺肾"及其超验功能的指称）类似于计算机硬件，[①]"五德"类似于这一硬件的软件。因为有了"五德"，人体"五藏"才得以有效运转，从而"五脏"得以健康，反之则反（上述逻辑参见图示2-2）。而在儒学中，"仁义礼智信"则被称之为"五常"，是一种伦理规范，人有之则人格健全，无之或不全则人格不健全。可见，在中华文化中，无论是作为软件的"五德"，还是作为伦理的"五常"，都是人在社会生活中不可或缺的因素。在此基础上，我们看到了儒释道三家都共同倡导的"行善"，即三家都主张"利益他人"，在逻辑上也就是"忘我"。如道学主张"积善"，用"上善"来"治水"。[②]其根据是，在内观中，可观测到细胞中有"善粒子"，该粒子多，人体符合自然之道，人生福禄康寿，反之亦然。可以说，道学贵"善"源于它们认识到"向善"是"人的成长要符合'道'"这样一种客观规律（关于这一点，道学和西方关于善的探索可以相互参照[③]）。概言之，

---

① 在中医体系中，心肝脾肺肾被称之为五藏，而不是简单的五脏。其原因是：古人在内观中发现，五脏的后面隐藏着诸多东西，主要有十类，即音、方向、数、空间、信息、阴阳、色、味、真气、网络，故五脏只是一个物质形态（肉体），其后面还有很多东西，故叫五藏。参见《黄帝内经》《太上老君内观经》《道藏》《修真图》等。

② 熊锦春：《老子人法地思想揭秘》，团结出版社2012年版，第236页。

③ 对善恶现象，西方科学也力图通过"跟踪统计"的方法和手段进行研究，得出了一些与东方文化接近的结论。例如，美国耶鲁大学和加州大学合作研究了"社会关系如何影响人的死亡率"的课题，该研究随机抽取了7000人进行了长达9年的跟踪调查。结果发现乐于助人且与他人相处融洽的人，其健康状况和预期寿命明显优于常怀恶意、心胸狭隘、损人利己的人，而后者的死亡率比正常人高出1.5到2倍。美国凯斯西储大学生命伦理学教授史蒂芬?波斯特对人的种种善行，在"付出"与"回报"之间究竟能产生什么样的关系进行了研究。通过分门别类地对每一种"付出"带来的"回报"进行物理统计和生理分析，结果发现宅心仁厚、乐善好施的人，其自身的社会能力、判断能力、正面情绪以及心态等都会全面提升。

道学强调"贵德"是生命的基础，"行善"是生活的修为，二者共同构成人的社会生活的两大支柱，而在逻辑上，行善的本质是"利他"而"忘我"。

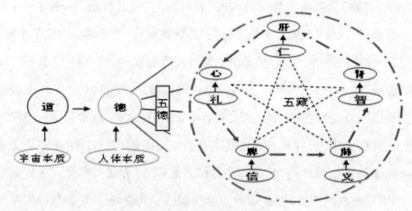

图2-2　道学"贵德"逻辑示意图

　　最后，儒释道三家都强调"无私""大公"，核心理念是"无我"。从黄帝时代起，社会便追求"修身、齐家、治国、平天下"[①]。《道德经》说："天地所以能长且久者，以其不自生，故能长生"[②]可见，黄老学说强调的是在人的终极追求上，一要无私，二要大公。所以说，道学源于对生命本质的深刻认识。道学认为：生命的核心部分是"精气神"系统，在"神"系统中，五神（支配人体五脏的机制）主宰五德和五藏，因此，生命的核心是五神的修养。以心神为例，心神主要分两个部分：积极的叫"丹元"，消极的叫"识神"。此外，还有一个本源的叫"本我之神"（该部分与元神通联），平时，两种心神居于心藏，工作地点在大脑。[③]当好的心神"丹元"去大脑办公之时，此时，

---

　　① 从考古学角度看，修齐治平理念应该源于黄帝时代，参见《黄帝四经》，《马王堆汉墓帛书（壹）》，北京文物出版社，1980年。

　　② 《老子·第七章》。

　　③ 参见《黄帝内经》中"心为神藏，脑为神腑"。

2. 当代中国特色社会主义问题：观察当前中国社会发展的几个框架

人通过认识结构中的"思识"来认识世界，[①]此时，人摆脱了物欲限制、"我"之约束，看到的是世界的本真面目；当消极的心神——"识神"占据大脑办公时，人便通过"意识→五种感官"来认识世界。但是感官有局限，且受物欲约束，所以，在这种认识中，人看不到世界的本真面目。由此，道学追问"生命应该是什么"。道学的探索体现出如下思路：生命应该是抵制五神中的"消极"一面，努力让"积极"一面主导。因此，它们主张"尊道贵德"，与天合一。若如此，那么积极的"五神"占主导，就会逐渐回归"本我之神"，即与元神连接的通道打开，天人合一。可见，道学后面的逻辑也很简单：元神联通本源，回到元神首先必须抵制"消极"五神，修养"积极"五神（上述所论逻辑参见图示3）。儒学强调，"为天地立心，为生民立命，为往圣继绝学，为万世开太平"。[②]佛学倡导"普度众生"，劝人"积德行善"，即第一步正心念，确立"去我→忘我→本源"之路径和方向，然后积德行善；第二步，经过积德行善回到"大公"之境界，因为"大公"联通"本源"，因此，一旦"大公"，这就意味着回归了本源世界；第三步普度众生，即引领众生共回本源。不难发现，这一理念后面隐含着这样的脉络：正心，利他，最终目标是"大公无我"。可见，无论儒释道从哪个角度着眼，都最终指向人要无私，要追求大公。从逻辑上看，无私的含义是"没有我"，大公的本质是"没有了我"，因此，合起来看，中华文化在精神性层面追求的核心理念是"无我"。

---

① 道学把认识结构从外向内分为：五种感觉—意识—思识—藏识。

② 张载：《张子语录》。

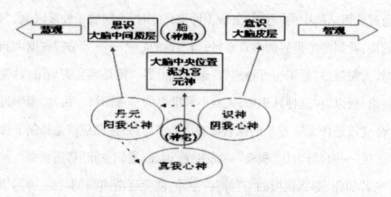

图2-3 道学关于心神修养的逻辑示意图

总而言之，在中华文化中，儒释道三家分别对人的来源、人与"社会和自然"的关系进行了深入探索。虽然视角不一样，但从内在逻辑看，具有一致性。具体说，第一，在人与自然的关系上，中华文化强调"天人合一"，其意在追问人的源头问题，即"人从哪里来，人又应该到什么地方去？"而无论是道学，从"五神—元神"与宇宙本源相通联，还是佛学，从"阿赖耶识"的元结构及其对根身和器界的主宰关系，还是儒学，从"天下平，世界大同"，它们都在强调：人有一个共同的家园，"我"不是永恒的，世界的规律是回到家园而不是执着于"我"。因此，"天人合一"后面的核心逻辑是"去我，然后是在此基础上回到本源"。第二，在人与社会的关系上，儒释道三家皆在劝善，其核心理念是"利益他人"，本质上是"忘我"。第三，在人的终极性追求上，中华文化最终落脚于"天道大公"，无论是儒家的"世界大同"，还是佛家的"普度众生"，还是道家的"以其不自生，故可以永生"，都说明人只有做到"无我"才可以永恒，而永恒才为大道，才是人之家园。要言之，中华文化的核心价值理念是："去我—忘我—无我"。

2.3.2.2马克思主义哲学关于人和社会发展的核心价值理念

在马克思主义哲学范畴体系中，唯物史观是分析框架。"商品"是对工

2. 当代中国特色社会主义问题：观察当前中国社会发展的几个框架

业社会时代进行分析的对象，"资本"和"劳动"是分析的两大基本路径。以此来观察马克思主义哲学，可以看到有三个核心问题贯穿历史唯物主义始终：一是从交换逻辑的演进，即"人与自然的交换—人与人的交换—人与社会的直接交换"，看社会历史的演变；二是从生产关系的更替，即"私有—阶级私有·国家所有—社会公有"，看社会形态的变革；三是从价值取向的革新，即"私—公·私—大公"，看社会文明的进步。透过这些问题框架和演进线索，我们不难发现其中含有的核心价值理念。

首先，从人与自然的交换经人与人的交换到人与社会的直接交换，这一自然的社会演进历程表明，人类历史发展具有内在规律性，不以人的意志为转移，人类社会最终会走向共产主义。按照交换的尺度，马克思把人类社会分为三个阶段，即自然经济时期、商品经济时期和产品经济时期。其内在逻辑是：自然经济时期，人通过"种地"的方式生存，人要与大自然进行交换，生产力处于"吃饱肚子"的水平，即"农业时代"；商品经济时期，随着种植的东西越来越多，如种的"苹果和梨"越来越多，苹果和梨除了够吃外还有剩余，此时社会开始出现"种苹果的想吃梨，种梨的想吃苹果"这样一种发展趋势，由此社会进入"种苹果的"和"种梨的"相互交换阶段，这就是"商品时代"；随着"苹果和梨"继续增多，到达了"像空气和阳光一样多"之时，就像空气实行按需分配一样，全社会的"苹果和梨"也依照"按需分配"原则进行配置，这就是产品经济时期，体现为人与社会直接交换，社会进入"共产主义时代"。可见，人类社会的发展，从较早的"用苹果和梨吃饱肚子"，到后来的"用苹果换梨"，到未来的"苹果和梨按需分配"，是一种客观趋势，而不是一种价值追求。这意味着，只要人类历史发展不中断，社会最终会进入共产主义阶段。换言之，共产主义本质上不是一种主观信念，而是一种客观必然。

　　其次,与此相应,马克思主义哲学对社会形态的演进作了考察,揭示了"私有—阶级私有·国家所有—社会公有"的演进进程,这是人类社会制度选择演进的基本线索。在这里,"私有",指的是在前商品经济时期,生产力水平停留在解决肚子问题的阶段上,即社会的"苹果和梨"只够吃的,社会主要的生产资料只能归社会部分人所有;"阶级私有·国家所有",指在商品经济时期,商品后面的两种社会主体——资本和劳动,分别选择两种制度路径。按照马克思主义的基本理论,"资本"选择的是私有制,"劳动"选择的是国家所有制。之所以会这样,是因为在商品交换中归根结底只有两种社会主体——有身外之物者(资本)和无身外之物者(劳动),二者之间的博弈具有如下必然性:围绕商品分配,二者都想通过控制国家政权来控制商品的分配规则;围绕如何控制,二者都通过自身的优势来控制;具体看,资本的优势是"有钱","有钱可使鬼推磨",它要通过"金权政治"的逻辑来设计制度;劳动的优势是"有组织化",它要通过严密的政党制度来控制国家,进而通过国家控制生产资料——国家所有,使自己真正成为国家的主人。上述内在必然性及其逻辑意味着,在商品经济阶段,由于"资本"和"劳动"两种主体的博弈,社会制度选择开始出现由过去的单一"私有",增生出"国家所有"的新选项。这表明,社会制度的发展开始出现从"私"的逻辑向"公"的逻辑之质的突破。"社会公有"指的是,在产品经济时期,随着全社会的"苹果和梨"充分实现了"按需分配"原则,社会生产资料则变成了社会所有制。其内涵是:人人都不再对拥有生产资料感兴趣,或者反过来说,人人都拥有生产资料,这就是社会公有制。这意味着,在逻辑上,共产主义阶段上的生产资料真正实现了"大公"。合起来看,社会制度选择从最初的"私有"唯一,经过了"阶级私有·国家所有"并存,一直发展到未来的"社会公有"新的唯一。其内在逻辑体现为:私—私·公—大公(即

2. 当代中国特色社会主义问题:观察当前中国社会发展的几个框架

无私)。

综合前文关于中华文化的理念和马克思主义哲学关于社会发展之制度选择的逻辑不难发现,在关于人和社会发展的问题上,中华文化的深层理念是"去我—忘我—无我",马克思主义哲学的深层逻辑是"私—私·公—大公"。在这里,看似两种不同质的文化,其价值取向出现了交汇点,那就是:都追求"公共性"和"大公",都否决"自我"和"私利"。也就是说,中华文化和马克思主义的契合处就在于:都在对人和社会发展规律认知的基础上找到了最终的发展趋势,即大公无私;其区别不过是,中华文化从生命的本质入手,通过对经验、超验和本源(形而上)三个领域的探求找到了这一规律,马克思主义哲学则通过对"社会发展进程和逻辑"的系统性分析和对"制度选择"的总体性考察发现了这一规律。要言之,中华文化是通过探究生命进程中的"去我—忘我—无我"的形而上规律得出这一结论的;马克思是通过观察和总结人类历史的逻辑演进,即"私—私·公—公"而得到这一结论的。而无论通过什么路径,最终都是"殊途同归"。

正是在这个意义上我们可以得出,马克思主义哲学和中华文化的契合是在文化的深层次上,而不是在表层。这一特点决定了马克思主义哲学在中华文化土壤中具有很深的根基。可以预见,随着当前西方现代化困境的加深及其自我反思的深化,①随着当前我们自身对中华文化的深入认

---

① 在当代,西方遇到了两个困境,即"工业化困境"和"文化的道德悖论"。前者,类似于"窗户"现象,即窗户不能长时间开,因为有雾霾,也不能长时间关,因为有甲醛,而无论是雾霾还是甲醛,都是工业化产物。后者,类似于"吃虾"现象,即饿肚子时就要吃东西,这是对的;有东西吃时就要吃肉,这也是对的;有肉吃时就要吃新鲜的,这也没有错;但就是在这一系列的"对"之中,就出现了道德困境——要吃新鲜的,就要把虾活着蒸和煮,这很残忍,不道德。基于上述两个困境,我们看到了西方部分学者在反思西方科学文化和关注中华文化中的佛学和道学,如高能物理学家卡普拉、核物理学家奥本海默,等。

识，随着马克思主义哲学的不断与时俱进，中华文化与马克思主义哲学的相互契合会更加深入。上述逻辑如下图示：

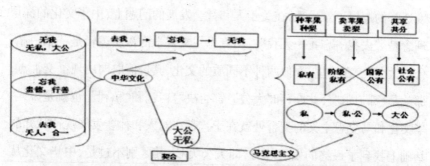

图2-4　中华文化与马克思主义哲学在大公无私理念上的契合示意图

2.3.3 当代中国马克思主义哲学之研究方式创新："怎样研究"与"研究什么"

在研究体系逐渐演化为学术和智库两种方向和路径的背景下，当代中国马克思主义哲学研究应该如何定位？研究路径的不同源于价值取向的不同，而价值取向的不同又最终根源于社会需求的不同。基于这一判断，我们认为，定位当代中国马克思主义哲学研究路径，需要从两个层次分析：我们的价值取向是什么？这将决定我们在今天，用什么样的方式进行马克思主义哲学研究；社会需求的内容是什么？这将决定当代中国马克思主义哲学重点研究什么。

2.3.3.1 怎样研究：要实现学术性研究和智库性研究的有机统一

从价值取向来看，当代马克思主义哲学研究必须立足于两种场景，既要通过新知识的发现实现自身理论性的增强，同时也要通过对社会问题的对策性研究增强实现其意识形态之功能。简言之，当代中国马克思主义哲学研究必须实现学术性研究和智库性研究的有机统一。

2. 当代中国特色社会主义问题：观察当前中国社会发展的几个框架

第一，在学术性研究层面，当代世界进入后工业社会时代，该时代对整个人类社会的知识体系提出了新挑战，如何研究这个时代的本质性特征，应该成为当代中国马克思主义哲学研究的时代性课题。20世纪70年代起，信息技术革命使生产力发展开始进入"文化生产力"新阶段。基于这一变化，当今商品时代的细胞——商品及其衍生的货币和财富之内涵发生了重大变化，由此引发全球经济格局的重构。经济基础决定上层建筑。当前全球经济格局的变化决定着我们这个时代的基本走向。依据马克思对商品社会的分析框架，我们可以从商品、货币和财富三个维度进行分析。在商品维度上，在传统工业社会阶段，商品消费体现的是"物质性需求的满足"，现在则转换为"符号性"，消费体现的是"人的社会价值、地位等精神性需求的满足"。该变化使得全球产业分工形成三大环节（品牌设计—产品制造—市场营销）、两大体系（工业化体系与"去工业化体系"），全球产业发展出现"去工业化"（Deindustrialization）主导工业化、虚拟经济主导实体经济的新走向；[1]在财富维度上，20世纪70年代以后，货币体系逐渐完成从"金银本位"向"需求本位"转换。基于这种转换，政治经济学中"纸币是货币的符号"的内涵逐渐消失，相应地，"存钱≠存财富"，就成为现代社会对原有财富理念的重大挑战；在货币维度上，作为世界货币的美元，在完成"美金→石油美元"转换的同时，也完成了对世界利益博弈格局的重构。从逻辑上看，"美金"背后的信用是"以黄金做抵押"，"石油美元"的背后是以"产油区的军事存在作前提"，以"工业化离不开石油，买石油离不开美元为全球交易秩序"，以"全球交换对美元的需求量"为发行的内在依据。由此，建立在上述三个"以……为……"基本架构基础上的美元，给世

---

① 赵儒煜、阎国来、关越佳：《去工业化与再工业化：欧洲主要国家的经验与教训》，《当代经济研究》，2015年第4期。

界带来了两个新游戏规则：一是美元不可靠，可以用来花，但不可以进行战略储备。因此，在全球范围内，国际资本就建立了这样一个新秩序，即"美元与全球资源资产之间的跷跷板"（美元可靠时，持有美元现金；不可靠时持有全球资源资产，反之亦反）。二是世界汇率以美元为基准，美元的深层反映的是华尔街资本的意志，其表象是美国国家意志，因此汇率变动不是纯粹经济现象，这是一个以美元为按钮的政治经济学时代。①上述三大变化及其影响构成了当今世界利益博弈（全球经济基础的内核）的核心内容。如何评估其本质和走向，这是马克思主义哲学研究必须在"新知识发现"层面所要回答的时代性课题。

第二，在智库性研究层面，当前中国社会发展完成了"生存性需求"向"发展性需求"的转换。在发展性需求背景下，社会需求张力在哪里，如何在这些需求紧张中提炼出研究议题并进而展开对策性研究，应成为当前中国马克思主义哲学研究进程中的重要时代性议题。"生存性需求"，植根于社会发展之解决温饱问题的阶段。其基本特征是：不满足，社会就会崩溃。因此在该阶段，需求的内核是物质性需求。基于这种层次产生的需求紧张，说到底都是物质型、匮乏性的。相应地，解决此类问题的本质做法也就是进行生产性努力，即把大力解放和发展社会生产力作为首要根本任务。因此，在这个阶段，社会主义实践只要坚持以经济建设为中心，大力推进改革开放，才基本上可以解决问题。但是随着"发展性需求"上升为主导需求，基于解决物质型、匮乏性问题的生产性努力就不能胜任了。因为"发展性需求"比"生存性需求"更高级、更复杂。这就意味着，如何满足新时期条件下的"发展性需求"，是当前中国马克思主义哲学进行智库性研究的

---

① 张健：《后工业社会的基本特征研究——基于哲学的视角》，《人文杂志》，2011年第4期；《后危机时代的风险研究：后工业社会的格局、挑战及评估》，《社会科学战线》，2011年第6期。

2. 当代中国特色社会主义问题:观察当前中国社会发展的几个框架

基础性、核心性问题。

综上所述,我们认为,当代中国马克思主义哲学研究,既要对这个时代及其本质特征做出学术性应答,同时又不能"象牙塔化",即不能仅仅停留在对文本或已有结论的研究上,也要运用马克思主义哲学的立场、方法及其基本分析框架,重点展开对当今时代的本质性特征和时代性课题的探索性研究;既要对当前社会问题进行理论提炼和对策研究,同时又不能"空洞化",即避免假大空、纯粹论证性的伪研究,要立足问题,着眼解决,具有针对性地展开对策研究,为决策提供咨询和支持。当代中国马克思主义哲学研究,应该实现学术和智库两个向度的统一。

2.3.3.2研究什么:要研究当前中国社会发展的"结构转型"和"精神需求"

随着当前中国社会进入"发展性需求"新阶段,中国社会发展出现阶段性新特征,当代中国马克思主义哲学研究也将实现与时俱进。从学术层面看,发展性需求是一种非物化的需求,指向人的精神领域或精神世界,体现为制度和文化两个层面的新需求。从智库层面看,基于发展性需求的社会问题,归根究底源于人的非物质化诉求,对此进行对策性分析,也就更需要在操作意义上对人的精神领域或精神世界进行经验性、定量化研究。由此,无论是在学术层面,还是在智库层面,共同的焦点都指向人的精神领域或精神世界。

首先,从学术研究方面说,研究人的精神需求,需要全面准确把握"精神研究的谱系",并在不同谱系中进行自觉整合构建,形成具有特色和优势的新研究模式。从对人的研究的总体框架看,马克思主义哲学可分成"物质世界研究"和"精神世界研究"两大板块,其中,"精神世界研究"这一块是相对于"物质世界研究"而言的。"物质世界研究"注重研究物质世界,它的谱系是:相对注重研究人和自然、人和社会、人和人的关系,注重研究物质生产、物质生活和社会物质财富的积累方式，注重研究物质生产方式，注重从社会关系出发研究人及其人性，注重研究社会结构，注重研究经济社会的决定作用，注重经济社会分析，注重研究科技和资本的作用，注重经济硬实力，并相对关注宏观世界等。"精神世界研究"注重研究人的精神世界，它的谱系相对来说就是：相对注重从精神结构出发研究人及其人性，注重研究人本身的身心关系、心智关系，注重研究增强人们精神世界力量的方式，注重研究人的生存方式和思维方式，注重研究人格结构和精神结构，注重研究社会心理对人的选择的直接决定作用，注重精神分析和社会心理分析，重视宗教的作用，关注人本身的自由全面发展，注重文化软实力，相对注重研究微观世界(或人的日常生活世界)等。这是我们对当前中国马克思主义哲学自身研究谱系的基本评估。

从国际范围内看，中西方不同文化体系对人的精神世界的研究各有千秋，这为当前中国马克思主义哲学的创新提供了良好的背景和条件。从当代西方学术思潮看，人本主义思潮从人的精神领域入手，深入探究了该领域的一些问题，如对人的精神结构和心理结构的研究、对梦的研究、对人格和意识流的研究等，也提出和涉及精神领域的一些深层次问题，如梦的成因、意识的特征、人格的构成等。这为马克思主义哲学创新提供了借鉴。这是一方面。另一方面，从其认识路径上看，上述研究都是一种"推理"和"观察"，本质上并不意味着真正揭示了精神世界发展的规律，而是具有一定的假说性质。这与中华文化中通过"内观"而对精神领域的研究相比，还较为"粗放"和表面化。对此，我们应对中华文化充满自信。从前文佛学关于阿赖耶识、道学关于元神的论述可以看出，中西方对精神领域的研究具有重大差别。今天，马克思主义哲学已经深深嵌入中华文化的血脉中，并反过来受到了中华文化的滋养。而这意味着，中国马克思主义哲学对人

2. 当代中国特色社会主义问题：观察当前中国社会发展的几个框架

的精神世界研究，具有一定的潜在优势。

基于此，我们认为，当今中国马克思主义哲学研究的一个新走向就是应积极主动地批判性吸收当代西方学者对人的精神世界研究的新成果；尤其是要自觉地吸收中国传统哲学，特别是佛学和道学对人的精神世界研究的优秀思想资源，以加强对人的精神世界以及社会心理与人的选择关系的研究。

其次，从智库性研究来说，当前中国社会的发展性需求是一种非物化的需求，指向人的精神领域或精神世界，集中体现为制度和精神两个层面的新需求。相应地，马克思主义哲学要展开智库性研究，就要在"如何认识当前中国的制度变革"和"如何认识当前中国的精神需求"这两个层面有所突破。

如何认识当前中国的制度变革？当前，中国提出了推进国家治理体系和治理能力现代化的改革总目标。从国家战略的连续性来看，这是继"四个现代化"之后的中国的又一个现代化；从中华民族的现代化进程来看，这是中国在初步实现"物质层面"现代化之后，走向"精神层面"的现代化的新目标。作为智库性的马克思主义哲学研究，首先要对这一现代化的本质和内涵进行研究。理论上，精神层面的现代化包含两个过程，即制度现代化和文化现代化。其中，制度的现代化要实现一个基本目标：规则的权威建构，即法治化。基于社会历史发展的普遍规律，我们认为，中国要推进国家治理现代化，就必须对法治的规律进行深入研究。

法治的产生，源于人类社会从传统向现代的转变。从本质上说，传统社会是基于"种地"而形成的熟人社会。在该社会，人与人之间都熟悉，在心理上最顾忌"丢面子"。基于这种顾忌，人与人之间都比较重视道德和良心。这是传统社会"德治"的现实基础。而在现代社会，普遍的"交换"取代了过去的"种地"，社会变成一个"陌生人社会。"在该社会，人与人之间多不认识，要进行普遍性的社会交往并取得成功有一个前提，就是要有一个共同约定，这就是社会契约。由此，社会运行就由以往的"德治"转向了现代的"法治"。如果说在"德治"背景下，社会运行依靠两个条件支持，即熟人关系和人的权威，那么在"法治"背景下，支持社会运行的也是两个条件，即契约关系和法律的权威。契约关系，即陌生人之间在公共交往中形成共同约定，并依据这种约定处理社会交往。法律的权威，是指在陌生人之间出现异议和发生冲突时，有一个绝对的权威做裁决，这个权威就是法律。从本质上看，契约关系要求社会在制定游戏规则时要遵循"公平正义"，否则只要有一丝"公平正义"的缺失，人们之间的共同约定就无法达成。因此，法治的第一要义就是"公平正义"。"强调法律的权威"，其要求是，法律在其本身坚守"公平正义"的前提下，要获得每个人的认同，被社会普遍遵守，否则大家遇事还是找熟人，法律就会形同虚设。因此，法治的第二个要义就是"法律要有权威"。简言之，上述关于法治的两个基本要义应该成为马克思主义哲学作为智库性研究的重要议题。

如何分析当前中国的精神需求？研究人的精神需求，就需要对人的精神需求建立一个可进行经验分析、可予以量化评估的基本框架，同时以此框架为分析工具，对当前社会问题进行分类别、分层次地界定。综合国内外对人的精神世界问题研究的成果，可以在操作意义上对精神需求的分析框架进行建构。具体说，可依据精神活动路径的层次和次序，把精神需求分成三个梯度结构，即最初的、根源性的内在需求，如生理性需求、生存性需求，外显为"利益驱动"；在利益驱动基础上的有目的、有计划的意识性筹划，外显为"话语表达"，即向社会表达且争求话语权；在话语表达基础上的进一步行动性筹划，外显为"力量自觉"，即为实现利益，把观念筹

2. 当代中国特色社会主义问题:观察当前中国社会发展的几个框架

划付诸行动。要言之,精神活动的分析路径可以这样建构:利益需求→话语诉求→力量自觉。其中,利益需求是精神活动的起点,话语诉求是精神活动的目的性体现,力量自觉是精神活动的实践性指向(精神的对象化)。三者在逻辑上层次递进,构成精神活动的梯度结构。

在这里,因为这三个环节,分别有"利益""话语"和"力量"因素,它们同时也是物质世界的构成部件,因此上述环节与外部物质世界存在直接关联。因为这种关联,在实践中我们就可以采用这样的框架解释和分析现实世界,即需求←利益→驱动,诉求←话语→表达,自觉←力量→博弈。在这里,左边的"需求""诉求""自觉"是精神世界的活动,右边的"驱动""表达""博弈"是精神活动对外部物质世界的投射,中间的"利益""话语""力量"是连接精神世界与物质世界的中间环节或者介质。具体说就是:社会事件缘起于社会主体的利益需求,事件如何演化取决于利益驱动的综合态势;事件通过诉求暴露给社会,话语权是任何社会事件演变的必争选项,同时话语权也反过来影响事件的发展;事件最终结局由背后的力量对比决定,力量博弈的结果是判断任何社会事件演变结局的依据。上述结构如下图示:

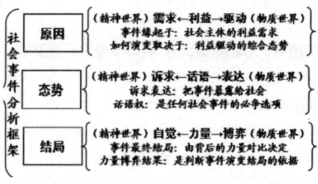

图2-5　社会事件分析框架:精神世界与物质世界的联结机制

在此基础上，对当前我国基于人的精神性需求的社会问题进行评估，可在三个层面归类：一是社会利益冲突。其如何应对，需要分析利益需求的性质和类型，并分别设计对策；二是社会诉求冲突。其如何评估，要针对话语表达的强弱有针对性地进行分析，有无话语权是一个类别，话语权强弱是一个类别，并分别研究对策；三是社会利益集团之间的冲突。其如何认识，需要依据利益集团的性质、价值取向及其影响力进行判断。从当前中国社会问题的总体情况来看，上述三个层面的问题同时存在，相互交错。因此，对于智库性研究来说，就需要仔细区分且有针对性地进行分析，不能笼统对待。

总之，综合上述"怎样研究"和"研究什么"两方面，关于当前中国马克思主义哲学研究方式之创新，我们认为，总的原则是：着眼于两个向度；着手研究两个问题：两个向度，即学术和智库两类研究方式；两个问题，即面对人的精神需求的日益凸显，要在学术层面构建马克思主义哲学之精神研究谱系；面对社会发展的阶段性转型，要在智库层面展开两个重大研究，即研究继"四个现代化"基础上的中国"制度和精神层面现代化"的一般规律，研究当前中国社会转型过程中的重大社会问题的深层根源及应对机制等。

2.4 当代中国意识形态驱动研究：驱动战略及实施路径

当前，中国和世界正共同进入"全球信息化"时代，"互联网+""手机移动端""量化设计"成为主要特征。在此背景下，中西方意识形态领域都发生了重大变化，我国意识形态工作面临重大挑战。从当前我国意识形态工作自身的需求来说，核心有二：一是要完成意识形态工作从传统向信息化时代的转型；二是要向世界讲好中国故事，在全球"互联网+"平台传播好中国声音，在21世纪中华民族伟大复兴进程中打造好中国话语体系。在此基础上，中国意识形态驱动战略的设计需要在实践方略上考虑以下问题，即破解西方意识形态本质，建构我国意识形态话语体系，与西方争夺意识形态话语权。①

2015年12月25日，习近平总书记在视察解放军报社时指出，要研究把握现代新闻传播规律和新兴媒体发展规律，强化互联网思维和一体化发展理念，推动各种媒介资源、生产要素有效整合，推动信息内容、技术应用、平台终端、人才队伍共享融通②。2016年2月19日，在党的新闻舆论工作座谈会上，习近平总书记强调，要适应国内外形势发展，尊重新闻传播规律，创新方法手段，切实提高党的新闻舆论传播力、引导力、影响力、公信力③。可见，如何在新的时代条件下积极推进中国意识形态驱动战略，如何在新的舆论环境下维护我国意识形态安全，不仅是一个重大的理论问题，更是一个重大的实践问题。

2.4.1 当前中国和世界正共同进入"全球信息化"时代

约从2012年起，全球文化上层建筑领域开始了一次新的时代变革。这次变革以"互联网+"、手机移动端、大数据三者的崛起为标志。它们之间交叉互跨、互为推助，共同塑造了一个崭新的时代框架。在该框架下，人们的

---

① 韩庆祥、张健：《当代中国意识形态驱动战略的实施路径》，《中国特色社会主义理论》，2018年第1期。

② 曹智、栾建强、李宣良：《坚持军报姓党坚持强军为本坚持创新为要，为实现中国梦强军梦提供思想舆论支持》，《人民日报》，2015年12月27日。

③ 李斌、霍小光："习近平：坚持正确方向创新方法手段提高新闻舆论传播力引导力"，新华网，2016年2月19日，http://news.xinhuanet.com/politi。

日常生活开始呈现出一种"虚拟空间，万物互联""互动交流，即时即地""供需数据，精准提取"的新态势。

相关数据显示：第一，截至2016年6月，中国网民规模达7.10亿，互联网普及率达到51.7%，手机网民规模达6.56亿，其中网民上网设备进一步向移动端集中①。同时，根据新加坡媒介研究机构We Are Social和GWI（Global Web Index全球网络指数）的研究，截至2016年1月，全球人口73.95亿，互联网用户有34.19亿，移动端社交媒体活跃用户有19.68亿②。两相比照不难看出，我国的"互联网+"之基础已经具备，且在全球互联网格局中具有规模优势。第二，截至2016年2月，微信每月活跃用户已达到6.5亿③；截至2015年第一季度末，微信用户覆盖二百多个国家，超过二十种语言；年龄方面，97.7%的用户在50岁以下，86.2%的用户在18岁~36岁之间；职业方面，企业职员、自由职业者、学生、事业单位员工这四类占据了80%的用户④。这表明，在我国，一个具有中国印迹、适合广泛人群的新社交平台已经出现，并获得了普遍认同。第三，2013年，支付宝手机支付完成27.8亿笔，金额超过九千亿元，成为全球最大的移动支付公司⑤。2014年，实名用户近三亿；2015年，支付宝单日4500万笔，一夜消灭912亿现金；不仅如此，支付宝已经跟国内外一百八十多家银行以及VISA、MasterCard国际

---

① "CNNIC发布第38次《中国互联网络发展状况统计报告》"，人民网通信频道，2016年8月3日，http://tc.people.com.cn/n1/2016/0803/c183008-28606650.html。

② "如何合理运用社交平台进行媒体公关？——《2016全球社交媒体研究报告》正式发布"，美通社网站，2016年9月20日，http://www.prnasia.com/blog/archives/19394。

③ "2016微信数据报告"，新华网，2016年12月30日，http://news.xinhuanet.com/info/2016-12/30/c_135943398.htm。

④ "2015微信用户数据报告"，新华网，2015年7月9日，http://news.xinhuanet.com/info/ttgg/2015-07/09/c_134396598.htm。

⑤ 李潇然、高敏：《互联网金融风险再定义》，《中国经济信息》，2014年第18期。

2. 当代中国特色社会主义问题：观察当前中国社会发展的几个框架

组织等机构建立了深入的战略合作关系，成为金融机构在电子支付领域最为信任的合作伙伴①。这预示着，作为打通线上线下、国际国内通道的支付机制，同时也是实现"万物互联（贯通线上线下），即时即地（手机移动上网）"这一"全球信息化"时代核心要求的关键环节，中国已经较早地建立起来了。换言之，在一个"全球信息化"时代到来之际，中国已经不仅仅是参与者了，更是未来游戏规则的制定者之一。虽为之一，但绝不可或缺。

　　问题是，如何确认"全球信息化"时代的到来？我们认为，可通过"三支柱"和"三趋势"观察框架进行评估。三支柱，就是"互联网+"、移动端、大数据这三大变化形态；三趋势，即"万物互联""即时即地""量化设计"这三种发展走向。具体含义是：第一，"互联网+"是该时代人们日常生活的基本平台。借助此平台，人们可以进行线上线下的交往沟通、学习办公、消费娱乐、投资理财以及公益捐赠等，并可随意切换。因为在该时代，社会发展会出现"万物互联"之大趋势。第二，移动端，也就是智能手机，它日渐成为人们日常生活交往的基本工具。借此工具，人们可以一机在手，无论何时何地，都可以完成办公、学习、消费、社交、公益捐赠乃至生产等诸多活动。由此，"即时即地"成为该时代社会发展的又一趋势。第三，大数据，即依靠云计算技术，通过计算机收集、分析人们日常交往活动的信息，并在此基础上，由计算机完成对供需状况、供需趋势的数据分析。在这里，一则，因为人们的生活主要通过"互联网+"平台进行，所以理论上，人们的任何生活印迹都会在网上形成数据。在一定意义上，信息化时代，数据即生活印迹。二则，在数据即印迹的背景下，人们的社会生活很容易被量化，即只要分析数据，就可以分析人们生活的需求及其满足之状态、趋势，社会进入可

_____

① "2013年支付宝成全球最大移动支付公司"，新浪网，2014年2月8日，http://tech.sina.com.cn/i/2014-02-08/14479146170.shtml。

以"量化设计"的阶段。在这个意义上，"供需数据，精准提取，社会运行，量化设计"也会成为该时代第三个趋势。

综合上述三支柱和三趋势，我们可以这样判断"全球信息化"时代，即首先，"互联网+"是一个全球性的平台，中国和世界其他国家，无论以往差别多大，从今天起，起点开始趋同。其次，"移动端"成为每个人日常生活的必选项，通过它，线上线下，虚拟和现实成为一体，依赖移动端的生活方式成为该时代的核心标志。换言之，一旦人们没有了手机移动端，那么他或她也就与这个时代的主流生活方式脱节了。再次，"量化设计"是该时代社会运行的基本导向，通过数据捕捉和分析，人们可以对社会运行状况及未来趋势进行精准分析。从理论上说，人们只要借此分析，就可以实现对社会宏观运行的精准导航。最后，"全球性平台的趋同→移动端在生活世界的'重心化'→社会运行的'可量化设计'"，这是全球信息化时代发展的基本脉络和一般规律。

基于这一脉络和规律，我们来评估当前我国意识形态工作的基本状况。

2.4.2 "全球信息化"背景下，我国意识形态工作面临的外部挑战及自身需求

从外部挑战上看，在全球"互联网+"平台上，西方国家意识形态工作完成了对信息化时代的适应以及在此基础上的自觉转型。主要表现在三个方面：

第一，设定了"4主"框架，形成"场域—人群—问题—话题"层次有别、系统有序的意识形态布局之脉络。在这里，所谓"4主"框架，即指以"互联网"为主要战场，以"网络大V和职业写手"为主塑人群，以"网民普遍关注的问题"为主导焦点，以"全球性话题"为主打话语。上述4个"主"点设计意

味着,西方已经意识到了"互联网+"的重要性,并逐步完成了由适应到转型的过程。

第二,设计了"全方位"议题,形成了较为系统化且以网络化为主导的话语传播之战略攻势。主要体现为：依托新媒体空间,在经济、政治、文化、新闻、娱乐等各方面设置议题,通过直接发声或培植代理人发声的方式,在网络上传播大量威胁中国意识形态安全的内容。当前,有5类议题需要引起警惕,即①质疑、侵蚀马克思主义指导思想,②排斥、否定共产党执政的合法性,③攻击、丑化"党指挥枪"原则,④解构、颠覆中国传统优秀价值观,⑤推销、美化西方所谓的普世价值[①]。

第三,设立了以"文化价值观输出"和"意识形态安全"为目标的专门机构,负责统筹意识形态工作全局[②],并日益突出网络外交选项。如,2001年"9·11"事件后,美国筹建了以国务次卿为具体职能领导的庞大机构,该机构中的国际信息局负责执行美国网络外交任务。从已开展的项目来看,有4个做法具有研究意义：一是外交官随笔,其中一个重要内容是将奥巴马的演讲翻译成多种语言并在推特账户上共享。在这里,话语传播运用了社交平台。二是美国式叙事,目标是让美国价值和美国理想变得形象可感。在这里,"互联网+"资源被开发为叙事的主要平台。三是意见空间,它允许人们表达自己在一系列政治经济议题上的意见。在这里,通过网站、社交平台等舆论新模式,美国政府将现实中的多元化压力借助虚拟空间予以了有序释放。四是公民社会2.0,使用短信、网站和社交媒体等平台,

---

① 黄鑫："当前中国国家意识形态安全面临的三大挑战与对策研究",http://blog.sina.com.cn/s/blog_7483c0a10102vc5c.html。

② 涂成林、刘纯强、黄旭：《美国霸权文化安全理念及其文化扩张战略》,《学术研究》,2013年第9期。

将为数众多的人联系起来。五是"X-Life游戏"，这是一款手机游戏，目的是描绘美国文化并传递美国文化中的基本价值观。在这里，手机移动端被作为新传播方式来看待。

总之，辩证地分析当前西方意识形态战略或攻略可以让我们得出喜忧参半的结论：担忧的是，西方意识形态战略已经开始立足"全球信息化"时代，并在的一个时间段内形成战略攻势，我国意识形态安全面临巨大挑战和压力；可喜的是，西方意识形态战略转型，还只是抓住了"互联网+"一个方面，而对另外两个趋势，即"移动端"和"量化设计"还处于感知和摸索的阶段。虽然美国的网络外交项目已开始关注手机端和采用推特平台，这显示出美国对信息化新趋势的敏感。但严格地说，西方意识形态战略还缺乏对整个信息化时代规律的深刻认知。就此而言，中西方在战略层面站在同一起跑线上，中国依然具有潜在战略优势。正是在这个意义上，当前我国更需要深入研究我们意识形态自身的需求。

就当前我国意识形态工作自身的需求来说，核心有二：一是要跟随全球信息化时代的到来，完成意识形态工作从传统向信息化时代的转型；二是要立足党的十八大以来中国社会"六大建设路径""四个全面"战略布局、"五大新发展理念"新的发展格局态势，向世界讲好中国故事，在全球"互联网+"平台传播好中国声音，在21世纪中华民族伟大复兴进程中打造好中国话语体系。

首先，在"全球信息化"时代完成从传统向当代的转型。依据信息化时代发展的内在规律，中国意识形态工作的转型需要具备三个要件。一是以"互联网+"作为主要平台，构建如下实践链条：以互联网作为主要的理论和舆论空间→以线上线下一体化为原则打造各类媒体终端→以国家为主导提供"互联网+"所需基础设施和基本保障。二是以"移动端"作主攻领

2. 当代中国特色社会主义问题:观察当前中国社会发展的几个框架

域,构建一个新话语框架:智能手机为主导+社交平台为窗口+基于"私人号→公众群→公众号"基本格局的话语生态+门户网站。三是以"大数据"作为意识形态工作的基本导航,建立如下机制:以云计算、大数据技术为依靠→以社交、支付平台为依托→对供需信息进行智能化收集→对相关数据进行系统化分析→对分析结果进行量化设计→依据量化设计进行意识形态的动态调整和战略布局。

其次,立足党的十八大以来中国发展的"456"大格局讲好中国故事、传播好中国价值、打造好中国话语。党的十八大以来,随着经济、政治、文化、社会建设、生态文明建设、党的建设六大建设路径的形成,随着"四个全面"战略的顶层布局,随着"创新、协调、绿色、开放、共享"五大新发展理念的全面展开,中国社会发展开始展示出一个"456"之大格局、大态势。而这一格局态势的后面,是中国社会发展进入一个新阶段,其核心是,基于二十多年来的市场化驱动的现代化转型,即由"农民主导→市民主导,农村为主→社区为主,传统观念→现代理念"这三大脉络复合构成的社会转型,这是当前中国在世界舞台上的基本定位。这一定位不以人的意志为转移,是中国在"全球信息化"时代进行发展的基本起点。因为中华民族自身一直具有规模优势(以10亿计的人口数量级),一旦完成现代化转型,那么人类社会就会因中华民族的变革而发生质变。可见,中华民族的使命及其价值是何等重要。正是在这个意义上,对于中国意识形态工作,讲好中国故事是其本分,宣示中国价值(如和平发展、合作共赢、共创共享等)是其职责,形成中国话语是其历史使命。合在一起,就是用中国故事传播中国话语,用中国话语传递中国价值。

在此基础上,我们认为:第一,如何讲好中国故事,关键是要抓住"互联网+"空间,集中运用社交平台(如微信、QQ、微博等)。第二,如何传播好中国价值，重点是抓住"手机移动端"这一主攻领域，建立一个具有影响力的"（门户网站+公众号）→公众群→私人号"之传播途径和机制。第三，如何形成中国话语，核心是构建一个既能符合时代发展规律，同时又能满足自身发展需求的意识形态大战略，该战略的重点是要有系统设计，要有针对性。

2.4.3 当代中国意识形态驱动战略的理论和实践方略

如何让中国意识形态驱动战略既有系统性又有针对性？这既需要理论上的深思，也需要实践上的设计。在理论上，构建我国意识形态驱动战略要考虑三个方面：一要遵循时代发展规律；二能满足意识形态发展内在需求；三要立足国情，可操作。

第一，依据规律，中国意识形态驱动战略需要围绕三大支柱设立"主"点框架，即要以"互联网+"做主平台、以"手机移动端"做主领域、以"量化设计"做主导航。基本点是：以国家为主导，打造"互联网+"基础设施，到一定阶段，实现全国无线网的完全免费、重点覆盖、安全防范；以"门户网站→政府公众号→公众群→私人号"为移动端主窗口，打造意识形态传播的主领域；以云计算、大数据技术为支撑，以社交平台、搜索引擎、移动端、门户网站为依托，及时收集数据、分析数据，并在此基础上进行量化设计和意识形态工作的动态布局。

第二，着眼需求，中国意识形态驱动战略要设计"中国"议题，完成三大目标，即讲好中国故事、传播好中国价值、打造好中国话语。要点是：中国故事，要以十八大以来中国经济社会发展的新变化及趋势为切入点。中国价值，要以传播社会主义核心价值观和中国优秀传统文化为重点，以面向国际舞台为方向，以坚守思想—精神防线、展示中华民族历史文化优秀品格、体现当代中国道路的哲学精髓和凝心聚力为目标。中国话语，要以意识形态安全为防线，以中华民族正气、善念为引领，以天下太平为导向，弘扬中华文化优秀精神理念。

第三，立足国情，中国意识形态驱动战略要制定"三步走"实施计划，即"第一步，完成向信息化时代的转型；第二步，构建面向全球平台的中国话语体系；第三步，实现中华文化的全球认同"。在这里，如何走好这三步，关键是要设立统筹意识形态工作全局的专门机构，负责意识形态战略的规划设计、协同调整、组织实施及必要监管等事宜。

在此基础上，中国意识形态驱动战略的设计需要在实践方略上考虑以下问题：破解西方意识形态本质，建构我国意识形态话语体系，与西方争夺意识形态话语权。

首先，针对公民个体，要揭示和认清西方意识形态的本质。经济决定政治，阶级地位决定政治意识。在当今人类历史依然处于阶级社会这样一种时代背景下，西方社会的主导阶级依然是工业资本家和金融资本家，该经济基础结构及其之上的相应阶级地位，决定了西方意识形态在本质上是维护资本利益，反对和压制劳动利益。资本和劳动的不可调和性依然是当今时代阶级矛盾的主导方面。这是西方意识形态的本质所在。马克思对商品经济历史时期阶级矛盾的基本论断依然有效。但是在新的时代条件下，西方意识形态的传播及其话语表达不再像以往那样直接和裸露了，而是日益趋向隐蔽化、间接化。这主要表现在：在基本思路上，西方意识形态对人们价值观念进行深层次塑造，而不再像以往一样直接宣讲、反复灌输。核心路径是，通过广告、娱乐、影视等生活化媒介实现对特定价值理念的嵌入和渗浸。策略原则是，把阶级性意图、西化模式寓于普适性、日常性议题中。基于此，当前中国意识形态战略在执行中的首要问题是如何在新时代语境下,揭示和讲清楚西方意识形态的本质。在这里,一个关键的问题是,我国传统意识形态话语在当今时代具有一定的不适性,很难获得人们,尤其是新生代群体的认同,这就需要结合信息化时代的特点,进行话语及话语表达上的创新。

其次,着眼社会群体,要建构"'议程→解释现实''语境→引导愿景''娱乐→弘扬传统'"之意识形态话语框架。当前西方意识形态,在一定意义上,表现出对当今时代的自觉适应性,其中的一些理念对我们具有启发意义和借鉴价值。比如,通过新闻舆论的议题设置和选择,把人们纳入舆论所编织起来的一种"现实图景"中,看重话语的解释现实之功能;通过商业广告、营销等现代消费方式,在人们的生活世界中打造特定的愿景,有意识地通过语境打造,实现愿景引导之意图;通过大众娱乐、大众传播等方式,对对象国的历史进行有意识裁剪和解构,看重细节刻画和形象定位等。这些做法,在一般意义上,值得中国借鉴。为此,我们建议:当前中国,要着眼于"社会群体"这一受众层次,在国家舆论议程设置、人们生活语境打造、大众娱乐导向定位等核心环节进行攻坚。基本点是:对于新闻舆论,党和政府要牢牢把握议程设置环节,通过设置适合当今时代的议题和话语,引领人们对现实的解释意向,切忌话语陈旧,议题空泛;对现代商业消费和大众娱乐,政府要统筹社会各方力量进行宏观监管。一方面,要鼓励、扶持树立优良风尚的行为,弘扬正气善行;另一方面,要对违反社会基本教化、基本文明风范的行为进行制裁,规制和打击歪风邪气。

最后,依靠国家主体,与西方自觉竞争话语权。从理论上说,话语权的有无多少,决定性因素有二:一是话语主体的实力及其地位,二是话语内容的可接受性。当今时代,西方因其经济力量,现代信息化技术优势,在全球话语领域很强势。这有其必然性,但是随着中国国家综合实力的增强和

2. 当代中国特色社会主义问题：观察当前中国社会发展的几个框架

中国国际地位的提升，尤其是随着当今世界西方现代化模式的局限性日显，以及中国模式（党政主导力量、市场力量和人民主体力量相协调并形成合力）、中国价值的可接受性渐强，中国话语走向世界的必要性和迫切性也越发显著。按照上述话语权之决定性规律，中国话语权与西方的争夺，不是一个要考虑的问题，而是一个正在进行着的事实。基于这一判断，我们认为：第一，中国话语权的有无多少，根本上取决于我们国家综合实力的大小，只要我们坚定不移地实现好"两个一百年"奋斗目标和中华民族伟大复兴的中国梦，就会为中国话语权获得基本保障。第二，当前中国，需要考虑的问题是，我们将为世界提供什么样的话语体系及内容，才能具有最广泛的可接受性。

关于这一问题，我们的建议是：中国话语要具有最广泛的可接受性，需以下三个要件：①在全球商品经济历史阶段上，中国话语的基本内核是"人民共创共享"，是"以人民为中心的发展思想"。这是与西方话语"资本主义"（逻辑上，即资本是老大）的本质性区别。我们应基于"以人民为中心""人民共创共享共治""党政主导力量、市场力量、人民主体力量的协调并形成合力"来建构中国话语体系。②基于中国话语的"社会主义"内涵和西方的"资本主义"意蕴的区别，这是中国与西方争夺话语权的标示性界限。③中国特色社会主义话语，外缘于马克思主义唯物史观"私有→私有·国家公有→社会所有"历史发展规律之要求，内嵌了中华文化的"修身→齐家→治国→平天下"之基因，同时又恰逢当今西方知识主义与东方智慧主义相互碰撞的历史际遇。西方文化之鉴、中华文化之根、中西文化交互之际（"鉴、根、际"），这三者共同构成当今中国话语权争夺的基本支柱。有此支柱，不难预见，未来中国之话语，不仅是中国的，更是世界的。

2.5当代中国核心价值研究：价值体系与核心价值观

2.5.1社会主义核心价值体系的时代内涵：人民诉求与社会主义当代使命

核心价值体系作为当前新的价值观念，意味着人民群众提出了某种需求，而社会主义则正在提供满足需求的内容；"个性化与公共性同步一体"，"需求多样化与层次升级同时并存"，这是当前我国社会需求的两个新特征，这两个特征决定了当代社会主义的基本使命是：理论上，着力实现对社会不同质性的平衡和协调；实践上，着力引导和解决公共议题，实现对公共议程的主导。①

社会主义核心价值体系内含两个语义单位，即"社会主义"和"核心价值体系"。其中，"核心价值体系"是中心词，意即最重要的价值观念群；"社会主义"是限制语，是对价值观念群的定性。在逻辑上，价值群是价值的集合，因此把握社会主义核心价值群的内涵首先要理解价值的含义。一般来说，价值是指称人与对象之间需求与满足之关系的一个范畴。而"需求与满足"关系的成立需要两个基本条件：人要有需求，而对象也能提供满足需求的内容。人要有需求，是建立价值关系的主体性条件；对象具有某种属性和功能，可以提供满足需求的东西，这是建立价值关系的客观性条件。在现实生活中，一个价值关系的确立，是上述主体性和客观性条件的有机统一。在这种意义上，一种新价值观念的建立本质上是社会主体针对

---

① 张健：《核心价值体系：人民诉求与社会主义的当代使命》，《光明日报》，2012年6月16日。

特定对象提出需求，以及特定对象不断满足这一需求的动态过程及其结果的总和。同理，社会主义核心价值体系作为当前社会主义实践中的新的价值观念体系，也意味着人民群众提出了某种需求，而社会主义则正在和不断提供满足需求的内容，以求实现新时期条件下人民需求和社会主义自觉供给之间的有机平衡。基于这种理解，要准确把握社会主义核心价值体系的时代内涵，就需要研究两个基本问题，即"人民需求什么"和"社会主义要提供什么"。

2.5.1.1公民诉求："发展性需求"及"个性化与公共性的同步一体"

在新的历史条件下，人民群众的新期待是什么，这既是一个重大的理论问题，也是一个重大的实践问题。因此，只有准确理解"人民需要什么"，才能正确制定社会主义实践在当前的基本目标。那么人民需要什么呢？

社会存在决定社会意识，这是历史唯物主义的基本观点。人民的需要归根结底是人们的主体性要求，它根源于生存状态的改变。随着温饱问题的解决，当前我国社会进入全面建设小康社会的新阶段，这是人民生存状态的根本性变革。基于这一变革，人民的主体性需求也相应升级。如果说在温饱阶段，人民的主要需求是生存性的，那么在小康阶段则转化为发展性的。

在逻辑上，生存性需求的核心是"吃饭"，这既是"个人性"问题，也是"公共性"问题。也就是说，在温饱阶段，"吃饭问题"是一个"个人性"与"公共性"混合一体的问题。正是由于生存性需求的这种特殊性，所以我们才看到，只要解决了"公共性"问题，也就解决了社会性问题。因此，在那个阶段社会主义实践只要紧紧抓住"以经济建设为中心"，在全社会提供"生产性努力"，那么，人民的需求问题也就解决了。

但是在当下，发展性需求不仅仅是"吃饭"，它更多的意味着"吃好饭"

"穿好衣""住好房""开好车""度好假"，以及更高层次的公平正义、权利责任、合法认同等问题。也就是说，发展性问题内含两个层面的要求：第一，需求的多样性。不仅仅是"吃"，还有"穿住行闲"以及更多方面；第二，需求的层次性。不再是唯一的物质层面，更多的是超物质层面的，如观念、制度等。可见，发展性需求既有多维度性特征，也有多层次性特点。

而深入看，需求的多维度和多层次体现的是个性差异，即每个人的具体需求不同。也就是说，进入发展性需求阶段，人民需求的个性化是一个显著的、不同于以往的特征，此其一。其二，从实践上看，人在现实性上是社会关系的总和，在整个社会凸显个性化的同时，人的交往的必要性日渐迫切。而在交往中，个性必须寻找交集，因此，交往的凸显使得社会的公共性议题增多，相应地，公共事务的议程也不断被提出来。由此，社会之公共性随着个性的增强而不断强化。可见，在社会进入发展性需求阶段上，人民的需求一方面是个性化特征显著，另一方面，是公共性色彩增强。二者就像人的手一样，个性化是手心，公共性是手背，共同存在于人们的日常实践中。

总而言之，关于当前我国社会人民的需求状态，可以这样概括：首先，社会总需求已经由先前的"生存性"转换为当前的"发展性"；其次，"发展性"需求的基本特征是，需求内容的多样化，需求层次的超物质性；最后，当前人民的新需求的特征是，需求的个性化和交往的公共性同步发展，个性化意味着当前社会主义的实践必须为人民提供理更加丰富的内容才能满足人民的需求，公共性意味着社会主义实践必须及时解决重大的公共问题，才能获得人民的拥护和持久支持。

2.5.1.2社会主义的当代使命：历史必然性与当代之必需

人民的需求是针对当前社会主义的实践提出的，是对社会主义的价

2. 当代中国特色社会主义问题：观察当前中国社会发展的几个框架

值诉求。这意味着社会主义作为诉求的对象要提供满足需求的内容，否则，社会主义的价值体系就建立不起来。那么社会主义"能"和"要"提供什么呢？

历史地看，社会主义的产生有其历史必然性，是人类社会历史发展的规律使然。这种必然性源于它对资本主义的两个核心性扬弃：公平与正义。就公平而言，指的是资本主义制度建立的前提不公，即社会主体进入社会大生产的机会是不平等的，有的拥有生产资料（资本家），有的只有劳动力（工人）。就正义而言，则指的是在商品价值的分配中，劳动力没有得到其应得的，资本得了其不应得的。具体情况是：商品价值含三个部分（w=c+v+m），工资是劳动力的价格，在理论上是劳动力这个商品的使用权收益，但对于一个商品来说，使用权和所有权都具有收益，劳动力的所有权归于工人，资本家只是购买使用权，在应该的意义上，劳动力所有权收益也必须在生产和分配中予以体现和保证，它包含在m部分。也就是说，商品中m部分资本家和工人都应该参与分配。但在资本主义制度框架内，m部分全部归资本所有，工人无权分享。在这个意义上，工人的对劳动力商品的所有权收益被剥夺，相反，资本家无偿占有新增价值，这就是剩余价值的社会含义。工人被强行剥夺对劳动力商品所有权的收益，资本家独占剩余价值的事实表明，在资本主义制度框架下，商品价值的分配具有不正当性，因此资本主义社会具有内在的不正义性。

而从深层次看，上述不公平与不正义，又内含着两条发展线索，即不公平源于生产力发展的不足，社会发展总体上处在商品交换水平，社会自身无法实现生产资料的社会所有，也就是人人拥有生产资料，最多也只能由国家出面代表所有（国家所有制，社会主义产生的现实基础）；不正义源于强势社会主体的价值选择，也就是资本家依靠国家政权推行对私人占有事实全力保护的政治统治,以实现资本利益的最大化,而资本利益的最大化不可避免导致劳动的抵制和反抗, 这也是社会主义发展的现实驱动力和主体性力量所在。一个生产力因素,一个社会主体性因素,也就是说,资本主义制度的两个内在缺陷涵盖了社会发展的两大尺度, 即规律性尺度和主体性尺度。生产力越发展,资本主义内在的不公平基础越薄弱,社会主义发展的客观条件越充分, 其历史必然性也就越强; 社会文明越发展,资本主义不正义的本质越显化,其正当性越弱,社会主义制度所获得的主体性支持也就越强大。在这个意义上,社会主义在历史必然性和主体选择性两个方面比资本主义制度更具优越性,更具生命力。就此而言,社会主义的实践完全有能力提供时代之所需, 满足人民的历史性和价值性之诉求。

那么当代社会主义实践应该提供什么呢? 这取决于当前人民群众的时代性所需。

第一,这是一个需求多样化的时代。社会主义实践提供的满足需求的内容要多样化,即社会主义实践首要的原则是要积极研究新形势下社会需求的复杂性,在坚持经济发展的前提下, 尽可能满足社会各方合理诉求。这就意味着,社会主义价值的形态必然是系统性的而非单一性的,即价值体系。

第二,这同时还是一个需求层次高级化的时代。在社会总体上完成对物质性急需而转向关注超物质性的转折阶段, 社会主义实践要提供层次有别的东西,以满足社会各种性质不同的诉求。这也就是说,社会主义价值体系的建设需要在坚持核心内容的同时, 对非核心的方面也要给予必要的关注。

第三,从人的角度看,当前人们的需求呈现个性化色彩,日常交往呈现公共性特点。这意味着,在未来一个阶段内,我国社会主义建设必须在两个维度展开,即理论和实践。理论维度是,如何寻找既能满足个性化要求同时又能实现对不同个性进行整合的新途径,也就是说,社会主义如何在新形势下实现对现实主义与理想主义、大众化与精英化、世俗化与高雅化、物欲与超越等等社会不同质性的平衡与协调,这是当代社会主义实践必须要解决的重大理论问题;二是如何有效引导社会公共议题,积极主导社会公共议程,也就是怎样才能有效解决社会公共事件,实现社会主义自身的政治性与公共性、国家性与社会性、全球性与民族性、历史必然性与当代现实性之间的平衡与协调,有效缩小理想与现实之差距、理论与实践之缝隙,这是当代社会主义必须解决的重大实践问题。理论与实践的两个维度相对协调了,社会主义核心价值体系的建设也就自然成功了。

总而言之,关于社会主义核心体系的建设,其本质就是研究当前条件下人民的新需求, 进而探索社会主义实践该如何做才能有效满足上述要求。质言之,就是关于人民诉求和社会主义的历史使命问题。我们的基本结论是,人民的需求新就新在"个性化与公共性同步一体","需求多样化与层次升级同时并存"。这两个特征决定了当代社会主义的基本使命是:理论上,着力实现对社会不同质性的平衡和协调;实践上,着力引导和解决公共议题,实现对公共议程的主导。

2.5.2社会主义核心价值观:逻辑框架和时代内涵

2012年11月,党的十八大报告首次以12个词概括了社会主义核心价值观:"倡导富强、民主、文明、和谐,倡导自由、平等、公正、法治,倡导爱国、敬业、诚信、友善,积极培育社会主义核心价值观。"这一概括为我们理解社会主义核心价值体系建设的实质提供了很好的研究框架和实践参考。

2.5.2.1社会主义核心价值观的逻辑框架：它是什么，它指什么社会主义核心价值观的内在逻辑蕴藏在其语法结构中。一般说，社会主义核心价值观=社会主义（的）+核心（的）+价值观。其中，"社会主义"是概念的逻辑主格，"价值观"是宾格，"核心"是限制语，分析其相应的语义指称，即可界定出社会主义核心价值观的逻辑结构。

首先，就"价值观"来说，它本质上是一种观察世界的方式，即用"应该是什么"这样一种方式看待世界。在人与世界的关系中，存在两种状态，一是没有人参与的世界，二是有人参与的世界。在没有人参与的世界中，世界的存在是一种原本状态，体现为客观性；在有人参与的世界，世界存在具有人化特征，表现为客观和主观相统一。在逻辑上，上述两种状态形成两种不同的观察世界的方式：一种是按照客观性尺度看世界，即"实际是什么"；另一种是从主观需求尺度看世界，即"应该是什么"。"应该是什么"这种观察世界的方式，就是哲学上"价值观"的深层内涵。又因为，它本质上是一种观察世界的方式，而在经验生活中，世界往往被分为三个领域，即自然界、社会、人生，因此相应地，价值观一般包含三个内容，即自然价值观、社会价值观、人生价值观。基于这一逻辑，社会主义价值观，也就意味着用"应该是什么"方式看社会主义。在这种意义上，社会主义核心价值观，首先指的就是人们用"应该是什么"这样的方式看社会主义。

其次，关于"核心"。就其内在语义看，能称之为"核心"的事物要具有两个功能，即在纵向上要管全程，在横向上要管全局。管全程，即对过去、现在和未来均起作用，而要做到这些，意味着它是能集过去、现在和未来三者之共性于一身的事物，因此管全程实质上意味着"核心"是一种基于历时性角度的共性状态。管全局，意味着能把总体支撑起来，这决定了能担当"核心"之角色的事物在整体结构中必须是"基本组件"，否则无法支

2. 当代中国特色社会主义问题：观察当前中国社会发展的几个框架

撑整体。就此而言，"核心"实际上又指称"基本领域"。综合起来看，"核心"在现实中指向两种存在状态：一是基于历时性角度的共性，二是基于共时性角度的基本领域。具体到"社会主义核心价值观"，则意味着：从历时性和内容上看，它是社会主义所有价值观系统中的"共性"部分；从共时性和形式上看，它是组成整个社会主义价值观体系的"基本领域"部分。因为在历时性维度上，社会主义价值观的共性主要表现在两个方面，即人的发展的共性和时代发展的共性，因此从内容上看，社会主义核心价值观要对"人的发展的共性"和"时代发展的共性"进行概括。因为在共时性维度上，社会主义价值观的主体具有三个层次，即国家、集体和个人，因此社会主义核心价值观的基本领域有三个，即国家价值观、集体价值观和个人价值观。简言之，社会主义核心价值观中的"核心"之概念给我们提供了两个观察框架：一是社会主义如何概括"人的发展的共性"和"时代发展的共性"；二是社会主义如何建构国家价值观、集体价值观和个人价值观。

综合上述关于"价值观"和"核心"两个概念的分析，不难看出，社会主义核心价值观具有两个基本逻辑支撑：一是它是什么，二是它指什么。关于"它是什么"，社会主义核心价值观指的是，人们用"应该是什么"这样一种方式看社会主义。关于"它指什么"，社会主义核心价值观有两个所指：内容上，它将概括在社会主义条件下，人的发展的共性和时代发展的共性；形式上，它将在国家价值观、集体价值观和个人价值观三个层面构建其相应的基本理念。

2.5.2.2核心价值观的时代内涵：社会主义"应该是什么"

在本质上，"社会主义价值观"是指人们从"应该是什么"这样一个角度来看待社会主义；"社会主义核心价值观"则意味着人们从国家、集体、个人三个领域，就人的发展和时代发展的总趋势问题，要求社会主义给予回应。党的十八大报告用24个字对社会主义核心价值体系进行凝炼，提出社会主义核心价值观范畴。在国家层面，倡导富强、民主、文明、和谐；在集体层面，倡导自由、平等、公正、法治；在个人层面，倡导爱国、敬业、诚信、友善。

就国家层面来看，国家倡导"富强、民主、文明、和谐"四大理念，预示着国家对当今时代发展特征的基本判断和把握，反映了人们对社会主义在国家发展方面具有强烈现代性之预期。

首先，"富强与民主"，源于市场经济的内在要求。市场经济从本质上看，是一种私人交换体系，即在历史发展的逻辑序列中，市场经济是一种介于"人与自然交换"（自然经济）和"人与社会直接交换"（产品经济）之间的过渡阶段。而在私人交换体系中，整个社会内生为三大领域——市场、国家和公共领域。其中，市场是一种私人交换体系，本质上是私人领域。而在商品经济时代，只要社会允许交换，市场就会自然生成和壮大，因此市场具有自组织性。国家则是一种公共权力机构，在前市场经济时期，它主要体现为暴力机器；而市场经济时代，由于私人在有些领域无法独立承担其权力和职责（如公共安全，若个人承担会成本过高，实际上也根本上做不到），因此，私人会把某些权力让渡给国家，委托国家来行使这些权力，由此国家成为接受私人委托而履行某些公共性事务的机构。国家在本质上转换为一种公共权力机构。基于这种"暴力机器→公共权力机构"的转换，国家在逻辑上就完成了从传统发号施令的"主人"向现代接受授权而代行权力的"客人"这样一种角色的转换。而深入看，今天国家的"客人"属性就是其现代性内涵中的"民主"之根由和缘起。由此可以看到，在商品经济时代，社会三大领域的分离形成这样一种历史发展的必然性要求：私人交换体系的壮大，意味着社会追求"富强"的动力日渐增强，"富强"成为一个民族发展的内在诉求；国家领域的现代性转换，意味着"人民成为主人""国家成为客人"，"民主"成为时代发展的基本趋势。

其次，"文明与和谐"，源于公共领域的生成。如前所述，市场经济带来的第三个分离就是"国家—市场—社会"三分，其中，"社会"就是介于市场和国家之间的公共领域。在性质上，公共领域既不属于"政治"范畴（官）也不属于"经济"范畴（商），本质上是一种非官非商的社会中间部门。公共领域的这种"公共性"舒缓了国家"强制性"和市场"自主性"之间的紧张关系，使得个人在社会中具有了一定的自由空间（非盈利非政府），国家有了边界（法律许可才可为），市场有了秩序（法无禁止即可为）。在这里，相对于传统社会中的"政治人"，显然，"社会人"是一种文明的提升，标志着"人的自由和全面发展"；相对于传统社会的"暴力与革命"的冲突解决逻辑，"政府边界、市场秩序、私人空间"构成了新的冲突解决的逻辑基础，"和谐博弈"成为时代发展的基本价值认同。

总之，在市场经济条件下，中国特色社会主义在国家层面提出"富强、民主、文明、和谐"四大理念。这既是对当今时代之基本特征的科学认知，同时也是对时代发展要求的自觉回应。从实践上看，尊重市场的自组织性规律，尊重国家的客体性逻辑，尊重社会公共性诉求，自觉运用公共领域的"缓冲"之基本功能，应当构成培育"富强、民主、文明、和谐"四大理念的基本要求。

就集体层面来看，国家倡导"自由、平等、公正、法治"四大理念，体现了国家对当前中国发展特征的科学判断和准确把握，反映了人们对社会主义在社会建设方面怀有强烈期待。

当前中国，市场经济已经获得了长足发展，建立在市场经济基础上的"市场—国家—公共领域"三分格局也逐渐生成，相应地，基于市场交换的私人自主性诉求凸显，"自由与平等"要求日趋强烈；基于公共领域和国家之公共性的"公平、正义、秩序"等宏观诉求上升，"公正与法治"要求凸显。

就"自由与平等"来说，这源于市场经济的内在本性。市场经济是一种私人交换体系，而要完成私人交换需要两个基本条件：一是，参与交换的主体是自由的，即能够自主决定是否交换、什么时候交换；二是，参与交换的主体之间是处于同等市场地位的，即交换主体之间是平等的，在市场地位、交换基本信息、交换能力等因素上大致均衡。交换主体是自由的，决定了市场越发展，人的发展就越自由；交换主体之间是平等的，决定了交换越发展，社会就会越平等和和谐。正是在这个意义上，随着我国社会主义市场经济体系的基本建立和发展，社会发展的"自由和平等"诉求也就越强烈。基于此，社会主义核心价值观倡导和培育"自由、平等"理念，本质上反映了我们中国的社会主义实践对这一时代发展趋势的敏锐把握和回应。

就"公正和法治"来说，这是由公共领域和国家二者各自的公共性要求决定的。对于公共领域来说，因为它是介于市场和国家之间的社会空间，非官非商，因此它只要求社会在宏观上既能做到"机会公平"又要实现大致的"事实公平"。而在逻辑上，机会公平，主要体现在比例平等上，即在A和B之间确立同样的回报比例，旨在实现"能者多劳，多劳多得"的效率激励原则；事实公平，主要体现在绝对平等上，即在A和B之间确立同样的回报数量，旨在保证A和B之间最穷的人能够过上有人的尊严的生活。在A和B之间确立同样的回报比例，本质上是"社会公平"；在A和B之间确立同样的回报数量，本质上是"社会正义"。因此，公共领域提出的基本要求就是，实现公平和正义，即公正原则。而对于国家领域来说，因为它在市场经济条件下，主要是一种公共权力机构，即实现对公共事务的管理，其核心是对社会秩序进行规范，所以，国家的公共性内容，最主要的是建立一种社会规范和秩序，即法治原则。

就个体层面来看，国家倡导"爱国、敬业、诚信、友善"四大理念，体现了国家对当前中国人的发展诉求的科学判断和准确把握，反映了人们对社会主义在个人生活方面满怀期许。

在个人层面，市场经济的发展主要促进了人的发展，但也在一定程度上带来负面影响。辩证看待市场经济对人的发展的影响，成为中国特色社会主义在价值观建设方面的一个基本特征。

在经济全球化背景下，人的发展的舞台变得更为宽广，人们的战略思维和世界眼光得以加强，这是时代的进步，也是人的发展的进步。这是市场经济的积极作用，但另一方面，随着世界市场的拓展，传统民族国家的界限变得模糊。以前人们认为国门就是边防，但现在国门只是有形边界，在资本及其主导的强势力量冲击下，社会各项领域都面临安全威胁。例如，没有定价权，国家产业体系就没有安全；没有一定的高科技，网络就没有安全；没有足够的文化优势，国家话语就没有安全等。这表明，只要人类社会一日没有走出商品经济历史区间，基于私有制的阶级对立就不会消失，基于阶级的意识形态斗争就不会停止，基于意识形态的国家利益博弈就不会减弱，因此全球市场化背景下，国家利益的争斗和矛盾不仅没有减弱，反而在实质和内容上更为加强，更为隐蔽了。正是在这种背景下，"爱国"成为国家建设的首要要求，成为全球化背景下一个民族最基本的个人必备素质。

就国内来看，市场经济的发展打破了传统社会赖以存在的土壤，意味着个人的价值观建设面临新挑战。具体说，在实现生活中，市场化是一种世俗化过程，这一过程一方面使得人们从以往的"精神性向往"走向了当下的"物质性沉迷"，物欲主义、金钱主义以及建立在这一基础之上的"交换主义"的泛滥，使得整个社会面临物质主义的强大诱惑。正是基于这一严峻形势，国家从个人层面，用"敬业"来规范和发扬市场经济的"职业化逻辑"（相对于传统社会的粗放化自然分工，市场经济要求精细化的社会分工，即职业化）；用"诚信"来规范和发扬市场经济的"契约逻辑"（交换的过程本质上是一种市场主体之间自愿签订并执行契约合同的过程，即契约化）；用"友善"来规范和发扬市场经济的"互利共赢原则"（市场交换是私人交换，交换的动机来源于互利互补，交换的结果是实现共赢，因此市场经济具有"互利共赢"之本性）。由此可见，"敬业、诚信、友善"既是市场经济发展的内在逻辑要求，同时也是个体对市场经济规则的自觉体认，即人们意识到，只有按照这一趋势，才能更好地顺应市场发展潮流，才能有效避免其物质主义的诸多消极影响。

总而言之，在当今时代和当前中国，中国特色社会主义实践只要牢牢把握时代发展特征和中国发展实际，只要科学分析市场经济的内在需求和发展规则，只要准确判断国家、社会和个人三大社会领域的基本诉求，那么回应人们"应该怎样看"社会主义这一问题就很简单了。一言以蔽之，社会主义核心价值观的含义就是：在国家发展上，市场自组织，政府有边界，提升公共性；在社会发展上，公共领域的"比例平等和绝对平等"有机结合，公共权力的"授权化和规则化"相协调；在人的发展上，领域更广、内容更深入的爱国自觉，自由、自主、职业化、契约化、共赢原则；这些就是当前社会主义核心价值观的基本现实指向。

2.6国家治理现代化：历史逻辑和实践框架

中国国家治理体系和治理能力，其内涵既具有一般性，即基于国家运行的制度建构和制度执行问题；同时更具有特殊性。治理体系体现为"一纲两目"，即"政党政治"总纲，"制度建构"和"制度执行"两目；治理能力包含三层能力，即"治党治国治军""内政外交国防""改革发展稳定"。从逻辑上说，中国国家治理的一纲两目来源于中国"政党政治"的国家道路选择，在当代中国，需要有五个要素对该道路进行支撑，即党指挥枪、党的领导、发展生产力、共同富裕、共产主义理想信念。从实践上看，中国国家治理体系建构和治理能力提升，可概括为三层能力、四大领导、五项议程、六位一体。[①]

党的十八届三中全会，把"完善和发展中国特色社会主义制度，推进国家治理体系和治理能力现代化"作为全面深化改革的总目标。习近平总书记在此次全会第二次全体会议上的讲话中指出：在邓小平同志战略思想的基础上，推进国家治理体系和治理能力现代化，这是完善和发展中国特色社会主义制度的必然要求，是实现社会主义现代化的应有之义。那么什么是国家治理体系和治理能力的现代化？其提出的历史逻辑是什么？实现国家治理体系和治理能力现代化的基本框架是什么？便成为当前中国社会主义实践需要解决的重大问题。

---

① 张健：《中国国家治理体系和治理能力现代化：历史逻辑和实践框架》，《长沙理工大学学报》（社会科学版），2014年第3期。

2.6.1 "国家治理体系和治理能力现代化"一般含义和特殊内涵

从逻辑上看，国家治理体系和治理能力指称两个问题：一是治理体系，即关于国家运行的制度设计；二是治理能力，即关于治国理政的能力及制度执行的有效性问题。前者是关于国家的制度架构问题，即国家运作需要平台，该平台该如何设计。这属于"物"的层面。若这方面出现问题，就会引发社会对"制度的合法性和合理性"之争议。后者，则是关于制度执行问题，即这些平台由谁来操作才更有效。从性质上看，这属于"人"的层面的问题。这方面出现问题会引发社会"对治理者的能力和道德"之质疑。由此可见，国家治理体系和治理能力，既涉及一个国家的"制度建构"领域，又涉及一个国家的"制度执行"领域。简言之，制度的建构和执行，是国家治理体系和治理能力概念的两个基本指向；这两个指向通过"国家运行"相连接；制度设计、制度执行、国家运行三者之间构成下述关系模式，即"(会引发制度合法性问题)制度设计←国家运行→制度执行(会引发执政能力的问题)"(见图2-1)。这是关于国家治理体系和治理能力概念的一般含义。

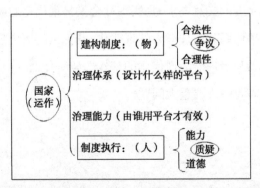

图2-1 "国家治理体系和治理能力"的一般含义示意图

2. 当代中国特色社会主义问题：观察当前中国社会发展的几个框架

但是一般不等于特殊。在中国，国家治理体系和治理能力又具有特定含义。它特指在中国共产党的领导下，"管理国家的制度体系，包括经济、政治、文化、社会、生态文明和党的建设等各领域体制机制、法律法规安排"和"运用国家制度管理社会各方面事务的能力，包括改革发展稳定、内政外交国防、治党治国治军等各个方面"。在这里，国家治理体系和治理能力具有三个规定性：一是"中国共产党的领导"是前提和实践总纲，二是"'五位一体'+党的建设"的制度架构是第一分目和实践框架，三是"{治党·治国[内政(改革·发展·稳定)·外交·国防]·治军}"的层叠式能力架构是第二分目和操作路径。三者的关系是"纲举目张"（见图2）。

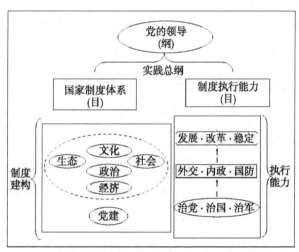

图2-2 "国家治理体系和治理能力"的特殊内涵示意图

其内在逻辑关联表现为：实践总纲→实践框架→操作路径。在这三个规定性中，"中国共产党的领导"是根本性设置，对后两个规定性具有决定和主宰意义，即有了这一条，才能谈后面的。在"六位一体"的制度架构中，"党的建设"，是关于第一个规定性中"党的领导"这一根本性设置的具体设计。在此基础上，三层能力叠式结构中，"治国"是第一层结构（治党·治国·治军）的核心；"内政"是第二层结构（内政·外交·国防）的核心；"改革"是第三层结构（改革·发展·稳定）的核心。这是中国特殊语境下，国家治理体系和治理能力概念的基本含义。

在此基础上，我们来讨论"国家治理体系和治理能力现代化"的含义及其提出的必要性。从社会主义发展的历史来看，国家治理体系和治理能力的现代化，至今为止还是一个未竟的课题，尤其是对于中国来说，这是一个新的时代任务。我们可以从两个角度来看：

一个是世界社会主义发展进程。诚如习近平所指出的：怎样治理社会主义社会这样全新的社会，在以往的世界社会主义实践中没有解决好。马克思、恩格斯没有遇到全面治理一个社会主义国家的实践；列宁在俄国十月革命后不久就过世了，没来得及深入探索这个问题；苏联在这个问题上进行了探索，取得了一些实践经验，但也犯下了严重错误，没有解决这个问题。新中国成立后，中国共产党不断探索这个问题，虽有严重曲折，但也积累了经验、取得了重大成果，尽管如此，与全球现代化进程相比，我们依然还有许多不足。这意味着，对于社会主义国家来说，如何治理社会主义，这是全球马克思主义发展，尤其是中国马克思主义发展要解决的一个重大课题。

另一个是中国社会主义发展的进程。新中国成立后，党在确立过渡时期的总路线时，明确规定了党的中心任务，就是要实现国家的工业化和完成社会主义改造。之后，随着工业体系的初步建立，第三届全国人民代表大会提出："在不太长的历史时期内，把我国建设成为一个具有现代农业、现代工业、现代国防和现代科学技术的社会主义强国，"即要实现"四个现代化"。站在今天看，纵向比，我们的"四个现代化"已经实现；横向比，这个

"四个现代化"还只是"全球现代化进程中的初步",即仅仅建立起了一个现代化国家必须具有的经济、国防和技术之支撑。如何在这个"支撑"的基础上实现中国国家运作的现代化,是我们面临的新任务。总之,无论是马克思主义发展新课题,还是中国现代化的新任务,这都意味着,新一届中央要承担起"国家运作本身的现代化"之重任。

那么在今天的中国,构建国家治理体系和提升国家治理能力的着力点在哪里? 其客观依据又是什么呢?

2.6.2社会主义国家治理体系和治理能力的历史逻辑:政党政治及其路径

简单说,一个国家制度建构到什么水平,执行到什么程度,决定因素是时代,具体说是时代提出的需求和时代提供的条件;影响因素是人,是人的认识水平和利益需求。由此,要探讨推进我国国家治理体系和治理能力现代化的基本规律,就需要从两个维度进行分析。

首先,从时代所提出的需求及其所提供的条件维度看,当今商品时代语境下,商品背后"资本—劳动"博弈,是生成社会主义"政党政治"这一基本国家运行路径的根源所在;基于这一根源,"共产党领导"和"党指挥枪"是社会主义国家运行的基本支撑。

在马克思主义理论体系中,马克思对商品时代的分析有一个基本的框架,那就是对商品背后两个主体——资本和劳动之间博弈的分析。具体说,马克思主义认为,商品后面有两个主体,一个是资本者,其优势是"有钱";另一个是劳动者,其优势是"组织化"。在围绕"商品分配"的博弈中,它们分别依靠自己的优势,寻找有利于本阶级利益的国家路径。对资本来说,有钱的好处是"有钱可使鬼推磨",因此,资本青睐或者选择的国家道路就是"资本对国家政权的控制"，简称"金权政治"。其基本特征是：把军队从"国王体系"中拿开，即"军队国家化"；实现资本对政治、经济、文化三大议程的控制，即"三权分立—政治家'小圈子化'—财阀总控制""货币权私有""媒体私营"。对劳动来说，"有组织化"是其优势，可以使得劳动者联合起来，表现出惊人的"人心齐，泰山移"的群体优势和规模效应。在实践中，这种"规模效应"和"群体优势"表现为劳动者拥有严密的政党组织和制度。因此，劳动者选择的国家模式是"政党对国家政权控制"，简称"政党政治"。在这里，"政党政治"模式具有两个基本特征：一个是政党对军队的控制，即党指挥枪；另一个是政党对社会政治、经济、文化议程的控制，即党领导政治、党领导经济、党领导文化，简称党的领导。由此可见，对于社会主义国家来说，由于商品后面的主体是劳动者，他们要建立国家，一定是选择"政党政治"道路的，这是历史逻辑使然。

其次，从马克思主义对商品时代的认知及其价值取向这一维度来看，对人类社会"农业时代→商品时代→产品时代"内在规律的认知，形成关于"发展生产力"和"共同富裕"的基本判断；对人类社会制度演进逻辑"私→私·公→大公"的认知，形成关于"实现共产主义"的坚定理想信念。

马克思主义以"交换"为分析框架，对人类历史作了系统分析。其基本结论是：人类历史无论多长，在逻辑上只有三个阶段，即农业时代、商品时代和产品时代。在人类社会早期，人们是通过"你种苹果我种梨"这种方式生存的，体现的是人与自然之间的交换；后来，随着苹果和梨越来越多，除了够吃的还有剩余，这时人们开始"用苹果去换梨"，体现的是人与人之间的交换；未来，可以推断，若苹果和梨更多，到达像空气和阳光一样多的程度，那么社会就会"你需要什么就拿什么"，即按需分配，也就是共产主义社会，体现的是人与社会的直接交换。可见，共产主义社会是人类社会发

2. 当代中国特色社会主义问题：观察当前中国社会发展的几个框架

展的必然归宿，"人与自然交换—人与人交换—人与社会直接交换"，这一趋势是一种客观规律。不仅如此，从这一规律的演进过程可以看到三个基本事实。一是人类社会从"你种苹果我种梨"到"用苹果去换梨"，最终到"你需要什么就拿什么"，推动这一进程的核心因素是"苹果和梨的不断增多"，即社会生产力的发展。也就是说，社会主义经济议程的根本任务是大力发展生产力。二是在财富的分配上，人类社会一开始是为了填饱肚子，后来是有人贫穷有人富有，最后是大家都一样，按需分配，这意味着社会主义发展的最终目标是实现"共同富裕"，进而走向最终的"按需分配"，即共产主义。三是从社会制度的价值取向说，在人类早期，社会制度的选择是私有。后来，由于商品后面劳动者主体的壮大，在原有"私有唯一"的制度语境中增加了"国家公有"的新选项。未来，随着社会创造财富源泉的充分涌流，"社会所有"将取代一切成为未来共产主义社会的"新的唯一"，即"私唯一→'私·公'并存→大公无私"，这是人类社会制度选择的基本逻辑。这决定了，今天中国的共产主义理想信念，既具有科学性，又具有价值性，是人类社会所追求的至善之道。

综合上面时代因素和认知因素两个方面，笔者以为可以这样判断。首先，中国社会主义的国家治埋体系和治理能力问题，本质上是"政党政治"的问题，它根源于中国社会发展的历史实践，即中国之所以选择"政党政治"路径，是由中国社会发展的时代条件决定的。其次，中国社会主义国家治理体系和治理能力问题，在"政党政治"总纲提领下，形成"大力发展生产力、努力实现共同富裕、坚定共产主义理想信念"三大认知，这是马克思主义对社会主义国家治理实践的基本判断。最后，在当代中国，如何进行"制度构建和制度执行"，需要有五个要素予以支撑，即党指挥枪、党的领导、发展生产力、共同富裕、共产主义理想信念。其中，前两个是"政党政治"的核心和灵魂,是制度建构的总纲,后三个是制度执行的关键和支柱。笔者认为,在实践中,只要牢牢把握总纲,紧紧抓住关键和支柱,那么对于社会主义国家治理体系的建构和治理能力的提升这个大问题,也就抓住了重点。上述结论见下图:

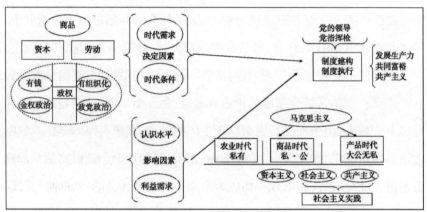

图2-3 "国家治理体系和治理能力"的决定因素和影响因素示意图

在此基础上,笔者来分析中国国家治理体系和治理能力的实践框架和路径。

2.6.3实践框架:"一纲两目"的顶层设计与"核心价值"的自觉建构

从逻辑上说,任何实践活动都要面对两个问题:一个是为什么这样做,另一个是应该怎样做。前者是从"是什么"这样一个尺度来看待问题,即社会主义国家治理体系架构和治理能力提升要符合客观规律;后者则是从"应该是什么"这样一个尺度来要求和评价社会主义实践,即人们要按照自己的需求来判断社会主义能否给以满足以及满足到什么程度。前者决定了中国国家治理体系和治理能力的基本实践框架是"一纲两目",即

2. 当代中国特色社会主义问题：观察当前中国社会发展的几个框架

"党的领导"一纲，"制度建构"和"制度执行"两目；后者决定了中国共产党必须带领社会对"社会主义核心价值体系及其价值观"进行自觉建构。

2.6.3.1"一纲两目"顶层架构：四大领导、五大议程、六位一体、三层能力

首先，就"党的领导"来说，它指称中国共产党对国家的领导。因为国家的核心是政权，骨架是政府，因此实现"党的领导"这一总纲，在实践上主要就是实现党对政权和政府的领导。在理论上，政权由四层结构组成，即"内核的军队→次外层的国家管理者→再外层的媒体→最外层的社会力量"，相应地，党对政权的领导也就主要体现在四个制度架构上，即党指挥枪、党管干部、党管媒体和党管统一战线。换言之，在国家制度建构上，党指挥枪、党管干部、党管媒体和党管统一战线，这四个制度，是中国国家制度体系的核心支柱。此其一。其二，在一个社会系统中，政府是核心骨架，它联接着经济、政治、文化、社会、自然各个不同圈层，在理论上，控制政府即可控制社会各个圈层。因此，党对政府的领导主要有两层含义：一是对社会的"经济、政治、文化、社会和生态"这五大议程的领导，即党对上述五大事项具有议程设置权；二是对政府本身的领导，体现为政府本身只有上述五个议程的执行权，而没有议程设置权。

其次，就"制度建构"一"目"来说，如前文所述，它指的是国家运行要建立一个怎样的平台的问题。中国社会主义的"政党政治"的本质决定了国家制度建构的特殊性，它既和一般国家制度一样具有一般性，但同时更具有特殊性。一般性是指中国国家制度体系既涉及政党，也涉及社会的经济政治文化等基本系统，在全球范围内具有普遍。特殊性是指，"共产党领导"的总纲决定了"党的建设"在国家制度建构中具有特别地位。概括来说，中国国家制度的基本框架可以用"六位一体"来描述，即经济、政治、文化、社会、生态、党建六个方面，它们共同围绕社会主义现代化实践，既分

别展开同时又相互支撑,形成一个有机整体。其中,党的建设居于基础性地位,用以保证"党的领导"这一总纲能得以切实执行;经济建设、政治建设、文化建设是核心骨架,确保整个社会系统得以稳定和持续发展;社会建设和生态建设是外围,是维持社会发展的必要条件。

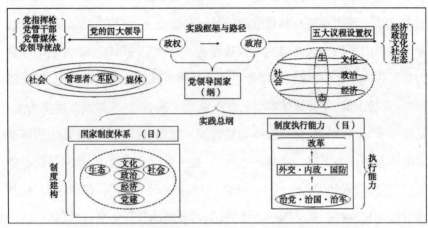

图2-4 国家治理体系和治理能力的实践框架和路径示意图

最后,就"制度执行"这一"目"来说,它主要指三层制度的执行能力:第一层,治党·治国·治军;第二层,外交·内政·国防;第三层,发展·改革·稳定。这三层能力体系中,前两层针对中央而言,是对中央领导集体提出的要求和评价标尺;第三层是针对全体国家管理者即领导干部。三层能力体系中,具有内在的逻辑层叠关联,即第一层的核心是"治国",其展开就是第二层"外交·内政·国防";而第二层的核心是"内政",其展开就是第三层"发展·改革·稳定";而第三层的核心是"改革"。今天中国,改革已经走完了"20世纪80年代的"开启"和"1990—2000年的"重要体制突破和完善"阶段,而开始进入"全面深化改革"的新阶段。从实践上看。改革的"开启"和"重要体制突破完善"阶段,解决的是中国温饱和进入小康问题,如今,这两个目标均已完成,这意味着,"全面深化改革"的阶段,中国社会主义实践既要实现"建成小康"的既定目标,同时又要完成新的现代化目标,这就是国家治理体系和治理能力的现代化。上述内容见图2-4。

总之,关于中国社会主义国家治理的"一纲两目"建构问题,笔者以为,其基本内容可概括为:四大党的领导,即党领导军队、党管干部、党管媒体、党领导统战;五大议程设置,即党具有对经济、政治、文化、社会、生态文明议程的设置权;六位一体,即党的建设、经济建设、政治建设、文化建设、社会建设、生态文明建设统一于社会主义现代化实践;三层制度执行能力,即治党治国治军、内政外交国防、改革发展稳定。简言之,中国国家治理体系构建和治理能力的提升,核心框架是:三层能力、四大领导、五项议程、六位一体。

2.6.3.2 "核心价值"建构:社会主义核心价值体系

在理论上,社会的价值体系本质上是这样一个问题:人们对社会提出需求,社会要满足人们的需求。如同一个苹果,一旦不同的人对苹果提出不同的需求,那么苹果就要满足不同人的需要,满足了,不满足,满足到什么程度,就相应表现出苹果有价值,无价值,有多大价值等价值现象。同理,关于社会主义价值体系,就是指在当今中国,社会不同群体提出了不同需求,社会主义要如何满足这些需求。因为中国社会群体很多,社会主义要满足这些不同群体的要求,就要提供不同的、很多的东西,不仅如此,社会发展又具有轻重缓急之分,因此社会主义的价值首先是一个诸多内容组成的体系,其次是一个具有核心和非核心组成的系统。这就是社会主义核心价值体系的逻辑含义。基于这一含义所提供的逻辑框架,我们来分析社会主义核心价值体系的基本内容。

社会主义核心价值体系有四个内容:马克思主义指导思想,中国特色社会主义共同理想，民族精神和时代精神，社会主义荣辱观。它分别回应了当前中国的四个重要需求，即当今时代我们的旗帜和方向是什么，全社会的共同理想是什么，文化传承和时代精神是什么，什么是光荣什么是耻辱。

第一，中国的旗帜和方向是什么？这是全球化时代背景下，中国在国家层面面临的首要问题。因为随着信息化的普及，经济、政治、文化各个层面的交流相互交织，国家意识形态转换形式，尤其是其与互联网结合后，形成新时期"内涵增强形式隐潜"的新发展模式和走向。例如，数据显示，我国80%的网上信息是美国提供的，90%以上是英语；我国的信息输出量仅占全球信息量的0.05%；截至2013年年底，中国网民规模突破6亿，其中通过手机上网的网民占80%；手机用户超过12亿。这意味着，在人们生活领域，表面上国家意识形态没有了，但实质上国家意志渗透更强烈了，只不过是方式更隐蔽了。因此，在信息社会背景下，中国要说什么，中国在走什么路，未来在哪里，这些问题就成为国家发展的首要问题。基于这一背景，中央提出坚持马克思主义的指导思想，其意图就是从国家层面回答中国的道路问题。

第二，中国社会的共同目标是什么？这是中国在社会层面必须回答的问题。这是因为，市场经济的发展使得中国社会的分层化加速。从结果上看，经过二十多年市场的发育，中国社会如今已经形成底层、中层和上层的大致结构。社会存在决定社会诉求。当前中国，在总体上解决了"进入小康"问题的基础上，存在三大不同需求，即底层要"生存"，中层求"改革"，上层需"约束"。在此背景下，如何才能形成社会的最大共识呢？放眼全球，我们既不发达也非落后，而是最大发展中国家；静观各国，我们不是"金权政治"，而属"政党政治"；深思国情，我们不能全盘照搬也不能盲目排外，

2. 当代中国特色社会主义问题：观察当前中国社会发展的几个框架

我们要立足中国，走自己的路。由此，中国特色社会主义成为中国社会的最大共识。

第三，我们来自哪里，今天又在什么地方？这是中国社会发展的"寻根"和"定位"问题。在世界三大文明中，中华文化相对于西方基督教文明和中东伊斯兰文明，具有独特性和比较优势。这主要体现在中华文化把世界三分和强调通过"慧观"方式来认识世界。世界三分，就是把世界分成看得见的经验世界、看不见的超验世界以及抽象的先验世界，中华文化在后两个领域研究得很深。"慧观"方式，就是把人的认识概括为"藏识—思识—意识—五感觉"这一认知结构，提出：通过"意识—五感觉"认识世界，叫智观，只能认识世界的表象；通过"藏识—思识"来认识世界，叫慧观，可以看到世界的本源和真相。中华文化就是中国社会的历史传承，是中国发展的土壤所在。就像桔子，只有土壤适合，才可谈是甜是苦。中国发展需要立足于中华文化的沃土。这是"寻根"问题。国家提出"爱国"要求，其本质就是深爱和深深懂得中国的文化沃土。就"定位"问题来说，今天时代是一个崭新的时代，它叫后工业社会。该社会，无论是经济秩序、政治秩序，还是文化格局都已经发生重大变化，如何定位中国，关键就是人认清时代精神，把握时代内涵。国家提出"与时俱进"原则，本质上是要求中国社会要更新观念，适应时代大变革，成为时代大潮中的弄潮儿。

第四，如何判断是非和荣辱？这是针对市场经济条件下，中国社会道德问题严峻的事实提出的要求。市场经济的发展，一方面带来了私人的自主性增强，科学文化的昌明以及对人的发展的关注；另一方面，它同时也具有负面性，如拜金主义盛行、物欲泛滥、极端个人主义等。因为这些负面性，一些人开始失去对是非的判断标准，开始模糊对荣辱的分界，一切从自我出发、唯我独尊、自我中心、人类中心主义等等；社会出现一些是非不分、荣耻不知的现象，如行为没有底线、做事不讲道德、坑蒙拐骗、无所畏惧等。针对这些负面现象，国家提出八荣八耻，目的就是纠正这些失范现象，引导社会向上发展。

3. 当前中国社会发展：思考与探索

3.1当前中国社会发展的阶段性新特征

历史和逻辑的统一，是马克思主义哲学分析人类历史发展规律的基本方法论原则。历史的角度，反映的是一个特定历史阶段的实践发展印迹及主体性诉求；逻辑的角度，体现的是该历史阶段的必然性及客观要求。印迹与必然性相统一，主体诉求与客观要求相结合，是科学判断和准确把握特定历史阶段本质特征的基本方法论要求。基于这一要求，我们分别从历史、逻辑及其统一角度去分析当前中国社会发展的阶段性特征。①

3.1.1从历史角度看，当前中国社会发展呈现出"456"大格局，这是当前中国社会发展的阶段性首要特征

判断当代中国社会发展的阶段性新特征，首先要把握大格局。党的十

---

① 韩庆祥、张健：《当代中国社会发展的阶段性新特征》，《北京日报》，2017年5月8日。

八大向世界宣告，中国社会开始进入全面建成小康社会的新阶段。在该阶段，现代化布局呈现出经济、政治、文化、社会和生态文明"五位一体"的新趋势，加之，中国道路的党的领导之本质特征，这样，中国特色社会主义建设就在总体上呈现出经济、政治、文化、社会、生态文明加党的建设之六大建设路径。党的十八大以后，依据变化了的中国实际，以习近平同志为核心的党中央提出全面建成小康社会、全面深化改革、全面依法治国、全面从严治党之"四个全面"战略布局。十八届五中全会提出"创新、协调、绿色、开放、共享"五大新发展理念。至此，"四个全面"战略布局、五大新发展理念、六大建设路径，即"456"之大格局，成为观察当前中国社会发展的总体框架。

当前中国社会发展的"456"大格局，已经构成判断当前中国社会发展阶段性特征的基本点。其中，"四个全面"战略布局是顶层设计，是发展之灵魂，处于核心地位，统率总格局；五大发展理念是价值遵循，处于关键地位，规范总格局；六大建设路径是实践之结晶，处于基础地位，支撑总格局。这些基本点既内含了当前人民群众对该历史阶段的共识，同时也包含了我们党对新时期、新形势的基本判断，是今天中国社会发展阶段的首要特征。

3.1.2从逻辑角度看，当前中国社会已经进入"从传统向现代转型"的历史阶段，现代化转型是当前中国社会发展的本质特征

人类社会发展具有内在的规律，体现为"生产力—生产关系"和"经济基础—上层建筑"这一基本矛盾的运动。基于这一原理，我们可以从深层次来研究当前中国发展阶段的本质特征。

20世纪80年代，中国打开国门，开始接受世界市场化进程；90年代，中

国引进市场元素，通过社会主义市场经济体制参与世界市场；2001年，中国加入世贸组织，开始系统化地融入经济全球化进程。中国与世界的互动，形成了当前中国社会发展的基本背景。正是多年的市场化改革促进了中国社会结构的深刻转型，实现并进一步推动着中国从"传统社会"向"现代社会"迈进。

数据展示现实。从人口看，2013年，清华大学中国经济数据中心发布的报告显示，非农户籍人口占全国总人口的比例为27.6%；在国家统计局第六次人口普查数据（2010年）中，户籍城镇化率是27.7%，与清华调查数据基本吻合。从空间看，至2013年，中国有2.5亿亩村宅基地，与城市社区比为4.8:1。这表明，宏观上，中国人口中的近30%人群已经成为现代市民，近1/6的生活空间是现代社会。这构成当前中国社会转型的基本图景。这一图景意味着，当前中国正在进行着深刻的社会变革，"农民身份→市民身份""村落生活→社区生活""农业主导→工商业主导""传统观念→现代意识"，上述核心性变化脉络正逐渐遍布当前中国社会的方方面面，今天的中国，已经并且也将在一个相当长的时期内进行社会转型。一个现代化的中国正在冉冉升起。

3.1.3 中国的现代化转型是当前中国社会的整体性转型升级

"近30%的人群+近1/6的生活空间"，这是从当下现实的角度，对中国社会转型状态的宏观描述，本质上是一种实然判断，反映出来的是中国社会发展的"存量状态"。社会总体的发展除了看"存量状态"，更要看"增量状态"。严谨地说，科学判断当前中国社会发展的本质性特征，需要从实然、应然、必然三个维度去评估。

首先，当前中国社会转型的实然状态是，"近30%的人群+近1/6的生

155

活空间"已经实现了转型。这是当前中国发展的"存量状态"。这一状态表明，中华民族已经走在了全球现代化的征途上，今天的中国是世界中的中国。

其次，中国社会转型的应然诉求是，社会至少要有70%的人群是现代市民，至少要有2/3的生活空间是现代城市社区，只有这样才可以说是现代社会。这是当前中国发展的"增量状态"。这一状态预示着，中华民族因其天然的体量巨大（经济、人口规模等优势），一旦完成现代化进程，那么全球文明将会发生质变，届时，世界将是中国影响凸显的世界。

最后，这一转型的必然性要求是，社会转型已经开始，也将不以人的意志为转移地进行下去，中华民族的现代化进程已经无可逆转。这是一个全球的大格局。这一格局意味着，现代化进程的升级、中华民族的伟大复兴，不仅仅是中国历史之需求，更是世界实践之期许。

综合实然、应然、必然三种判断，我们认为：当前中国正在发生着深刻变革，其本质是从传统社会向现代社会的转型，现代性的培育，尤其是具有中华民族特性的现代性之建构，才是当前中国社会发展的本质性特征。

3.1.4 中国社会开始进入新的伟大历史征程，这是当前中国社会发展阶段的最新特征

党的十八大以后，党中央提出实现社会主义现代化和中华民族伟大复兴的中国梦，一方面回应了时代需求，另一方面也向世界表明，中国共产党在新的历史时期里有大担当。

理论上，现代化有两步，一是物质生活的现代化，二是精神生活的现代化。今天，发达国家基本走完了第一步。精神生活的现代化成为全球现代化进程中的主要趋向。中国社会发展也已经接近第一步的尾声（四个现

代化的基本实现），开始唱响第二步的序曲（第五个现代化的开启）。精神生活的现代化内含两个层次的现代化，即制度的现代化和文化观念的现代化。十八届四中全会开启全面依法治国的政治议程，制度的现代化进入实践轨道。那么中华文化的现代化如何实现，如何获得世界认同？这就是当前中国发展面临的新课题。

今天，西方基于工业化的现代化遭遇诸多困境。究其根源，源于工业化是西方科学思维的产物，该思维的核心是经验性的归纳范式。在逻辑上，归纳思维只能是证伪，而证伪本质上是试错。中华文化，因为其对世界的划分，涵盖了经验、超验、先验三大领域，本质上不是试错，是索求本源、起始。由此，它可以弥补科学思维的局限性。就此而言，中华文化的现代化，中国文化要实现在全球范围内的认同，不仅可能，而且更有强大的客观需求和自身优势作支撑。

3.2 "强国时代"历史语境与"四个伟大"

习近平新时代中国特色社会主义思想蕴含着"强国逻辑"。"强国时代"的到来，根源于中国在世界舞台上，完成了从"相对靠后的世界排位"向"日益走近世界舞台中央"的转换。以实现伟大梦想为目标指向，以进行伟大斗争为根本路径，以建设伟大工程为政治保证，以推进伟大事业为必由之路，这"四个伟大"形成了新时代中国特色社会主义实践的首要特征。该特征需要从历史语境的转换、时代诉求的更替等不同维度进行深入理解。①

---

① 韩庆祥、张健：《从"强国时代"的历史语境深入理解"四个伟大"》，《中共中央党校学报》，2018年第1期。

3.2.1 "强国时代"的到来与新时代中国特色社会主义实践的首要特征

治大国如烹小鲜。一个国家和民族如何选择道路、如何持续发展，与生活中怎样种植种子才会有收获，具有内在的相通性。种植种子，先种"好种子"才能得到好的收获，再种"好种子"，更复好收成。如此往复，形成一个恒久的良性循环。治理国家，先立正道后得多助，再持多助更复受益。如此循环，则正道得立，民力得聚，国家得强，民族大兴旺。这即是"强国逻辑"的一般脉络。该逻辑，若从现实性上看，则表现为一个国家和民族具有"站起来→富起来→强起来"这样一种历史走向。这是我们观察一个国家和民族发展趋势的逻辑和现实之视角。

从大背景看，在全球后工业化时代，经过1978—2018年40年的改革开放，中国特色社会主义形成了具有内生性、独立性、自主性、主体性、世界性的中国式现代化道路，为世界其他民族提供了现代化方案的中国选项。中华民族富起来了。总览共和国历史，可以说我们完成了中华民族从站起来向富起来的转换。展望未来，应该说我们要开启新一轮的"强起来"的伟大历史征程。立足当下，我们要冷静判断，清醒分析，科学制定新时代中国特色社会主义发展方略。

党的十九大报告指出："中华民族伟大复兴，绝不是轻轻松松、敲锣打鼓就能实现的。全党必须准备付出更为艰巨、更为艰苦的努力。""实现伟大梦想，必须进行伟大斗争。""实现伟大梦想，必须建设伟大工程。""实现伟大梦想，必须推进伟大事业。"由此，"伟大斗争，伟大工程，伟大事业，伟大梦想，紧密联系、相互贯通、相互作用，其中起决定性作用的是党的建设新的伟大工程。"这四项架构，形成了新时代中国特色社会主义实践的首要特征。要深入理解这一特征，可以依据"强国时代"历史语境，分析"四个伟大"的重要内涵。

关于"强国时代"历史语境。从逻辑上说，"强国时代"语境的生成，缘起于社会基本需求完成了从"生存性需求"向"发展性需求"的转换，宏观上表现为"解决社会温饱问题"转向"全面建成小康社会"。从实践上说，"强国时代"的到来，根源于中国和中华民族在世界现代化大舞台上完成了从"相对靠后的世界排位"向"日益走近世界舞台中央"的转换。富起来已经不再成为国家主导性对外需求，而强起来，如何更走近世界舞台中央，则日益成为主要诉求。这既是历史发展的必然要求，更是中国特色社会主义的自觉追求。

关于"四个伟大"相关重要内涵。首先，伟大斗争，缘起于中国特色社会主义进入新时代。如何把握伟大斗争内涵，需要从两个方面考虑。一是新时代提出新要求。如何进行伟大斗争的核心，是科学分析和判断这些要求的本质；二是中国特色社会主义实践必须基于上述科学判断做出应对，以有效满足时代需求，即中国特色社会主义要有所作为，必须提交一份新时代高质量答卷。要言之，"如何科学判断"和"如何有效满足"，应成为我们理解伟大斗争的基本思路。其次，伟大工程，这是推进伟大斗争的主体条件。在新时代条件下，它需要回答为何要加强党的领导、如何加强党的领导等一系列重大理论和实践问题。最后，伟大事业和伟大梦想，前者是当前的任务，后者是长远的目标，二者关系，需要从当前和长远、国家和民族、现实性和战略性、现实担当和历史使命等诸多辩证关系中深入理解。可以说，伟大事业，是立足于当下到未来的宏大布局，涵盖着2020年全面建成小康社会，2035年基本实现社会主义现代化，2050年全面建成社会主义现代化强国，这是一种责任担当和历史重任。那么"伟大梦想"则是指向中华民族的现代化进程，从历经了四个现代化进程到当前正在进行着的"第五个现代化"（国家治理现代化），直至未来中华民族在全球现代化中的全面复兴，这是一种历史使命和民族诉求。由此，"责任担当"和"历史重任"，"历史使命"和"民族诉求"，构成我们分析伟大事业和伟大梦想的基本框架。

3.2.1.1进行伟大斗争缘于中国特色社会主义进入新时代

五十多年前，毛泽东在《在扩大的中央工作会议上的讲话》中指出："从现在起，五十年内外到一百年内外，是世界上社会制度彻底变化的伟大时代，是一个翻天覆地的时代，是过去任何一个历史时代都不能比拟的。处在这样一个时代，我们必须准备进行同过去时代的斗争形式有着许多不同特点的伟大的斗争。"重温这一论断，有助于我们以更大的历史尺度来理解伟大斗争的内涵。

在2017年"7·26"讲话中，习近平总书记指出："在新的历史起点上进行伟大斗争，要牢牢把握社会主义初级阶段这个最大国情、牢牢把握我国发展的阶段性特征、牢牢把握人民群众对美好生活的向往。"十九大报告指出："社会是在矛盾运动中前进的，有矛盾就会有斗争。我们党要团结带领人民有效应对重大挑战、抵御重大风险、克服重大阻力、解决重大矛盾，必须进行具有许多新的历史特点的伟大斗争，任何贪图享受、消极懈怠、回避矛盾的思想和行为都是错误的。""全党要充分认识这场伟大斗争的长期性、复杂性、艰巨性，发扬斗争精神，提高斗争本领，不断夺取伟大斗争新胜利。"

学习研究这些论述可以得出两点结论：一是为何要进行伟大斗争，归根到底，是由我们党目前所处的历史阶段的要求决定的。二是如何进行伟大斗争，说到底，就是要在实践中认识斗争的客观规律，不断推进中国特色社会主义的实践创新和理论创新。最终指向一个根本性问题，即中国特色社会主义在不断发展，在不同阶段有不同的发展规律。在这个意义上，当前关于伟大斗争的提出和全面展开，一方面标志着我国发展站到了新的历史起点上，中国特色社会主义进入新时代；另一方面又预示着我们必须研究新阶段的发展规律。

第一，要把握好改革开放以来"社会生产力水平提升"和"人民群众需求变化"新趋向，尤其是新时代"不平衡不充分的发展"和"人民日益增长的美好生活需要"的新特征。辩证唯物主义认为，社会基本矛盾的变化决定着社会发展的基本方位，核心表现为生产力水平提升与人的需求升级之间的张力。经过改革开放四十多年的发展，我国社会生产力水平明显提高，人民的生活水平显著增强。在此基础上，人民对美好生活的向往日益强烈，体现为从对物质性的需求转换和升级为对非物质性的需求。社会发展呈现出从"物质性需求"向"非物质性需求"的转型和升级。如果说，在以"物质性需求"为主导的阶段，生产力的发展集中表现为社会生产的落后，那么在当前"非物质性需求"上升的阶段，社会生产力的发展则表现为发展的不平衡和不充分。相应地，人的需求，则随着上述生产力水平的变化，体现为由基于求温饱的"生存性"升级为基于求美好的"发展性"。如何认识、把握和引领这种变化，习近平总书记指出，"要坚持辩证唯物主义和历史唯物主义的方法论，从历史和现实、理论和实践、国内和国际等的结合上进行思考，从我国社会发展的历史方位上来思考，从党和国家事业发展大局出发进行思考，得出正确结论。"这是一种方法论原则。以此为指导，我们可以对新时代"不平衡不充分的发展"和"人民日益增长的美好生活需要"的新特征进行深入思考。

关于"不平衡不充分的发展"，在新时代它意味着，对于当前中国发展，无论是在"量"上还是在"质"上，两个方面都需要引起高度重视。从"量"上看，区域差异、城乡差异、领域差异、行业差异、阶层差异，在社会温饱问题基本解决的基础上日益显著化。与此相应，人们对问题的关注点，也开始从"做大蛋糕"转向"分好蛋糕"。如果说，在"做大蛋糕"时期，人们关心的是"是否我能"，那么在"分好蛋糕"阶段，人们则关心"是否公平"，社会的焦点问题转向公平正义。如何顺应这一新需求，意味着新时代中国特色社会主义必须首先解决发展的不平衡性问题。而从"质"上看，在人们"肚子"问题得以解决之后，必然地，"肚子"以外的"面子"问题凸显出来。反映在宏观层面，政治诉求、文化需求、社会治理、生态宜居等问题上升到议事日程。这就决定了在新时代，发展问题仅仅以经济为主无法涵盖新需求，发展的充分性，发展内涵的完整性和系统性成为当前中国特色社会主义重点研究和要解决的重大课题之一，且为当务之急。

关于"人民日益增长的美好生活需要"。从理论上说，人们对生活的需求具有层次性。在社会处于"以生产性为主导"的阶段，因为生产决定消费，物质匮乏是其主要特征，因此该时期人们对生活的主要需求是求温饱。而当社会进入"以消费性为主导"的时期，消费引导生产，人们的生活需求既是多样的，同时也是多层次的。而无论是多样的还是多层次的，相对于前一个阶段的求温饱，该阶段的需求主要体现为求发展、求美好。在这个意义上，如何把握新时代人民日益增长的美好生活的需要，核心是分析和判断新时期人们需求的基本结构，重点是抓住其主要方面。如果说，在前一个阶段，解决温饱问题是抓住了当时阶段上人们需求的主要方面，那么在新时代，解决非物质性需求问题，针对获得感、幸福感、安全感等重要内容，则是关键。

第二，要把握好党的十八大以来五年取得的极不平凡成就所带来的历史性变革。党的十八大以来的五年，是党和国家发展进程中极不平凡的五年。十九大报告指出："五年来的成就是全方位的、开创性的，五年来的变革是深层次的、根本性的。"[1-5]如何深入把握这一变化，我们认为，核心是抓住其阶段性特征，具体体现为习近平总书记所讲的"三个意味着"。这"三个意味着"分别体现为"发展起来""强起来"和"领起来"。这一历史方位及其呈现出的阶段性特征，内在要求从根本上实现"整体转型升级"，并进行好伟大斗争。在"伟大事业"上，要在我国发展起来以后，进一步发展和完善中国特色社会主义制度，推进国家治理体系和治理能力现代化，形成比较成型、成熟的制度，把"制度优势"充分发挥出来，使"国家治理体系和治理能力"达到现代化。在伟大梦想上，要在即将建成全面小康社会的基础上，全面建设社会主义现代化国家，实现中华民族伟大复兴，使中国"强起来"。在伟大斗争上，既要掌握斗争规律，也要把握斗争艺术。在伟大工程上，要使党的建设进一步达到科学化水平。就是说，在发展起来由大国走向强国且引领世界现代化和经济全球化进程中，所遇到的矛盾、问题、困难、挑战、风险、阻力较发展起来前更多、更大、更严重，自然对斗争的要求就越强烈，就越要积极进行好具有许多新的历史特点的伟大斗争。

3.2.1.2建设伟大工程源于在新时代党要团结带领人民进行伟人斗争、推进伟大事业、实现伟大梦想

党的十九大报告指出："推进伟大工程，要结合伟大斗争、伟大事业、伟大梦想的实践来进行，确保党在世界形势深刻变化的历史进程中始终走在时代前列，在应对国内外各种风险和考验的历史进程中始终成为全国人民的主心骨，在坚持和发展中国特色社会主义的历史进程中始终成为坚强领导核心。"

学习研究上述重要论断，需要我们深入思考以下重大理论问题：在新

时代为何要加强党的领导？它与进行伟大斗争、推进伟大事业、实现伟大梦想是一种什么关系？新历史语境下，推进伟大工程面临何种现实课题？

第一，为何要加强党的领导？这是由中国特色社会主义的本质决定的。习近平在党的十九大报告中把"中国特色社会主义最本质的特征是中国共产党领导，中国特色社会主义制度的最大优势是中国共产党领导"作为新时代中国特色社会主义思想"八个明确"的压轴内容，强调"党是最高政治领导力量，提出新时代党的建设总要求"；把"坚持党对一切工作的领导"作为新时代坚持和发展中国特色社会主义"十四条"基本方略的第一条，强调"党政军民学，东西南北中，党是领导一切的"。不仅如此，在阐述新时代中国共产党的历史使命时，习近平总书记指出，"四个伟大"中"起决定性作用的是党的建设新的伟大工程"，强调必须毫不动摇坚持和完善党的领导，毫不动摇把党建设得更加坚强有力。在谈到新时代党的建设总要求时，提出"要坚持和加强党的全面领导"，强调"坚持党中央权威和集中统一领导，是党的政治建设的首要任务"。这些重要论述，深刻阐述了新时代加强党的全面领导的重大意义、基本内涵和实践要求，对于我们在新时代深入研究为何要加强党的领导提供了方法论指导。

第二，在新时代，加强党的全面领导是推进国家治理体系和治理能力现代化的内在要求。习近平总书记指出，国家治理体系和治理能力，它特指在中国共产党的领导下，"管理国家的制度体系，包括经济、政治、文化、社会、生态文明和党的建设等各领域体制机制、法律法规安排"和"运用国家制度管理社会各方面事务的能力，包括改革发展稳定、内政外交国防、治党治国治军等各个方面"。"中国共产党的领导"是根本性制度，在"六位一体"的制度架构中，党的建设是关于第一个规定性中"党的领导"这一根本性设置的具体设计。在中国语境中，国家治理的基本含义，体现出"一纲两目"之特征，核心是党的领导。

第三，在"四个伟大"体系中，推进党的建设新的伟大工程属于怎样为伟大事业、伟大梦想、伟大斗争提供政治保障的问题。习近平总书记指出，在新的时代条件下，"党要团结带领人民进行伟大斗争、推进伟大事业、实现伟大梦想，必须毫不动摇坚持和完善党的领导，毫不动摇推进党的建设新的伟大工程，把我们党建设得更加坚强有力。"[1-8]"只有进一步把党建设好，确保党永葆旺盛生命力和强大战斗力，我们党才能带领人民成功应对重大挑战、抵御重大风险、克服重大阻力、解决重大矛盾，不断从胜利走向新的胜利。"从这些论述中，可以看到，"四个伟大"是一个有机的整体。这一点，可以从逻辑和历史两个角度去把握。从逻辑上看，存在决定意识，打铁还需自身硬。"四个伟大"的关系是：推进中国特色社会主义伟大事业的目标，是实现中华民族伟大复兴的中国梦；实现中国梦不可能一蹴而就，是十分艰难曲折的，要实现中国梦，必须积极进行具有许多新的历史特点的伟大斗争；要进行好这种伟大斗争，就必须加强和完善党的建设。从历史的角度看，中国特色社会主义进入新的发展阶段，需要准备进行具有许多新的历史特点的伟大斗争；要为这场新的伟大斗争做好准备，就需要建设新的（党的建设）伟大工程；所有这些旨在推进新形势下的伟大事业，以实现伟大梦想。

第四，在新时代语境下，深入领会伟大工程的重要意义，还需要对党的领导的必然性和应然性进行理论阐释，完成从"站起来"历史语境向"强起来"历史语境的话语转换。如前所述，在革命年代，在中国"站起来"的历史阶段上，中国共产党通过领导新民主主义革命建立了中华人民共和国，实现了中华民族的独立。在这个阶段，革命、抛头颅洒热血，奠定了我们党在人民心中的地位，赢得了民心，赢得了历史。在这种语境下，党的领导是人民的选择、历史的选择，具有当然的历史必然性和主体可接受性。反映在理论解释上，也当然具有很强的解释效力。随着中国特色社会主义进入新时代，历史语境在三个核心方面也发生了变化。一个是革命流血的历史场景不再，代之而起的是发展和现代化。第二个是党的角色已经完成了从"革命型政党"向"执政型政党"的转换，打天下和坐天下具有根本性不同。第三个是社会主体人群不断进行代际更替，直到今天，曾经革命奋战的人群逐渐退场，新中国成立后尤其是改革开放后成长起来的群体逐渐成为社会主体人群。这些群体，没有经历革命战争的年代，无法在情感层面深入体会革命话语的内涵，相反，面对建设和全球现代化的历史场景，他们更加认同非革命性话语体系和全球性话语表达方式。在以上三个变化的背景下，党的领导的理论话语建设面临如下挑战：如何完成话语体系的转型，如何获得新理论话语的普遍认同，如何赢得新时代主要社会人群的持久支持。可以说，这是我们深入理解新时代建设伟大工程的基本理论方向。

总之，无论是从党的领导的历史必然性还是现实必要性，在新时代，建设伟大工程归根结底是源于党要团结带领人民进行伟大斗争、推进伟大事业、实现伟大梦想。这既是一种历史发展的诉求，同时也是中国特色社会主义逻辑演进的内在要求。

3.2.1.3 推进伟大事业之重要意义

党的十九大报告强调："中国特色社会主义进入新时代，意味着近代以来久经磨难的中华民族迎来了从站起来、富起来到强起来的伟大飞跃，迎来了实现中华民族伟大复兴的光明前景；意味着科学社会主义在21世纪的中国焕发出强大生机活力，在世界上高高举起了中国特色社会主义伟大旗帜；意味着中国特色社会主义道路、理论、制度、文化不断发展，拓展了发展中国家走向现代化的途径，给世界上那些既希望加快发展又希望保持自身独立性的国家和民族提供了全新选择，为解决人类问题贡献了中国智慧和中国方案。"这些重要论断为我们深入理解当前推进中国特色社会主义伟大事业的重大意义指明了方向。

首先，中国特色社会主义伟大事业的重大意义，需要从中华民族现代化进程的视角，从全球大视野去深刻理解。在中华民族现代化的进程中，1840年是一个重要的分界线。因外族入侵，中国内源性现代化路径被打断，其结果是中国社会演变为一种半封建和半殖民地状态。通过新民主主义革命和社会主义革命，中国清除了外部干扰，回到了民族独立和自力更生的发展轨道上，开始了社会主义的新探索。放眼全球，1978年中国实行改革开放，此时，西方国家已经完成了第三次科技革命；1992年，中国开启了社会主义市场经济进程，此时，西方国家大搞后工业化；今天，当中国应对生态困境的时候，西方世界正准备优化国家的建设。这就是中华民族在全球现代化的进程中的基本境遇。辩证地看待这一境遇，需明确三点：其一，我们已经进入了全球现代化的大轨道，中国和世界处于同一个语境之中。其二，中国和世界正共同进入"全球信息化"时代，"互联网+""手机移动端""量化设计"成为其核心性特征。这意味着中国和世界正处于新一轮起跑的竞赛之中，起点相同，中国当有自信。其三，面向未来，中华民族和其他民族的现代化时代之支点不再存在实质性差别，中华民族的伟大复兴具有历史和实践之基础。

其次，对中国特色社会主义伟大事业的重大成就，要在理论上做出新概括。党的十八大以来，以习近平同志为核心的党中央治国理政逐渐呈现出一个较为系统的体系性趋向，即它是一个具有社会主义之根基、中国特色之道路、民族特性之灵魂的实践框架。社会主义之根，是党中央治国理政所要面对的时代课题，它要回答的是当今时代中国应该走什么道路的问题。中国特色之路是党中央治国理政所要建构的基本内容，它要回答当今中国应该怎样走社会主义道路这一问题；民族特性之魂是党中央治国理政要树立的基本价值目标，它要回答"中华民族的未来愿景是什么、如何实现它"这一重大历史问题。这就是今天以习近平同志为核心的党中央治国理政要回答的时代课题。历史地看，这些课题都远远超出马克思主义经典作家当时想象的情形，这就需要在坚持马克思主义基本原理的基础上，以更宽广的视野、更长远的眼光来思考和把握，在理论上不断拓展新视野、做出新概括。十九大报告指出："我们党坚持以马克思列宁主义、毛泽东思想、邓小平理论、'三个代表'重要思想、科学发展观为指导，坚持解放思想、实事求是、与时俱进、求真务实，坚持辩证唯物主义和历史唯物主义，紧密结合新的时代条件和实践要求，以全新的视野深化对共产党执政规律、社会主义建设规律、人类社会发展规律的认识，进行艰辛理论探索，取得重大理论创新成果，形成了新时代中国特色社会主义思想。"[1-9]十九大新修订的党章规定："十八大以来，以习近平同志为主要代表的中国共产党人，顺应时代发展，从理论和实践结合上系统回答了新时代坚持和发展什么样的中国特色社会主义、怎样坚持和发展中国特色社会主义这个重大时代课题，创立了习近平新时代中国特色社会主义思想。"如何深入把握习近平新时代中国特色社会主义思想，从逻辑上说，需要抓住三个关键点。

第一，新时代的基本内涵需要界定，需要依据马克思主义基本原理，通过对中国社会基本矛盾、当前社会发展主要矛盾进行分析，在此基础上，对当前中国社会生产力、经济基础及上层建筑主要特征进行概括。第二，中国特色社会主义的内涵需要界定，需要依据科学社会主义的基本原理,对新时代中国特色社会主义的主要特征,尤其是对中国社会主义的特殊性给以界定。第三,需要结合中国民族特性,对社会主义一般性和中国语境下的特殊性,对社会主义一般性和当今时代特殊性进行综合分析。需要在综合分析的基础上,完成对新时代、中国特色、社会主义、民族特性等关键话语体系的整合。

3.2.1.4 实现伟大梦想与新时代中国特色社会主义战略安排

党的十九大报告指出:"实现中华民族伟大复兴是近代以来中华民族最伟大的梦想。中国共产党一经成立,就把实现共产主义作为党的最高理想和最终目标,义无反顾肩负起实现中华民族伟大复兴的历史使命,团结带领人民进行了艰苦卓绝的斗争,谱写了气吞山河的壮丽史诗。"[1—10]报告强调:"明确坚持和发展中国特色社会主义,总任务是实现社会主义现代化和中华民族伟大复兴,在全面建成小康社会的基础上,分两步走在本世纪中叶建成富强民主文明和谐美丽的社会主义现代化强国。"这些重要论断告诉我们,全面建成小康社会,实现社会主义现代化和中华民族的伟大复兴,这是一个前后接续的奋斗历程。我们必须妥善处理二者之间的关系。

第一,要确保到 2020 年如期全面建成小康社会,这是新时代中国特色社会主义的首要任务。全面建成小康社会,本质上是中国式现代化,是立足中国国情,按照中国实际制定的发展战略和策略。从理论上说,现代化的本质是社会完成三大转型,即农业时代→工商业时代、农民为主导→市民为主体、传统观念→现代理念。在实践上,主要体现为以工商业为主导、以现代市民为主体。历史地看,中国在短期内是很难实现这一理论目标的,但是从全球范围说,中国正处于现代化大进程之中。由此,中国必须解决一个问题,那就是根据自己的国情,选择合适的现代化方式。立足于

20世纪70年代的国情，邓小平提出，可以设计一个中国式现代化目标，然后在此基础上，跟进全球现代化进程，这就是小康社会战略的由来。以此参考，我们可以分析十六大提出的全面建设小康社会的两个基本标准。一是人均国内生产总值超过3000美元，这是建成全面小康社会的根本标志。二是城镇化率达到50%。如果人均国内生产总值超过3000~4000美元，则符合世界银行的国别收入分组标准中的中等偏上收入国家水平。如果城镇化率达到50%，则意味着，一半的农民已经转化为现代市民。综合而言，一则进入中等偏上收入国家行列，二则一半的农民已市民化，这意味着，中国小康社会战略既是符合中国国情的战略设计，同时又是中华民族必须完成的现代化任务。立足新时代，我们必须如期完成这一战略目标，这既是首要的任务，更是必需的责任。

第二，要从中华民族现代化进程的高度深刻理解"两个一百年"奋斗目标，自觉探究共和国"第三个30年"的伟大历史意蕴及诉求。按照党的十三大的构想，1921—2020年，这是中国的第一个百年战略，目的是全面建成小康社会。1949—2049年，这是第二个百年战略，目的是基本实现社会主义现代化（十九大报告把基本实现社会主义现代化提前了15年，即到2035年）。两个百年战略目标，其内在逻辑是中华民族的现代化。这是因为，20世纪20年代的中国，是一个典型的农业国家，20世纪40年代的中国，当务之急是完成向工业国家的转型。而在当今时代，基于全球市场化驱动的现代化是世界发展大势，在这一背景下，中华民族的发展需要相继解决两个问题，第一个是物质层面的现代化，第二个是非物质层面的现代化。前者是后者的基础，后者是对前者的深化。基于此，中国共产党提出两大战略分别解决上述问题，这即是上述两个百年战略的由来。在这个意义上，全面建成小康社会的本质是实现中华民族的物质层面的现代化，民族复兴战略是实现非物质层面的现代化。二者合在一起，是中华民族完整的现代化战略。

站在这一高度，我们来看中华人民共和国的历史。在第一个30年（1949—1978年），中国进行了社会主义革命和建设；第二个30年（1982—2012年），中国进行了改革开放的伟大实践；第三个30年（2012—），中国站在全面建成小康社会战略进程的基础上，面向实现社会主义现代化和中华民族伟大复兴的历史目标。继往开来，无论是在理论还是在实践的意义上，这都意味着，一个新的伟大历史进程正向世界徐徐开启。我们必须做好迎接共和国第三个30年（2012—）到来的理论和实践之准备。党的十九大的部署和安排为我们提供了理解第三个30年的基本线索。一是到2020年，如期全面建成小康社会，持续推进中华民族第五个现代化进程（国家治理现代化）；二是到2035年，基本实现社会主义现代化；三是到2050年，全面建成社会主义现代化强国。由上述线索不难看出，共和国第三个30年的伟大征程中，蕴含着两个基本逻辑：一是文化自信与中华民族的崛起，这是中华文化在世界文明体系中的升起和全球认同问题，中华文明是中国的；二是文明自信与中国的世界化，体现为中华民族现代化的实现对全球现代化的巨大提升和影响力。可以说，因为中华民族自古以来所具有的天然性的规模优势，一旦中华民族实现了现代化，那么全球现代化进程将出现质的飞跃，届时，中华文明不仅是中国的，更是世界的。

3.3公平正义与改革发展稳定

改革发展稳定协同推进，公平正义充分彰显。这是新一届中央领导集体思考的总问题,也可能会成为新一届中央领导集体理论创新的聚焦点①。

党的十八届三中全会提出,全面深化改革的总目标,是"完善和发展中国特色社会主义制度,推进国家治理体系和治理能力的现代化"。这一论断,引起国内外广泛关注,尤其是"推进国家治理体系和治理能力的现代化",被外媒赞誉为中国的"第五个现代化"。刘云山同志强调:这个总目标是一个重要的理论创新,它揭示了改革的方向,同社会主义现代化建设总体目标相适应,是全面深化改革的总引领。那么中国的现代化战略是什么?如何理解"促进公平正义是全面深化改革的出发点和落脚点"?如何把握我国社会主义现代化建设进程中"公平正义"和"改革发展稳定"的地位及其相互关系?

3.3.1 现代化的内涵与中国社会主义现代化战略

一般而言,现代化描述的是社会从农业时代向工业时代(商品时代)结构转换的历史进程及其成果。

在农业时代,人类社会是通过"你种苹果,我种梨"的方式生存的,人的发展体现为"农民化"(农村里的人,种地的人),经济发展体现为"农业化",社会交往平台集中在"自然村落"(即人们是因一定的血缘关系而聚在一起)。而随着"苹果和梨"种得越来越多,社会需求转变为"种苹果的想吃梨,种梨的想吃苹果",历史开始进入"用苹果换梨"的阶段,这就是商品时代。在该阶段,人的发展体现为"市民化"(城市里的人,市场中的人),经济发展体现为"工业化",社会交往平台转换为"城市社区"(即人们是因同样的收入水平住一个小区)。可见,现代化缘起于社会从自然经济向商品

---

① 韩庆祥、张健:《学习时报》,2014年1月6日。

经济的转换,体现为"农民—市民""农业化—工业化""自然村落—城市社区"三大核心框架的变革。

立足于中国, 中央在20世纪80年代提出了针对中国国情的现代化战略,邓小平把它称为"中国式现代化"。其基本内容是:1990—2000年,进入小康,解决温饱问题,在理论上,即是让"苹果和梨越来越多";2000—2010年,全面建设小康社会,奠定商品化的基础;2010—2020年,全面建成小康,即完成"种苹果和种梨——卖苹果和卖梨"的转换。上述战略在政策设计上即为"小康社会战略"。2012年,党的十八大召开,标志着中国完成了从"建设小康"向"建成小康"、从"改革启动——市场体制突破和完善"向"全面深化改革"的阶段性转换。2013年,党的十八届三中全会召开,中央对全面深化改革作出了总体部署, 提炼出11个重大问题, 设计了主攻方向、路线图和时间表,并同时提出了在新的历史起点上,"推进国家治理体系和治理能力的现代化"这一新论断和新目标。这表明,随着时代的发展,中国社会主义现代化战略在不断向前推进。

3.3.2改革发展稳定在中国社会主义现代化进程中的特殊定位

一般而言,改革、发展、稳定三者之间,改革是手段,发展是目的,稳定是条件。但是从中央战略持续推进的角度看,三者之间还有更重要的一层关系,即在中国实现现代化进程中,改革是主线或主要脉络,发展是硬道理,稳定是硬任务。之所以这样,源于当前基本国情和独特的发展路径。

从国情来看,当前我国存在两个数据:一是户籍农民9.5亿,占总人口的70%。这意味着,现代化要实现"种苹果种梨—卖苹果卖梨"转换,我们还有70%的人口没有做到; 二是农村宅基地5.52亿亩, 是城市社区的4.8倍。这意味着,现代化要完成"自然村落—城市社区"转换,我们还有4.8倍于城市社区的国土空间未实现转变。也就是说，从现代化的战略要求及其现在的实现程度看，我们依然任重而道远。

那么我们今天在哪里？1978年，中国启动农村改革；1984年，启动城市改革，二者构成了改革的启动阶段。1993年，十四届三中全会通过《关于建立社会主义市场经济体制若干问题的决定》，意味着中国引进市场体制，实现了重要体制的突破；2002年，十六届三中全会通过《关于完善社会主义市场经济体制若干问题的决定》，标志着我们完成了对市场基本框架的完善工作。总之，1993—2013年，构成中国改革进程中的重要体制突破和完善阶段。十八届三中全会通过的《中共中央关于全面深化改革若干重大问题的决定》再次表明，我们的改革进程出现了一个质的飞跃：从某一方面的改革到全面改革；从先易后难的改革到攻坚期、深水区的改革；从摸着石头过河性的改革到摸着石头过河与顶层设计相统一的改革。因此改革启动（1978—1993）—改革的体制突破和完善（2003—2013）—改革的全面深化（2013起），构成了中国现代化进程特有的路径和脉络。这意味着，改革成为我们现代化进程的主线或主要脉络。

发展缘何成为硬道理？缘于我国的发展需求和社会主义的根本任务。其一，从发展需求看，1978年启动改革，要解决温饱问题。此时，中国社会蛋糕不大，其核心需求是要做大蛋糕。因此，一直到2002年温饱问题基本解决为止，中国一个时期内（1978—2002年）的基本需求都是"生产性"的，社会总体上处于进行"生产性努力"的阶段。2002年至今，虽然中国的"肚子问题"相对缓解，但是，在拥有70%农村人口和5.52亿亩农村宅基地的国情面前，中国依然要面对做大蛋糕的需求。在一定意义上，中国发展依然是"生产性"偏重的状态，发展仍然是我们解决问题的关键。根据生产力决定生产关系的原理和方法，并根据我国生产力发展水平依然比较低的实际,党的十八届三中全会明确强调,坚持发展仍然是解决我国所有问题的关键这个重大战略判断,以经济建设为中心。其二,从社会主义的根本任务看,社会主义是共产主义的第一阶段,社会主义的任务是提供足够的"苹果和梨",最终使其达到"像空气和阳光一样多",从而推进社会进入"产品经济时代"(共产主义的高级阶段)。因此,在社会主义社会阶段,我们的根本任务是解放和发展社会生产力。一则是现实需求,二则是内在要求,这两个方面构成当前我国国家发展的基本遵循。

稳定为什么是硬任务?一方面是由当前我国的"分配性诉求"决定的,另一方面则是因为社会主义最终目的——共同富裕使然。体现在社会心态上就是,以前人们默默低头拉车,现在则是慢慢抬头,盯着蛋糕。如何把蛋糕分好?需要一个好的游戏规则。而游戏规则在本质上讲,是一种基于一定认同的社会秩序建构,这种建构的核心要素有二个:一是平稳,二是协定。平稳,即动态的平衡;协定,即协商基础上的定规定制。合起来,就是现代意义上的稳定。

所谓社会主义的最终目的——共同富裕,核心是指劳动者通过严密的政党制度实现对国家政权的控制,在经济议程上体现为国有资本对私人资本的控制。其基本逻辑是:私人资本具有两个本性,即利润嗜求和安全本能。利润嗜求,使得资本具有自私性和不正义性;安全本能,使得资本没有国家性。为克服资本的负面性,马克思提出国有资本理念,即通过国家对资本的控制,使得它既有国家性,又具有一定自律性。在这里,国有资本背后的主体是劳动者,前台的手段是市场,外部的边界是国家,三者合一,既约束了私利,又保证了动力,体现了社会主义在商品领域对资本主义的扬弃。因为这种扬弃的核心是对资本的"私利性"的克服,因此在逻辑上,国有资本的核心特征是"共同体性",反映在实践上,即社会主义发展的最终目的是共同富裕，而不是少数人富裕。不是为了少数人发展，因而该发展具有可持续性；不是为了个体性利益，因而该发展具有内在的协商诉求。合起来，共同富裕，既具有可持续性优势，又具有协商性诉求。因此，共同富裕的价值取向在客观上要求社会发展追求"稳定"之特质（动态平衡+协商规制）。在这个意义上，保持稳定是社会主义发展的内在诉求。

总而言之，改革、发展、稳定之关系，因为中国社会主义现代化进程的独特性，形成了不同于其自身逻辑关联的新一层关系，即改革是主线或主要脉络、发展是硬道理、稳定是硬任务，这层关系构成中国现代化进程的实践框架。这一框架意味着，在全面深化改革新阶段，一定要处理好改革、发展、稳定的关系。问题的关键是：如何改革？如何发展？如何稳定？

3.3.3 公平正义是处理好改革发展稳定关系的关键

从理论上说，公平，核心是比例平等；正义，核心是绝对平等。比例平等，来源于A和B之间的下述关系：若A有能力，贡献100元价值，B能力一般，只能贡献10元价值，那么社会该如何回报？如果确定"同一回报率"，则就是公平。在这里，"同一回报率"之所以最佳，是因为唯有这样才可以激励能者，鞭策平者，使"蛋糕越来越大"，舍此相反。换言之，公平的起点是解决效率问题。假若社会仅仅推行公平政策，那么A得的越来越多，B得的相对越来越少，则两极分化出现；若两极分化超出临界点，那么社会可持续性就会中断。可见，公平原则具有边界，超出该边界，公平的功能就会走向反面。基于此，正义原则成为必须。

何为正义？这即"绝对平等"原则。其内涵是：随着公平的推进，A成为富人，B相对成为穷人。如何避免两极分化？需要测算穷人B能过上"有人的尊严的生活"需要多少钱，假若测算得出需要50元，那么国家就要无偿提供50元，既给B也给A，这就是绝对平等的含义，也即正义的基本逻辑。可见，正义原则针对的是如何避免两极分化、如何确保最穷的人能过上有人的尊严的生活。简言之，正义与社会"效率"无关，它解决的是可持续性问题。

综合而言，首先，一个社会的发展要有效率，否则社会就没有蛋糕或者蛋糕越来越少，这决定了社会的首要逻辑是公平；其次，社会的发展的要旨在于永久持续，而公平本身无法提供可持续性支撑，因此正义成为社会发展的第二个要件。完整说，一个社会，第一要件是公平，有它才会有蛋糕或者才会不断做大蛋糕；第二要件是正义，有它才有可持续性，进而永久发展。

回到中国当下正在进行着的全面深化改革伟大进程，可以发现：

首先，当前中国已经进入做大蛋糕而不再仅仅是做出蛋糕的阶段，我们面临的首要任务是"如何使蛋糕做得越来越大"。这决定了我们必须把能带来效率的"公平原则"作为发展问题的前提。如何有效实践这一原则？理论上，需要三个宏观政策给予保证：合理的社会分配率（工资总额占国内生产总值的比重）监管；合适的消费率（消费总额占GDP的比重）监控；动态可调的薪酬回报制度。

其次，当前中国，基于做大蛋糕基础上的诉求逐渐趋向于"分配性"，在一定意义上，愈演愈烈的"分配性冲突"和社会怨气就是对当前收入差距的不满之宣泄。这预示着我国的正义之不足，需要提供足够的正义资源以保持社会稳定。从国家角度看，需要对当前中国底层群体进行摸底，这是制定有关正义政策的前提。从理论上说，我们需要三个宏观政策框架来解决这个问题：社会基础保障制度，社会基本福利制度，政府中的科、教、文、卫职能部门提供基本公共物品的能力和质量。

总之，在全面深化改革的新阶段，发展问题能否解决好，关键是公平原则是否到位和有效；稳定问题能否处理好，关键是正义原则是否转换为政策理念并被有效实施；改革能否得到人民群众认同，关键在于改革能否体现公平正义和增进人民福祉，能否解放和发展社会生产力，能否解放和增强社会创新活力。而反过来，基于公平正义的改革，既有利于使发展充满活力，也有利于使社会达到和谐稳定；既利于健全发展的动力机制，也利于健全稳定的平衡机制。在这里，公平正义，使得改革发展稳定有机统一起来。正因如此，党中央领导集体思考的总问题是改革发展稳定之间的关系，这是统领其他一切问题的根本问题，其中，改革又是这一总问题的"牛鼻子"，它统领着发展与稳定。改革是决定当代中国命运的关键抉择。由此，改革发展稳定尤其是改革，可能会成为新一届中央领导集体理论创新的聚焦点。

3.4 新时期治国理政的战略辩证法

3.4.1 治国理政需要接受马克思主义哲学智慧的滋养①

党中央特别重视马克思主义哲学的重要作用。2013年12月3日，中共中央政治局就历史唯物主义基本原理和方法论进行第11次集体学习。习近平在主持学习时强调，党的各级领导干部特别是高级干部，要原原本本学习和研读马克思主义经典著作，努力把马克思主义哲学作为自己的看家本领。2015年1月23日，中共中央政治局又就辩证唯物主义基本原理和方法论进行第20次集体学习。习近平在主持学习时强调，要推动全党学习

---

① 韩庆祥、张健：《新时期治国理政的战略辩论法》，《光明日报》，2016年1月13日。

马克思主义世界观和方法论，不断接受马克思主义哲学智慧的滋养，更好提高我们分析解决改革发展基本问题的本领。两次集体学习共同强调的核心思想，就是领导干部要努力把马克思主义哲学作为自己的看家本领，治国理政需要不断接受马克思主义哲学智慧的滋养。实际上，党的十八大以来，习近平总书记在治国理政中特别注重运用马克思主义的世界观和方法论，尤其是运用战略辩证法来分析解决治国理政中的一系列根本问题，深得马克思主义哲学智慧的滋养。

3.4.2 新时期治国理政要有哲学自觉

新一届中央领导集体在治国理政中之所以重视哲学，很大程度上归于习近平总书记对哲学、思想、领导者、治国理政关系的深刻认知和理性自觉。

第一，习近平之所以重视哲学，首先源于对哲学、思想与领导者的关系有深刻体认。在习近平看来，掌握权力乃至党和国家最高权力的人，首先应当具有哲学智慧和哲学思想，应当把拥有哲学智慧和思想作为胜任本职工作的基本资质和条件，应当把真正掌握哲学智慧和思想，尤其是把马克思主义哲学当作自己的看家本领。这意味着，只有具备哲学思维、拥有哲学智慧且把握事物存在的本质和发展的规律、找到至善之道的人，才能真正掌握好党和国家的权力，才能真正带领好人民群众去实现中国梦。因此，领导干部尤其是高中级领导干部要学哲学用哲学。

第二，习近平之所以重视哲学，源于对思想力量的深切认知。在当今时代，除了政府（权力）力量、市场（资本）力量、社会（人民）力量发挥重要作用外，思想的力量也日益凸显。思想的力量作为总开关和总按钮，越来越影响着人们的实践活动，用思想指导工作越来越突出了。有好的思想才会有好的思路，有好的思路才会有发展的宽广大路。有思想，能使人们把握事物的本质和规律，进而能增强人们的定力。思想是时代的声音，思想能影响时代、影响世界、影响实践、影响发展。不仅如此，思想一旦被人们所掌握，也能变成强大的物质力量。正因如此，习近平强调各级领导干部要学哲学用哲学。学习习近平的系列重要讲话精神不难发现，习近平对掌握马克思主义哲学世界观和方法论的重要意义，有着深刻认知和高度自觉。在他看来，学习和掌握马克思主义哲学，有利于理解我们党现阶段提出并实施的理论、思想和路线方针政策，有利于深入理解全面深化改革的重要性和紧迫性，有利于准确把握全面深化改革的重大关系，有利于应对各种风险和困难。由此，他要求党的各级领导干部特别是高级干部，要原原本本学习和研读经典著作，努力把马克思主义哲学作为自己的看家本领。

第三，习近平之所以重视哲学，还源于其政治自觉和执政自觉。中国共产党是马克思主义政党，马克思主义是其主导的意识形态；在马克思主义中，马克思主义哲学是科学的世界观和方法论，是整个马克思主义得以产生和发展的逻辑支撑；要巩固党的执政基础和执政地位，就必须巩固马克思主义的指导地位；各级领导干部要执好政、用好权，就必须掌握马克思主义哲学的科学世界观和方法论。可见，正是基于对这一客观逻辑的充分认知，习近平总书记才特别强调领导干部要学习好并用好马克思主义哲学，强调用哲学思维和思想的力量战胜各种困难和风险。

3.4.3 新时期治国理政要用战略辩证法

新时期治国理政面临的时代性课题，是如何在破解难题、建构秩序、推进中国整体转型升级过程中，通过"四个全面"战略布局来实现我国社会主义现代化和中华民族伟大复兴。要有效破解这一时代性课题,需要确立一种全新的哲学思维方式。这种哲学思维方式,可简要概括为"战略辩证法"。在中国整体转型升级中实现社会主义现代化和中华民族伟大复兴,本身首先是一个战略性课题,它涉及中国未来发展的命运。战略性课题就需要运用战略思维来分析。中国共产党是世界上最大的政党,当今中国是世界上人口最多的发展中国家,中国共产党所领导的中国特色社会主义建设事业是最伟大的事业,这就使得习近平在治国理政实践中,特别注重以新兴大国的战略思维来思考问题。在中国整体转型升级中实现现代化和民族复兴,有许多矛盾需要有效解决,有许多关系需要正确处理,有许多难题需要积极破解。要做到这些,就需要确立辩证思维。由此,在治国理政中,就需要运用战略辩证法。习近平是一位战略家,在治国理政问题上,他特别注重从战略上进行思考和谋划;他又善于运用辩证思维来处理战略实践中遇到的各种矛盾关系。战略辩证法,指的是在战略谋划和实践中运用辩证法,或把辩证法运用于战略谋划和实践中,在战略中有辩证法,在辩证法中有战略。战略辩证法实际上要求确立历史辩证法、实践辩证法、创新辩证法、系统辩证法和底线辩证法。

战略辩证法要求注重历史思维。它力求把"战略"和"辩证法"置于历史发展过程中进行思考,战略辩证法就是历史发展过程中的战略辩证法,它既要求尊重历史发展的客观性及其本质,又要求符合历史发展的逻辑、历史必然性和历史发展规律,还要求注重历史发展战略并有效化解历史发展进程中的种种矛盾和关系。违背历史思维的战略辩证法是空洞的战略辩证法。习近平关于坚持和发展中国特色社会主义、关于实现"两个一百年"奋斗目标和中华民族伟大复兴的中国梦、关于"四个全面"战略布局、关于"五大发展理念"等思想,以及对新一届中央领导集体治国理政的理论与路线方针政策的论述，就是基于中国历史发展的"过去、现在和未来"，在战略上进行辩证思考且辩证处理各种矛盾关系的基础上提出来的，充分体现了历史思维中的战略辩证法。

战略辩证法既体现战略思维，又体现辩证思维，它力求积极破解战略实践中的种种矛盾关系。战略思维，就是对具有根本性、全局性和长远性的问题、关系进行科学谋划的思维方式；它意味着时间维度上的长远考虑，跳出眼前从长远看眼前；空间维度上的全局谋划，跳出局部从全局看局部；系统维度上的整体布局，跳出部分从整体看部分；它致力于解决根本性问题，努力占据发展的制高点，进而具有战略定力。辩证思维，就是注重矛盾分析，抓住矛盾尤其是主要矛盾；注重矛盾双方的相互作用，在注重矛盾双方对立的时候不忽视二者的统一，在注重矛盾双方统一的时候不忽视二者的对立；注重全面、联系和发展地看问题；注重透过表象揭示事物的本质和发展规律。习近平对中国特色社会主义的"坚持和发展"关系的思考、对实现"两个一百年"奋斗目标和中华民族伟大复兴中国梦的论述、对"打铁还需自身硬"的分析、对"四个全面"战略布局的阐述等，都体现了战略辩证法，或其哲学基础就是战略辩证法。

战略辩证法要求并体现系统思维。战略是在把握事物的整体及其结构的基础上确立起来的，缺乏对事物整体及其结构的把握，就不会有好的战略思维，也不会有好的战略理论与实践；辩证法内在要求把握并处理好事物的整体与部分、结构与功能的关系，否则，就不是辩证思维和辩证法。习近平对中国梦内涵的阐释、对全面深化改革的论述，以及对"四个全面"战略布局的阐述，充分体现了系统思维中的战略辩证法。

战略辩证法要求树立底线思维，即要积极主动与有效地应对各种挑战、风险和困难。凡属战略思维和辩证思维，都要求凡事从坏处准备，积极主动应对,努力争取最好结果。它意味着要树立问题意识、危机意识、效果意识和边界意识,遇事从容应对,牢牢掌握主动权。习近平三番五次强调的"我们正在进行具有许多新的历史特点的伟大斗争",所注重的要破解我们党面临的"四种危险",所强调的"五大发展理念",所注重的适应经济发展新常态,就是注重从坏处准备,积极主动应对,努力争取最好的结果,它充分体现了底线思维中的战略辩证法。

战略辩证法也要求并体现创新思维。辩证法在本质上是批判的、革命的,它内在要求推进创新。实现战略目标必须注重创新,它是在创新中逐步实现的,缺乏创新,就无法实现战略目标。战略辩证法要求对事物做全新思考,对结构做全新调整,对活动做全新谋划,进而寻找新思路,打开新局面,开创新境界,提升新水平。习近平提出的实现中华民族伟大复兴的中国梦、推进国家治理体系和治理能力现代化、协调推进"四个全面"战略布局等思想,都具有创新性。这种创新性既具有战略性,是实现我国现代化和民族复兴的战略谋划,又具有辩证性;它既要求必须辩证处理好中国与世界、国家与人民、个人与组织的关系,也要求辩证地处理好党、国家、市场、社会和公民之间的关系,还要求辩证地处理好"四个全面"中的一系列重大关系,由此,它充分体现了创新思维中的战略辩证法。

3.5 新时期治国理政思想的体系性

从逻辑上说,观察中国特定时代的思想体系,需要理清三个基本线索:第一,要确认该时代,究竟处于人类历史发展的哪个区间上,目的是寻找当前中国发展的历史必然性;第二,在上述定位的基础上,要判断该历史阶段上,中国国家道路的可供选项及现实选择的根据,目的是回答我们为何这样选择；第三，我们的选择是共性和个性的统一体，它既以人类历史的普遍性作支撑，同时又以我们民族的个性作根基，二者之中，后者是主要方面，由此，中华民族的特殊性需求是构成该时代任何思想体系的核心性和内源性之要素。基于此，我们从社会主义形成的历史必然性、中国特色之所在，以及中华民族的历史需求三个方面，来分析习近平治国理政思想的体系性。①

首先，从历史区间上看，当前中国正处在人类历史商品经济阶段上，该阶段，"资本-政权-劳动"博弈的规律决定了国家道路选择具有"非此即彼"的特性，新中国选择社会主义道路，具有历史的必然性；十八大以后，新一届中央领导集体坚持社会主义道路，体现了无产阶级政党在进行重大历史抉择时的自觉性。

马克思主义对人类历史的基本判断是，无论历史多长，其核心规律是基于生产力发展的交换方式之演进，即人与自然的交换（农业时代）→人与人之间的交换（商品时代）→人与社会的直接交换（产品时代）。第一个阶段，以种地为主导，目的是解决生存问题，农业和农民构成该时代的基本要素。第二个阶段，产品剩余积累到一定程度，种地退居次要方面，商品制造和商品之间的交换上升为主要方面，工商业成为主导生产方式，从事制造和交换的市民成为社会的主体人群。这样，社会通过"农业主导→工商业主导"、"农民主体→市民主体"双重路径的转换，实现了从传统向现代的转型。人类社会开始进入现代化的伟大历史进程之中。在逻辑上，随着剩余产品积累的进一步升级，假定，产品有一天丰富到像空气一样多，届时，产品与空气一样按需分配，人们想要什么就可得到什么，个体之间

---

① 韩庆祥、张健：《习近平治国理政思想的体系性》，《马克思主义与现实》，2017年01期。

交换的根源消失，商品交换终结，人与社会直接交换。社会开始进入产品经济时代。可见，纵观人类历史发展的脉络，从"农业经济·人与自然的交换"到"商品经济·人与人之间的交换"再到"产品经济·人与社会的直接交换"，这是人类历史发展的必然趋势。围绕着这一趋势，历史唯物主义揭示了商品经济时代"资本–政权–劳动"三者相互博弈的基本规律。

历史唯物主义认为，当今时代，人类社会已经走出了"自然经济"阶段，但还远远未达到"产品经济"时期，因此正处于一个介于二者之间的"商品经济"历史区间上。在该区间，商品是整个社会的细胞，商品后面的人，若从交换的角度划分，只有两类，即拥有身外之物并可以用之进行交换的人，可抽象为"资本"；没有身外之物但活着必须通过交换，所以只能用身内之物（体力脑力）进行交换，可抽象为"劳动"。由此，在商品经济阶段上，存在着这样一个基本逻辑：社会的博弈围绕着商品分配主导权（核心是国家政权），在资本和劳动之间激烈展开。在理论上，上述博弈应有三种结果，即资本唯上、劳动唯上、资本和劳动共同唯上。但在实践中，因为二者博弈的目标是获得国家政权，即谁有政权谁就说了算，若二者共同唯上，那就是谁说了都不算，因此，在资本和劳动的博弈中，"二者共同唯上"的选项仅是一种理论上的可能，不具有现实性。质言之，在商品经济的历史区间上，国家道路的现实形态只有两种，或者资本主义，或者社会主义，二者之间是一种"非此即彼"的关系。换言之，该历史阶段上，国家道路没有第三种选项。

具体到中国，新中国成立之初，中国共产党在取得了新民主主义革命的胜利后，领导全国各族人民进行了社会主义革命。这是历史的现实图景。而图景的背后，其实质是资本和劳动在进行激烈博弈。博弈的结果，中国选择了"劳动唯上"选项，即中国走向了社会主义的道路。而之所以中国选择了社会主义道路，从根源上看，得益于当时两种力量的合力推动：一种是新民主主义革命，另一种是社会主义革命。通过前者（新民主主义革命），中国劳动者阶级打败了国民党政府，用暴力废掉了资本在旧中国的"唯上"地位；通过社会主义革命，劳动者阶级完成对社会经济基础的改造，用实力保证了劳动在新中国获得"唯上"地位。"暴力废掉"和"实力获得"二者合力，实现了中华民族由传统非社会主义道路向现代社会主义道路的转型。从此，中华民族开启了从传统农业社会向现代商品社会转型的伟大历史征程。

党的十八大以后，中国社会发展呈现出"'近30%的市民+近1/6现代社区'已经完成现代化转型"这样一种发展态势。该态势表明，"'农民→市民''熟人社会→陌生人社会'"之现代转型的变革正在当今中国大地上如火如荼地发生着。立足于这一基本事实，党中央坚持和发展中国特色社会主义，提出到2020年全面建成小康社会战略目标，到2050年基本实现现代化之战略愿景。这意味着，在中华民族从传统农业社会向现代工商业社会转型的伟大历史进程中，中国共产党在如何实现实现代化的伟大探索中，已经在国家道路选择、政治议程设置及价值认同获得，至少这三个基本领域上，越来越有经验了。相应地，基于这种经验积累，在全球现代化的平台上，以"北京共识""中国模式"等新话语的出现及其话题的全球讨论为标志，中国现代化道路的现实影响力也越来越大了。进而，反映这一道路的中国话语，也越来越成为世界话语体系中不可或缺之声音。可以预见，随着中华民族现代化进程的深入推进，中国特色社会主义道路会逐渐成为当今商品经济时代新主导性选项。

综合上述逻辑和历史的双重进程，不难发现，中华民族选择社会主义道路，这是由社会发展的客观规律所决定，不以人的意志为转移，具有历史的必然性；党的十八大以后，新一届中央领导集体坚持和发展社会主义道路，这是一种无产阶级政党的自觉选择，体现的是人的主观能动性。一个历史的必然，一个能动的选择，这充分体现了中国社会发展之历史必然性和主体自觉性的有机统一。

其次，基于社会主义的"党政军"之逻辑链条，中国社会主义和习近平治国理政的实践包含了3大层次，即"治党·治国·治军""内政·外交·国防"和"改革·发展·稳定"，形成8大基本领域（"332"体系），"1个链条，3个层次，8个基本领域"，这是中国社会主义的鲜明特色之所在，也是中国特色的基本时代内涵。

社会存在决定社会意识。"一切划时代的体系的真正的内容都是由于产生这些体系的那个时期的需要而形成起来的"，顺着这一规律，我们可以考察社会主义的一些基本内涵。

历史唯物主义认为，在资本和劳动的博弈中，"劳动优先于资本"（通俗说，即劳动当老大）产生的是社会主义国家体制；"资本优先于劳动"（即资本当老大）产生的是资本主义国家体制。前者的核心逻辑是"劳动控制政权"，后者则为"资本控制政权"。因为劳动和资本对政权的控制分别源于其各自的优势（资本的优势是"有钱"，劳动的优势是"有组织化"），因此，"有钱"之优势体现为金钱对政权的控制，"有组织化"之优势体现为政党对政权的控制。金钱控制政权，由五个核心制度支撑，即军队不属于国王（军队国家化），规则制定不属于国王（立法权分离），规则执行不属于国王（司法权分离），公共事务管理属于国王（行政权），媒体私营（话语权不属于国王）。由此，金钱控制政权，形成如下政治格局：国王、富翁、劳动者三者之中，国王只有事务性资源，没有政治性资源（枪、话语权、立法权、司法权），国王无法成为政治格局中的主人；相反，富翁因为具有资本资源

（而资本资源具有天然的侵蚀性，资本可以主导枪、话语、立法、司法，等等），富翁成为主人。在这个意义上，"资本控制政权"的国家体制系，本质上是一种"富翁是主人"的政治设计。

而政党控制政权缘起于劳动者自身的矛盾性，即一方面人数规模巨大，另一方面，其对社会的控制力很小，这二者之间具有紧张性。在理论上，若要克服这种内在的紧张关系，劳动者就必须团结起来，通过严密的集体行动来表达意志和实现诉求，由此，有组织化的集体行动成为劳动者克服自身局限，维护自身利益的基本方式。这意味着，劳动要想在"国王、富翁、劳动者"这一现代政治格局中成为主人，必须要组建严密的政党并始终牢牢依靠它。因为有这一内在要求，"政党控制政权"在实践上必须完成如下核心设置：党指挥枪、党管干部、党管媒体、党管统一战线。党指挥枪，解决的是政权在谁手里的问题；党管干部，解决的是政治归谁的问题；党管媒体，解决的是文化领导权问题；党管统一战线，解决的是社会整合问题。概言之，"政党控制政权"的本质，是在现代政治生态中如何实现"劳动者成为主人"的问题。这是在现代社会中，社会主义国家体制自身生成和发展的一般规律。基于这一规律，中国社会主义的发展展示出自身的特色，体现为两个方面，即独特的政治架构及运行路径。

首先，从政治架构上看，中国社会主义国家体系内含"党政军"之核心链条，外示"3+3+2"之8大基本领域。"党政军"之核心链条，在实践上表现为，党、政、军三者层层关联，即以军为基，只有掌握军队才能保证政权在劳动者手中；以党为根，劳动者阶级只有组建严密的政党体系并通过它才能成为主人；政是关键，在上述做主人、有政权的基础上，要驾驭国家"内政外交国防"三大系统，才可以有效运行国家机器。由此，中国国家体系形成一个"政党→军队→政权"三者逐级展开的体系架构。所谓8大基本领域，是指"党政军"三者若各自展开，则形成"332"体系。分别为：第一，党的建设，包含"党内自身建设、党际关系建设、党政关系建设"3大领域；第二，政权的建设，包含"内政、外交、国防"3大领域；第三，军队的建设，包含"军政建设（思想政治）和军事建设（素质能力）"2大领域；"332"合一，即3+3+2，共8大领域。

其次，从政权运行上看，中国社会主义的特色还体现为，它具有一个以"改革·发展·稳定"为主要框架的相对稳定的运行路径。具体说，立足于中国社会发展的现状，中国强调的是稳定；针对过去发展带来的问题，中国强调的是改革；着眼未来的需求，中国关注的是发展。十八大以后，新一届中央领导集体围绕着这一运行路径，提出一系列发展战略和理念。例如，针对改革，提出全面深化改革的新判断；针对发展，提出全面建成小康社会的阶段性新目标和"创新、协调、绿色、开放、共享"之五大发展新理念；针对稳定，提出全面依法治国、全面从严治党、宏观政策要稳住、微观政策要放活、社会政策要托底等新思路新论断。

由此，我们可以这样判断中国社会主义的特色及习近平治国理政的实践特点：第一，基于"党政军"这一社会主义的基本逻辑链条，中国社会主义和习近平治国理政的实践包含3大层次、8大基本领域、1个脉络，体现出一个立体的系统架构；第二，3大层次即"治党·治国·治军"，其中，"治党"内含"党内自身建设、党际关系建设、党政关系建设"，"治国"展开为"内政、外交、国防"，"治军"要求"军政建设、军事建设"两翼并行，总计8大基本领域；第三，一个脉络是，"改革·发展·稳定"是中国国家体制运行的基本路径。这是中国社会主义的特色之所在，同时也是在国际平台上观察和研究中国问题的前提性、基本性之框架。从理论上说，看不到这一中国国家体制的特殊性，是不可能对中国问题有准确判断的。

最后，基于时代发展的历史定位，习近平治国理政的历史任务由三大需求决定，即"完成中国式现代化目标""启动中华民族复兴进程"和"实现中国第五个现代化"，这是中华民族现代化之特殊性的集中体现，也是习近平治国理政的民族特性之内涵。

在中华民族现代化的进程中，1840年是一个重要的分界线。随着外族入侵，中国内源性现代化路径被打断。中华民族的现代化进程开始走上一条外嵌式道路。因为外嵌的动力来源于外族的需求，很难反映中华民族的内在需求，因此这种外嵌式现代化对中国来说，更多的是一种被掠夺。其结果就是中国社会演变为一种半封建和半殖民地状态。经过新民主主义革命和社会主义革命，中国清除了外部干扰，回到了民族独立和自立更生的发展轨道上。应该说，这是中华民族的大幸。但是放眼全球，20世纪80年代中国实行改革开放，此时，西方国家已经完成了第三次科技革命；20世纪90年代，中国引进市场体制，此时，西方国家大搞后工业化；今天，当中国应对生态困境的时候，西方世界正准备智慧城市的建设。这就是中华民族在全球现代化的进程中的基本境遇。

辩证地看这一境遇，我们需要明确三点：其一，我们已经进入了全球现代化的大轨道，这是中华民族实现现代化的历史起点；其二，当今世界开始进入一个全球信息化新时期，"万物互联、即时即地"是其基本特征，这是中华民族实现现代化面临的新机遇；其三，"互联网+、移动端、大数据"成为全球性共同平台，在此平台上，面向未来，中华民族和其他民族的起跑点不再存在实质性差别。基于上述判断，我们来分析新时代治国理政所面临的历史需求。

第一，全面建成小康社会与民族复兴战略。中国共产党一直具有一种"三步走"的战略思维习惯。20世纪80年代，中国共产党提出，第一步，从

1980年到1990年，解决温饱问题；第二步，从1990年到2000年，进入小康社会；第三步，从2000年到2050年，进入中等发达国家行列。20世纪90年代，立足于温饱问题已经解决的现实基础，中国共产党提出新时期的三步走战略：第一步，从2000年到2010年，全面建设小康社会；第二步，从2010年到2020年，让中国社会达到富裕小康的水平；第三步，从2020年到2050年，基本实现现代化。2012年，党的十八大提出，到2020年，要全面建成小康社会；2013年，十八届三中全会提出，要实现国家治理体系和治理能力的现代化。

这是因为，从现代化的一般规律来说，现代化意味着社会要在"农业→工商业""农民→市民""熟人社会→陌生人社会"三条路径上实现系统性转变。从实践上看，中国完成后面两条路径的转换还需要大量的时间。例如，到2013年，中国户籍农民在人口中的比例约为30%，现代社区面积与农村宅基地面积之比约为4.8：1，这说明，现代化的实现在中国是一项十分艰巨的任务。由此，中国共产党提出两个百年战略，即到2020年，实现小康社会目标；到2050年，基本实现现代化。在这两个战略中，前者是按照中国国情拟定的社会指标，本质上是中国式现代化，旨在为中华民族基本实现现代化准备条件；后者是着眼于全球现代化标准，旨在让中华民族在全球现代化进程中跟上步伐，其本质是确立中华民族在世界民族之林中的应有地位。因为，中华民族具有一种规模优势，一旦实现了现代化，就意味着全球近1/5的人群实现了现代转型，现代化的中国将成为世界趋势的引领者。在这个意义上，中国的第二个百年战略，本质上是实现中华民族伟大复兴的战略。

第二，国家治理现代化与中华民族第五个现代化。全面建成小康社会，是立足当前的战略部署；实现民族伟大复兴，是着眼未来的战略愿景。

一个是当前部署，旨在进行中国现代化的量的积累；一个是未来愿景，旨在实现中国现代化与世界现代化的接轨，战略议程设置的两个端点均已具备。这意味着新一届中央领导集体必须把这两者通过某种实践载体有效结合起来。那么通过什么实现结合呢？这需要从中国现代化自身进程中去寻找答案。

纵观中国现代化进程，我们初步完成了四个现代化的历史任务，同时又提出了实现国家治理体系和治理能力现代化的新议程。四个现代化，无论是农业、工业、国防还是科技，本质上是一种物质层面的现代化，从逻辑上看，一个社会一旦完成物质层面的现代化，那么接下来一定是非物质层面的现代化。从微观上说，非物质层面的现代化，首先是制度层面的，其次是观念层面的。在这个意义上，中国的现代化应该具有这样的发展链条，即第一农业，第二工业，第三国防，第四科技，第五制度，第六观念……在这个意义上，实现国家治理体系和治理能力现代化，本质上是中华民族的第五个现代化。

总之，立足于中华民族的现代化进程，习近平治国理政的主要历史需求可以这样理解：首先，全面建成小康社会，实现中国式现代化，这是其基本历史任务；其次，开启中华民族伟大复兴的历史进程，启动民族复兴战略，这是其伟大历史使命；最后，推进国家治理现代化，实现中华民族的第五个现代化，这是其主要历史责任。基本历史任务、伟大历史使命、主要历史责任，三者一起，构成习近平治国理政实践的民族特性之内涵。

4. 社会主义市场经济的人学逻辑

4.1社会主义市场经济的人学分析

社会主义市场经济中企业的特殊性决定了在其中从事经济活动的人具有特殊的图景,总体说来,社会主义市场经济的人学逻辑主要有三个,即它既是一种民主经济,又是一种充分分享经济,同时还是一种需要予以监督的经济。[①]

逻辑通常指人们思考问题, 从某些已知条件出发推出合理的结论的规律,逻辑反映的是事物内在的、必然的联系。本书中所使用的社会主义市场经济的人学逻辑概念,是描述和反映这样一种社会现象的内在规律:公有制条件下的市场经济,在人的层面上的含义、要求和体现,即将公有制条件下的私人剩余劳动交换关系提升到人的高度,讨论其内在要求。

[①] 张健:《社会主义市场经济的人学逻辑》,《社会科学辑刊》,2003年第3期。

4.1.1 社会主义市场经济主体的特殊性

依据马克思主义的观点，人是一切经济活动和经济关系的基础和承担者,这就要求我们在分析社会经济现象时,既要把人放在经济活动和经济关系中去考察, 同时也要把经济活动和经济关系提升到人的高度去理解,即要正确把握"人"与"物"的两个层面的关系。就"物"的层面来讲,社会主义市场经济的特殊规定性是在与市场经济一般本质的结合与分离中获得的,上述过程主要是:个人之间的等价交换、企业之间的等价交换、个人与企业之间的等量劳动交换。前两个过程是结合,后一个是分离,正是后者的分离形成了社会主义市场经济的特有本质。

就"人"的层面来说,社会主义市场经济中的人主要存在于三个层面:个人,企业,社会;但在经济运行实践中,主要是两个,即个人和企业,只有这两个才真正成为实体。社会在剩余劳动水平阶段还无法成为经济实体。换言之,社会主义市场经济中,交换关系具有三种类型:个人之间、企业之间和个人与企业之间,前两者具有市场经济一般性,主要是价值规律和等价原则起作用,后者为社会主义市场经济所特有,等量劳动交换原则起作用。因此,对这一过程,我们不能用价值规律去衡量,道理很简单,就像在资本主义社会,劳动力与资本交换是等价的,但我们决不能就以此原则去衡量剩余价值生产过程。

由此可见,社会主义市场经济的主体具有特殊的规定性。弄清这种特殊性对我们的社会主义市场经济实践具有重要意义。那么这种特殊性是什么呢?

我认为,其特殊性表现在社会主义的企业具有双重性。就资本主义来讲,企业总体上是资本的社会载体,是物化的资本家。但就社会主义市场经济来看,情况就复杂了。一方面,企业是不完全的社会的代表或象征,因为剩余劳动水平决定了其主体是私人,虽然生产资料公有,但公有的层次还只是停留在国家和集体所有的层次上,也就是说,并非为社会中的每个人所有,因此他在与"社会"进行等量劳动交换时,这里的"社会"并非指人类社会,而只是社会的一部分——企业。其根本原因是,剩余劳动水平还无法提供足够的社会总劳动,社会总财富还达不到"充分涌流"的程度。总之,企业成为社会的象征和代表。另一方面,企业同时还是扩大了的私人,因为在公有程度还不充分的前提下,在企业内部,劳动者是共同占有生产资料,他们只拥有劳动财富,因此他们个人劳动直接就是"社会劳动",个人之间交换直接就是个人与企业之间的交换;但在企业之间以及不同企业里的劳动者之间,由于占有生产资料的数量和质量不一样,他们实际上又是不同的所有者,因此受等价原则支配,企业本身是扩大了的私人。

可见,正是社会主义市场经济中企业的双重性决定了它与市场经济一般的对立和统一关系,形成了两者之间既有结合又有分离的双重过程。而正是分离过程并且也只有分离过程,才决定了社会主义市场经济特有本质,因此辩证地理解社会主义的企业的本性,成为我们考察其所内含人学逻辑的基础。

概括地讲,笔者认为社会主义市场经济的人学逻辑主要有三个:

其一,就社会主义市场经济的主体来讲,社会主义企业的特殊性要求劳动者成为直接的主人和管理者,社会主义市场经济应实行经济民主。

其二,就社会主义市场经济的目的来讲,劳动者对劳动成果的享有具有双重性,既按价值分配又按劳动量分配,其核心原则是以按劳动量分配为基础的劳动者充分分享原则,社会主义市场经济应是分享经济。

其三,就社会主义市场经济的实现手段来看,由于企业的双重性质,企业在作为公有制的载体时产生公有产权的外部性问题，即对公有产权无人负责和"免费搭车"现象，在此意义上，社会主义市场经济应是一种监督经济。

4.1.2 主体逻辑：民主经济

社会主义市场经济是一种民主经济，这是由社会主义的企业性质决定的。

在社会主义公有制条件下，企业具有双重性质。一是就企业之间来看，社会主义的生产资料公有制不是共产主义的公有制，现阶段的公有制本质上是国家所有和集体所有，是一种不充分的社会所有。因此，国家所有体现为国有企业的实现形式，集体所有体现为集体企业的实现形式。而每一个国有企业和集体企业所支配的生产资料，在数量上和质量上是不一样的，因此企业在经济上就成为不同的实体，具有自己的利益需求，具有私人性。二是就企业本身来看，生产资料公有，其内部劳动者只拥有劳动，除此没有任何的生产资料，这样对劳动者来讲，其私人劳动直接成为社会劳动，相应地，企业内部劳动者之间的交换就成为私人与企业的直接交换。此时，个人之间交换已无必要，在个人与企业交换中，等价交换原则也不再起作用。因此，这时企业成为不完全的社会的象征，成为企业范围内的社会劳动的载体。

企业作为不完全社会的代表的性质，构成了社会主义市场经济的特殊性，这就意味着，对于社会主义市场经济的主体来讲，应具有以下权利：一是生产资料的所有权，二是生产资料的使用权，三是劳动成果的消费权，并且三者必须统一，不能分割。因此在经济实践中，企业内的劳动者既是决策者，同时也是管理者和成果享有者。那么怎样的经济形式能满足上述要求呢？

西方市场社会主义的观点可以为我们提供借鉴。他们提出这样一种市场社会主义模式，即劳动者管理型的市场社会主义（labor-managed market socialism），该模式的基本特征是：①工人拥有企业的控制权和收入权，②企业决策的基础是一人一票制，③企业管理由对工人负责的经理或直接通过工人委员会，面向市场经营，④企业净收入属于企业的全体劳动者，并在投资、工资和集体需要之间分配，⑤企业之间的关系是市场竞争的关系。[①]问题是，我们应当怎样实现经济民主呢？

我认为，实现社会主义市场经济的民主经济之内在要求，关键也是建立和实行两个经济机制：劳动者的完全参与制和经济上的充分民主制。

第一，劳动者的完全参与制

这一机制的含义是：在经济运行中，行为主体的决策来自于每一个执行决策的人，即劳动者既是决策者又是执行者。很显然，传统和目前的经济机制本质上是一种等级制，在这种机制下，企业的决策权被权力分割，管理的特权属于管理者，劳动者只是决策的被动执行者，其地位只相当于一种投入的生产要素，本质上，人在一定程度上成为一种物。这显然是与社会主义市场经济的本质要求相违背的。这是一种情形，另一种状况是，在现代企业制度中的股份制，人人持股，工人似乎参与了企业行为，事实上并非如此。工人持股，只是以企业利益相关者的身份参加企业的决策机构（董事会），但他们只有发言权，没有决策权，是不完全的参与，劳动者与在等级制下相比其地位没有根本性的变化。因此，真正的参与制应是完全的参与制，所谓完全参与，是指必须具备以下5个因素：①工人以企业所有

---

① 吴宇晖：《市场社会主义——世纪之交的回眸》，经济科学出版社，2000年，第76页。

者的身份参与最高决策机构，②企业最高决策机构是工人代表大会以及常驻机构工人委员会，③企业重大决策必须实行表决，其基础是一人一票制，④企业日常管理雇佣经理，经理向工人代表大会和工人委员会直接负责，⑤企业工人就业自由。

问题的关键是，完全的参与制是否可行呢？它的动力来源是什么呢？

可以看到，参与制的核心是决策权与执行权的合一，其根本的前提是每个人都拥有所有权，而生产资料的企业公有正是社会主义市场经济的本质规定所在，因此其可行性不是问题。那么参与制的动力机制是什么呢？

一般来说，人的动力在现实中来自两个方面：一是人内在的需求，二是外部的压力。显然，后者是一种消极的动力来源，但现实中它力量很强大，例如计划经济体制下生产的动力是完成任务指标，完成就奖，完不成就罚；雇用制度下，是完成既定工作量。完全的参与制下的动力是哪一种呢？是前者，是企业中每一个劳动者都享有的、满足自己消费的需求。瓦内克（Vanek）认为参与制动力有两个部分，一是狭义的动力，即参与制经济的目的是使每个成员的收入最大化；一是广义的动力，即除金钱外的因素，例如，工人可能愿意少拿点钱以换取额外的休闲时间等。①可见，社会主义条件下，完全的参与制不仅是可能的，更是可行的。

第二，经济上的充分民主制

这一经济机制的含义是：企业内部实行民主管理，即企业的控制权必须掌握在劳动者手中。这一机制的核心内容是消除企业的等级制和官僚

---

① Vaneke, Jaroslav. Self-Managed: Economic Liberation Of Men, *Selected Readings*, N.Y., Penguim Books, 1975, (14).

决策机构,实行决策的一人一票原则。我们看到,由于等级制和官僚决策机构的存在,使得劳动者不控制生产资料,他们只是用自己的劳动换取工资收入,在决策机构中他只是一个部属,这样,劳动者会感到自己没有任何权能,因此他们不会对劳动的成果和企业的经营状况关心,而这一切又成为造成其他异化现象的开端。因此,为消除上述劳动的异化现象,实行经济上的充分民主是很必要的。

现实的问题是,充分的经济民主能否带来经济效率呢?回答当然是肯定的。一般来说,经济民主通过消除异化,把劳动者与企业紧密联系起来,会极大地刺激了劳动者的生产积极性。事实也是这样,资本主义经济中生产者合作社的经验可以作为佐证。比如,蒙德拉贡德缺勤率大大低于私人企业的缺勤率,而美国一个从合作制转变为资本主义所有制的企业在生产线用的监工和工头是原来的4倍。

总之,劳动者的完全参与机制和经济上的充分民主机制是社会主义市场经济之民主经济本质的内在要求,两者表述的是一个事物的不同方面,前者是民主经济的事实因素,后者是价值因素,两者的核心是所有权公有,而这正是社会主义的优势所在。

4.1.3目的逻辑:劳动者充分分享经济

社会主义市场经济同时还是一种充分分享经济,这是由社会主义性质的企业特有的规定性决定的。

社会主义企业的特有规定性是:企业是一种不完全的社会代表或象征。如前面所论述的,在企业中,劳动者与企业存在直接的等量劳动互换关系。在社会主义的企业中,"每一个生产者,在做了各项扣除后,从社会领回的正好是他给予社会的"①。也就是说，在分配上，社会主义市场经济直接就是一种消费经济，因此这就要求企业在对其净收益的分配上，实现劳动者充分分享，即社会主义市场经济是一种充分分享经济。

什么是充分分享经济呢？企业按一定的市场价格出售商品或劳务所获得的货币总额称为总收益，企业生产这些商品或劳务的货币总支出称为总成本，总收益减去总成本后的剩余部分就是净收益，即净收益=总收益-总成本。如果全部净收益在做必要的扣除后，根据民主原则在全部劳动者之间进行分配，我们称之为"净收益分享"；如果只把一部分利润拿出来与劳动者分享，我们称之为"利润分享"。可以看到，两种分享具有根本的区别：前者分享的对象是"净收益"，是劳动者创造的成果（必要扣除后），后者只是一部分；前者分配依据的是民主原则，劳动者是平等的，后者不是，劳动者地位是不一样的；可见，前者的分享是完全的、充分的，是真正的分享，后者是不完全的、不充分的，我们把前者称为充分分享。

而社会主义市场经济所要求的分享就是充分分享。其所以可能在于以下3个因素：①社会主义市场经济中的企业内部，劳动者的私人劳动直接就是社会劳动（企业范围内的社会），②劳动者与企业的交换是一种等量劳动互换关系，③社会主义市场经济本质上要求实行经济上的充分民主和完全参与。

不仅如此，劳动者的充分分享在经济实践中对经济效率的提升具有直接的促进作用。理由很简单，第一，它把劳动者的切身利益与企业直接联系起来，大大激发了劳动者的生产积极性；第二，工资由传统的刚性转变为弹性，而工资的弹性可以使企业更灵活地适应市场变化；第三，可以

---

① 《马克思恩格斯选集》（第3卷），人民出版社，1995年，第304页。

使收入最大程度地实现平等化,使分配趋于合理,从而激发全体劳动者的生产积极性。[①]

总之,在社会主义企业内实行劳动者对净收益的充分分享不仅是社会主义市场经济特殊本质的内在要求,同时也是社会主义市场经济应有的价值目标。在实践中,它不仅可能,而且可行。在社会经济实践中我们没有理由不充分实现它。

4.1.4 手段逻辑:监督经济

最后,社会主义市场经济在企业的运行实践上又是一种需要监督的经济,这是由社会主义的公有制所决定的。社会主义市场经济的特有本质是在市场经济一般与公有制相结合的过程中生成的。公有制是形成社会主义市场经济特殊本质的关键因素。那么公有制因素在市场经济运行中具有什么特殊性呢?

一般说来,公有制因素在市场经济的运行中体现为产权公有以及由此而决定的收益必须分享。在实践中产生的问题主要是公有产权的外部性问题。所谓公有产权外部性问题,是指在公有财产的使用中,它不具有排他性,即因为公有谁都可以来用。这样,每一个人都可以不支付成本而获得收益,而每一个人都追求个人利益最大化,最后使成本转嫁给共同体的其他人员,公有财产最终枯竭。为什么公有产权会有外部性问题呢? 原因在于:公有产权本质上是公有但还达不到人人所有的程度,即达不到私人财富直接就是社会财富的程度,因此事实上谁都不是主体,即公有产权的主体缺位,既模糊又无法界定,所以在使用中必然导致效率低下。那么

---

① 吴宇晖:《市场社会主义——世纪之交的回眸》,经济科学出版社,2000年,第194页。

公有产权的这种矛盾的根源是什么呢？根源就在于，私人劳动与社会劳动的对立。如果私人劳动直接就是社会劳动，那么私人财富也就直接成为社会财富，公有就是人人所有，人人都有，公有与社会所有直接统一。因此，公有主体明确，就是每个个人即社会本身。

然而私人劳动与社会劳动的直接统一需要劳动水平达到一定程度，即自由劳动水平，显然，在剩余劳动水平的历史阶段，整个经济社会是做不到的。但是仅仅就公有企业内部来说，却是可以的，即公有企业内必须是完全的参与制和充分的民主制。只有这样，公有企业内才不会有公有产权的外部问题，否则问题依然存在。因为，目前的公有企业是不完全意义上的社会，本质上是社会的象征和代表。

因此，总体上讲，社会主义市场经济的公有产权的外部问题是普遍存在的。一则是上面所说的公有企业内部，还不是完全意义上的社会；一则是整个社会企业之间是扩大了的私人之间的关系，其经济活动隶属价值规律支配。

基于此，社会主义市场经济在其运行中必须对其外部性进行约束，即进行公有产权监督。如何监督呢？

一种观点认为，进行私有化。诚然，产权私有可以消除公有产权的外部性，但是其代价如何呢？举例来说，在公海中捕鱼，如果鱼的数量有限，但又归公共所有，那么每个人就会尽量多捕鱼，相应地，他人所得的就会少了，由于公共所有，没有谁会关心鱼会枯竭的问题，最后的结果必然是：大家都无鱼可捕。如果对公海私有化，那么人人都要争夺所有权，显然最后决定胜负的只能是强力，事实上，私有化的历史就是一部血和火的历史。不仅如此，其后果是，一部分人拥有了产权，占有了公海，这些人会发展起来，那么另外的呢？怎么办？世界就会两极分化，世界就会永远不安宁。可见,私有化的社会成本和代价太高。

一种观点认为,可以设计使用公有财产的约束机制和监督机制。他们认为,公路现象可以给人启示,公路也是公有财产,但它为什么不会出现财产的浪费现象呢? 原因在于,制定了交通规则和有专门执法的交警。①

显然后一种观点是可取的。但也存在着问题,就是有了监督机制和监督机构,那么谁来监督监督者呢?

笔者认为,问题的解决实际上又回到了社会主义市场经济的主体上,即劳动者必须完全地参与和拥有充分的民主,这样才能从根源上解决问题。因为问题的根源是人,问题的解决当然也是人。

总之, 社会主义市场经济的特殊本质在于企业与个人之间的等量劳动交换关系, 正是这一特有关系决定了社会主义市场经济在其主体上是一种民主经济,在其目的上是一种劳动者充分分享经济,在其现实运行中是一种必须予以监督的经济。三者在社会主义市场经济对人的本质的特有规定中获得统一。简言之,社会主义市场经济的内在逻辑根源于人,体现于人,最终也是为了人。

4.2社会主义市场经济的特殊本质

社会主义市场经济的交换关系有三个基本类型:个人之间的关系、企业之间的关系和个人与企业之间的关系。其中,前两类是一般市场经济中共有的,遵守等价交换原则;而后者则是社会主义市场经济所特有的,直

---

① 吴宇晖:《市场社会主义——世纪之交的回眸》,经济科学出版社,2000年,第199~200页。

接规定了社会主义市场经济的特殊本质,遵守的是等量劳动交换原则。①

　　无论是市场经济的经济学本质还是人学本质，揭示的都只是市场经济的一般本质，而揭示问题的一般并不能代替对特殊性的把握。事实上，认识和把握事物更重要的是认识其特殊性。因此,我们需要进一步考察社会主义条件下的市场经济具有什么特殊的规定性。

4.2.1 马克思对资本主义市场经济本质的揭示

　　考察马克思揭示资本主义市场经济本质的思路、方法,对我们认识社会主义市场经济的本质具有指导意义。概括地讲,马克思的思路主要包括以下方面：

　　首先，马克思对商品经济的一般性与资本主义生产方式的特殊性作了明确的区分，指出商品经济与其他许多生产方式具有共生性。他认为，"商品生产和商品流通是极不相同的生产方式都具有的现象……因此,只知道这些生产方式所共有的抽象的商品流通的范畴，还是根本不可能了解这些生产方式的不同特征,也不可能对这些生产方式作出判断。"②

　　其次，马克思考察了商品经济与资本主义生产方式的关系,指出商品经济表现为资本主义经济的表层，是生成资本主义特殊生产方式的前提和基础,其深层是资本主义剩余价值的生产。他认为,"资本家和工人之间的交换关系，仅仅成为属于流通过程的一种表面现象……劳动力的不断买卖是形式,其内容则是,资本家用他总是不付等价物而占有的别人的已经物化的劳动的一部分,来不断再换取更大量的别人的劳动。"

---

① 张健：《试析社会主义市场经济的特殊本质》,《天府新论》,2004年第2期。
② 《马克思恩格斯全集》(第23卷),人民出版社,1972年,第133页。

再次，马克思深入分析了资本主义生产方式的特殊规定性，阐明了资本主义制度如何克服其私有制与商品经济(市场经济一般)之间的矛盾，即私有制如何与市场经济结合的过程，指出资本主义市场经济的本质是："不是生产商品，而是生产剩余价值或利润；不是产品，而是剩余产品"①。

最后，在此基础上，马克思认为，依据商品经济的等价交换原则，资本主义私有制经济与商品经济之间存在两个矛盾：

其一，剩余价值占有违背等价交换原则。这一矛盾是如何克服的呢？马克思发现，资本家与工人之间的交换实际上分为两个过程：第一个过程是工人出卖自己的劳动力，这符合等价交换原则；第二个过程是生产过程，在这一过程中，工人创造了远远大于劳动力价值的价值，实现了资本的增值，但增值部分被资本家无偿占有。而第二个过程才真正是资本主义生产方式的本质规定性。两个过程的分离克服了上述矛盾。

其二，等价交换原则与资本主义平均利润规律的矛盾。按照等价原则，等量资本因为其有机构成不同，会带来不同等的利润，但事实是，等量资本获得了同等利润。这是怎么回事呢？马克思通过考察发现，在资本主义私有制条件下，市场交换不再按照等价交换原则，而是按照等生产价格原则，即成本价格加上平均利润，也就是说资本与资本之间的交换是按照生产成本价格加平均利润进行的。而这正是资本主义生产方式所特有的，根源于剩余价值的生产目的。

由此可见，马克思关于资本主义市场经济本质的考察，是在对商品经济(实际是市场经济一般)与资本主义生产方式特殊性的辩证关系中把握的。他给我们的启示是，要着重考察和分析市场经济的一般性与所有制的内

_____

① 《马克思恩格斯全集》(第23卷)，人民出版社，1972年，第640页。

在矛盾,找到克服矛盾的机制和因素,也就抓住了市场经济的特殊规定性。

4.2.2公有制与市场经济一般的内在矛盾及其克服

社会主义制度的核心在于生产资料的公有制。社会主义与市场经济的结合问题,实际上是公有制与市场经济的结合问题。我们在上面的考察中已经得出结论,市场经济本质上属于生产关系的逻辑序列,公有制也正是生产关系的内容之一。因此,市场经济与公有制能否结合已不是问题,问题在于如何结合。如何结合呢? 关键是找到两者的内在矛盾。

公有制与市场经济的内在矛盾是什么呢?一般说来,两者之间的矛盾主要体现在五个方面:

第一,市场经济本质上是私人之间的剩余劳动交换关系,其交换的尺度在质上是一般社会劳动,但在公有制条件下,私人劳动本身成为社会劳动的一部分或不完全的社会劳动。也就是说,私人劳动与社会劳动不再完全对立。在某种层次(公有企业内)上,私人劳动直接就是社会劳动,我称之为不完全的社会劳动。这样,再用一般社会劳动作尺度已无必要,即等价交换不能描述和反映公有制条件下的剩余劳动交换。

第二,市场经济本质上是私人之间的剩余劳动交换关系,其交换的尺度在量上是社会必要劳动时间。它包括两个条件:客观生产条件和主观劳动条件。但在公有制条件下,客观生产条件已基本一致(生产资料社会所有),可忽略不计,交换的尺度是劳动的时间和强度。即社会必要劳动时间不能准确反映公有制条件下的剩余劳动交换量。

第三,市场经济本质上是私人之间的剩余劳动交换关系,其交换的劳动的内容是两部分:v+m,但在公有制条件下,由于"每一个生产者,在作了各项扣除后,从社会领回的,正好是他给予社会的。他给予社会的,就是他个人的劳动量。"①因此,其交换的劳动的内容是:v+(m-m'),即一般市场经济交换的劳动的内容难以描述公有制下的劳动交换内容。

第四,在分配关系上,一般市场经济交换的劳动是:v+m,也就是说,一般市场经济要求分配按照价值分配,也就是分配的劳动中既包含必要劳动v,也包含剩余劳动m,总起来也就是劳动创造的价值。但在公有制条件下,私人劳动是不完全的社会劳动,因此分配的劳动是扣除社会消费和社会积累后的部分,本质上是个人劳动量与部分剩余劳动之和,即v+(m-m'),也就是劳动的报酬。可见两者不一致。

第五,在交换主体上,一般市场经济是私人之间进行交换,主体是个人与个人之间进行交换,社会主义市场经济则是个人与社会(公有企业)之间进行交换,主体是个人和社会(公有企业)。可见两者也不一致。

通过上述五个方面的比较,我们发现,一般市场经济与公有制条件下的市场经济具有对立的一面,具有矛盾关系。为更好地理解这一矛盾关系,见下表:

表4-1 公有制与市场经济的内在矛盾

	质	量	劳动内容	分配关系	核心原则	交换主体
一般市场经济(商品经济)	一般社会劳动	社会必要劳动时间	v+m	v+m	等价交换原则	私人之间
公有制条件下的市场经济	不完全社会劳动	劳动时间、强度	v+(m-m')	v+(m-m')	等量劳动交换原则	个人与社会(团体)之间
私有制条件下的市场经济	一般社会劳动	社会必要劳动时间	v与m	v与m工资与资本占有	等生产价格交换原则	个人与个人之间

---

① 《马克思恩格斯全集》(第26卷Ⅱ),人民出版社,1975年,第624页。

可以看到,一般市场经济的核心原则是等价交换,体现为价值规律。而公有制市场经济的核心原则与此不同,马克思认为是等量劳动互换原则,即一种形式的一定量劳动同另一种形式的同量劳动相交换。[①]为什么呢?一般来说,这是由公有制决定的。生产资料公有制条件下,人们在生产资料的所有关系上都是平等的,那么人们之间的差别就是只有劳动上的不同了。在公有制条件下,人们的劳动虽然直接成为社会劳动,但由于劳动水平的不同,人与社会之间的交换关系也不同:如果是剩余劳动水平,那么个人还不能直接与社会相交换,因为此时的私人劳动还不足以提供足够的社会劳动总量,以至于社会总产品多得如同阳光一样充足;如果是自由劳动水平,那么个人就能直接与社会相交换,因为此时私人劳动能提供足够的社会劳动总量。因此,在剩余劳动水平的前提下,准确的说法是:私人劳动成为不完全的社会劳动,体现为个人劳动与社会劳动之间以企业为中介,或换言之,社会劳动仅仅体现在企业的层面,而绝不是直接就是社会劳动。因此,此时的交换还只能是私人之间的事(企业本质上是扩大的私人),但企业内交换必须是等量劳动互换过程。

因此,参照马克思对资本主义市场经济本质的揭示,我们发现,社会主义市场经济和资本主义市场经济具有下述区别:

表4-2

		结合与分离过程	本质	核心原则
资本主义市场经济	私人所有	资本劳动力等价交换 资本之间等生产价格交换	价值生产 剩余价值生产	等价交换 等生产价格交换
社会主义市场经济	社会所有	企业之间等价交换 个人之间等价交换 个人与企业等量劳动交换	消费生产	等量劳动交换

---

① 《马克思恩格斯选集》,北京人民出版社,1995年,第304页。

第一,市场经济一般与市场经济特殊的对立统一过程,在社会历史发展进程中体现为在遵守等价原则的基础上,根据所有制的不同和内在要求又增生出新的交换原则。例如,资本主义市场经济在资本与劳动力等价交换的基础上,生成等生产价格交换过程,以实现资本与资本之间的交换要求;社会主义市场经济在企业之间和个人之间遵守等价交换原则的基础上,形成等量劳动交换的机制和原则,以满足个人与企业间的交换需求。

第二,市场经济特殊性的形成及其内在规定性,就在于那些新增的交换过程。换言之,上述新生的交换原则正是各个特殊的市场经济本质所在。正如资本主义市场经济的本质在于其生产的直接目的是剩余价值,其交换关系的核心是资本之间的等生产价格交换,社会主义市场经济的本质就在于其生产的直接目的是消费,其交换关系的核心是个人与企业之间进行等量劳动交换。

第三,社会主义市场经济中,之所以企业是一种独立因素,原因在于:在剩余劳动水平的基础上,生产资料公有,个人之间除了拥有劳动外,不拥有任何东西,因此私人劳动成为不完全的社会劳动;同时,又由于此时私人劳动还不足以提供足够的劳动总量,因而个人无法直接与社会交换,但可以和不完全社会的代表——企业直接交换,所以企业在社会主义市场经济中,不仅是独立的市场主体,还是剩余劳动水平这个历史阶段上不完全社会的代表和象征。因此,在社会主义市场经济中,存在着三类交换关系:个人之间的关系、企业之间的关系、个人与企业之间的关系。个人之间交换是市场经济一般中典型的关系,当然遵守等价交换原则。企业之间,在剩余劳动水平的历史阶段,本质上只是扩大了私人之间的交换,也是一种等价交换过程。特殊的在于个人与企业之间。如上所述,一则出于公有制原因，一则受剩余劳动水平的限制，它体现的是一种私人劳动与不完全的社会劳动的关系，因此它运行的是一种等量劳动交换原则。而正是这一原则，体现了社会主义市场经济的特有规定性。

总之，关于社会主义市场经济本质的特殊性，我的观点是：

第一，决定社会主义市场经济本质的因素有两个：剩余劳动水平和公有制，其中，剩余劳动水平是根源性因素，公有制是必要性因素。这就要求我们在实践中注意区分马克思主义经典作家所论述的公有制条件下的交换关系和我们这个时代公有制条件下的交换关系的不同。两者的根本区别在于其前提条件不同，一个是自由劳动水平，一个是剩余劳动水平。

第二，社会主义市场经济的交换关系中，有三个基本类型：个人之间、企业之间和个人与企业之间，其中前两类是一般市场经济中共有的，符合等价原则，而后者则是社会主义市场经济特有的，直接规定社会主义市场经济的本质，遵守的是等量劳动交换原则。

第三，社会主义市场经济的特殊性表明，它具有市场经济一般性质，因而我们应该深入研究市场经济一般，同时借鉴资本主义市场经济的有益因素，更主要的是，我们要实事求是，立足社会主义市场经济的特殊本质和规定性，对我国特有的经济社会现象做出科学的分析。反对用市场经济一般取代其特殊，更反对用资本主义市场经济的特殊性评判和指导我国特殊的市场经济实践。

4.3社会主义市场经济的伦理理念

经济伦理的"伦理理念"本质上是人们对特定历史条件下经济伦理的自觉反思，它标志着一个时代对经济活动的主观需求指向和尺度。在这种意义上,探讨当前我国市场经济伦理理念的应有内容,实际上反映了我们应该如何正确把握社会主义市场经济对人的活动的价值性需求。

4.3.1 坚持劳动价值论与效用价值论的统一

市场经济活动的首要环节是商品生产,而商品生产的本质特征是关于价值的生产,这是商品生产不同于劳动产品生产的根本区别。因此,关于市场经济的第一个伦理问题就是:价值来源于什么? 从历史上看,有的认为价值的源泉是土地、是货币等物的因素,有的认为是劳动,还有的认为是消费者的心理需求。从逻辑上看,关于价值的源泉,主要有两条思路:一是劳动创造价值,一是效用创造价值。在经济史上,从洛克、亚当·斯密到马克思坚持的是劳动价值论,他们认为劳动创造了价值。从19世纪70年代开始的"边际革命"则坚持效用是价值的源泉这一观点。那么如何看待两种价值源泉理论呢? 它们背后所反映出的经济发展的时代脉络又是怎样的呢?

应该说,这两种经济价值论都具有合理性,也都具有局限性。从逻辑上看,劳动价值论是从商品的生产这一角度来理解价值源泉的,效用价值论则是从商品的消费这一角度来理解价值源泉的。它们的理论视角不同。由此,劳动价值论把价值理解为"客观"的,如马克思把价值理解为社会劳动时间,效用价值论把价值理解为"主观"的,通常是指在消费商品或者服务时所得到的快乐或者心理满足。

事实上,商品所以具有价值应该取决于两个内在因素:一是劳动,这是商品得以存在的前提,没有劳动也就没有产品,更无商品可言,在此意义上,商品价值的根源是劳动;二是效用,这是商品得以实现其价值的必要条件,没有效用对消费者来说即不需要或者不能满足需要,商品虽有价值但没有现实意义,据此而言,没有效用也就没有价值的实现。因此,完整的商品价值的构成应是劳动因素和效用因素的统一,其内在逻辑结构是:劳动是充分条件,是价值生成因素;效用是必要条件,是价值实现因素。

那么为什么不同的时代对此各有侧重呢?原来,这在深层反映着市场经济的发展程度。在强调劳动价值论的时代,是市场经济刚刚开始确立和发展的时候,这时,时代关注的问题是商品生产,反映在人们对价值的认识上,则体现为对价值生产的重视。所以价值何以产生的问题也就成为时代的焦点问题。随着生产力的不断发展,市场经济逐渐强大起来,商品的生产已经逐渐壮大起来,商品也日益丰富。在这种背景下,市场经济发展就其自身来讲发生了质的变化,即以生产为重心转向以消费为重心,反映在人们对价值的认识上,体现为由对价值生产的关注转向对价值实现的关注。因此,从市场经济内在的发展逻辑来看,效用价值论的提出具有其积极意义,也是必要的。当然,上述分析针对的是世界范围内的市场经济,主要指的是一般性。但关键问题是,我国当前市场经济是否也是符合这一逻辑呢?

从实证角度看,我国当前市场经济还不是完全成熟的市场经济,侧重生产还依然是我们这个时代的主要问题,因此劳动价值论还应是我们建构经济伦理观念的主要方面。但是从世界范围看,市场经济已经远远越出国界,成为全球范围内的事情。尤其是我国融入全球经济一体化进程明显加快。这就意味着我国市场经济的路子不会是历史上那种渐进式发展模式,后发式、非线性发展将是摆在我们面前的不远的事实。因此,效用价值论问题也不容回避。

鉴于此,我们认为,在新的时代条件下,我们应该坚持劳动价值论与效用价值论的统一,既要看到二者的区别和适用条件和范围,又要看到二者的相关性和不可分割性,在具体的经济实践中,尤其是在制定经济政策时自觉地、理性地以此理念为指导,有效地协调二者的关系。

4.3.2坚持等价交换与公正交换的统一

市场经济活动的第二个基本环节是交换。因为市场经济的本质是一种交换经济,所以交换环节对市场经济来讲具有特别的意义。一般讲,市场经济的基本规律是价值规律,而价值规律的基本内容之一就是等价交换。因此,就市场经济本身来讲,等价交换是其原初的伦理规范,有其历史的必然性。换言之,等价交换原则就其产生来讲是合理性的,首先遵循的是一种科学性原则。而问题也恰恰出在这里,因为这一原则主要立足于科学性和合理性,相应地其价值性维度被遮掩了,合情与否问题也就被忽视了。这意味着等价交换原则在其出发点上是好的,但其结果可能不妙。事实上,我们在市场经济实践中也看到了,等价交换原则维护了市场经济运行秩序,促进了市场经济的发展,但同时也遇到了新的困境,即等价交换并不能必然带来公正的结果。换言之,随着市场经济的发展,等价交换原则面临公正的检验。

那么如何解决这一困境,如何实现等价交换对公正交换的包容呢?

显然,这是两个具有不同逻辑含义的概念。前者回答的是"合理与否"的问题,后者则是"合情与否"的问题,前者遵循科学性原则,后者遵循价值性原则。问题的关键是弄清问题的症结在哪里。准确地说,等价交换原则在一定意义上已经包含了公正的含义,因为在实现交换过程中,等价相对于掠夺、占有本身已经是一种进步,是一种更公正的行为,它自然合乎情义,符合价值性原则的要求。但问题是,这种"合情"和"价值性"是一种有限的、相对的"合情"和"价值性"。具体来讲,等价交换仅仅意味着交换起点的公正，交换结果是否公正以及交换前提是否公正，则是这一概念无法涵盖的。例如，资本家的资本和劳动力的交换，就二者交换本身而言是合理的，也是公正的，但是其交换的前提和结果均不公平。

基于此，在社会主义市场经济实践中，如何解决上述困境？我们提出如下建议：要实现等价交换和公正交换的统一。这就要求：第一，确立等价交换原则在市场经济中的基础地位，维护良好的市场竞争秩序，尤其是对市场价格要有效保护和积极引导。第二，公正交换原则主要立足于对社会弱势力量的保护，旨在协调社会不同阶层之间的利益分配不平衡的问题。例如，对拆迁房屋补偿定价问题，政府应坚持公正交换原则，严格按照土地市场价格定价而不是仅仅考虑政府和开发商利益。第三，等价交换原则旨在促进效率提高，公正交换原则旨在实现社会协调，二者的出发点是不同的，这就要求我们的社会在制定经济政策时应全面考虑二者的利弊，综合协调运用经济杠杆，促进社会良性发展。

4.3.3坚持公平分配与公正分配的统一

公平分配和公正分配，其基本含义都是追求分配的合理性，但二者在使用的范围和层次上又各有侧重。公平主要侧重于平等，旨在实现付出和回报之间的最大程度的合理性；而公正则偏重于正义，追求的是人与人之间应该的、原初的平等性，如人生而平等。从深层来看，公平追求的是一种"比例平等"理念，而公正除了坚持比例平等理念外，更倾向于实现"完全平等"理念。从二者概念的外延看，公正分配包含了公平分配，即公平分配未必是公正分配，但公正分配一定是公平分配。例如，按照人的贡献的多少，多劳多得，不劳不得，是一种公平原则，但这种公平分配的后果可能造成贫富差距，它可能不是公正的。

在实践中,分配需要包含两大基本原则:一是在人的基本权利方面的"完全平等"原则;二是在人的非基本权利方面的"比例平等"原则。前者,即基本权利的完全分配,是社会对个体缔造社会的回报,是一种应该,实现的是"人人生而平等"的理念,因为社会是由个体组成的,在这种意义上个人就是缔结社会的一个股东,其权利是相同的;后者,即非基本权利的分配,则是依据个体所做贡献的大小,分配给其相同比例的权利,是一种理性,追求的是"付出与回报"之间的合理性,这是因为个体的禀赋、能力以及具体贡献等各不相同,为了保证社会发展的动力(个人的积极性),对于非基本权利的分配,就要采取比例平等原则。

那么当前我国市场经济如何实行合理分配原则呢?首先,社会分配必须建立在遵守公平分配原则的基础上,也就是说,首先要遵守市场经济的客观规律,其次才能实现公正分配原则。其次,在社会主义市场经济实践中,公平交换与公正交换二者是对立统一的关系。二者的对立在于它们分别处于不同的逻辑层次,前者是解决"合理与否"的问题,遵循的是科学性原则,后者是解决"合情与否"的问题,遵循的是"价值性"原则。二者的统一在于,它们共同构成分配原则的完整内容,反映出分配原则所具有的真理性和价值性内涵。

4.3.4 坚持节俭消费与奢侈消费的统一

从经济伦理上看,节俭起源于生产不足,奢侈产生于生产过剩。从道德修养上来看,节俭是美德,奢侈为人所唾弃。一般来说,传统社会看重和高扬节俭,现代社会,尤其是市场经济发达的社会则比较倾向于后者。那么如何看待二者关系,以及当下中国应该选择哪种观念呢?

首先,不同社会历史时期选择不同的消费观念根源于各自时代的经济发展水平。在前市场经济社会，社会的经济生产满足不了社会的消费需求，所以节俭就成为生活消费的道德原则。但是到了市场经济的现代社会，一则社会的生产"过剩"，供给大于需求，产品大量积压，生产的动力严重削弱；二则经济生活的机制转变为由消费活动来引领生产活动。在这种情况下，经济发展的直接动力来源于消费的刺激和拉动，于是，人们的消费观念也随之发生变化。从理论上讲，一个社会在其经济起飞阶段，节制消费会有利于资本的积累；反之，一个社会为其资本寻找出路时，鼓励消费则更有利于经济的发展。

其次，如何准确判断我国当前经济社会所处的历史方位，直接决定我们应该选取何种消费观念作为主导价值取向。从全球范围看，现在已经是市场经济时代，中国作为市场经济国家当然也不例外。就此而言，从经济政策的长远取向看，应该由以前崇尚节俭逐步转向适度倡导奢侈消费。这是问题的一方面，另一方面，从中国的具体国情来看，市场经济还处在初期，主要的任务还是不断实现资本积累。因此，这一时期中国应该提倡节俭消费观，才更有利于经济发展。此外，还有一方面也要给予关注，那就是奢侈还是节俭，还关系对贫富差别的现实合理性和道德正当性的理解。在这种意义上，消费观念还要顾及社会的公正问题。

那么如何处理这些具有矛盾性的事实判断呢？

我们认为，应坚持的主要原则是：实现节俭消费和奢侈消费的统一。其基本含义包括：第一，立足国情，坚持节俭消费的主导地位，倡导和鼓励节俭美德；第二，在经济政策取向上，适度引导奢侈消费观念，尤其是对富裕阶层的政策，应以此作为主要价值取向。第三，节俭消费和奢侈消费相互依存，相互制约，在对立中实现统一。节俭消费是奢侈消费的前提和基础，奢侈消费是节俭消费的积累和发展。节俭消费旨在实现资本积累，奢侈积累旨在实现资本扩张,二者的最终目的都是为了促进经济的发展。在此意义上,无论是节俭还是奢侈均是促进经济发展的手段。

总之,我们认为,在世界全球化时代背景下,在世界经济一体化的趋势中,要把握中国市场经济发展中的内在伦理理念,需从市场经济活动的基本环节(生产、交换、消费、分配)入手,坚持四个层面的统一,即劳动价值论与效用价值论的统一,等价交换与公正交换的统一,公平分配与公正分配的统一,节俭消费与奢侈消费的统一。

4.4市场经济语境对社会主义实践的约束及应对

在新时期市场经济条件下,观察社会主义需要考虑两种情形:一是在经典社会主义意义上,其语境是"后市场经济";二是在实践的社会主义意义上,其历史语境是"市场经济"。两种语境的不同意味着,实践社会主义与经典社会主义具有差异性。在新的历史条件下,需要研究这些差异。

4.4.1产品经济与市场经济:观察社会主义的两种历史语境

社会主义的历史语境可以从两个层次给以界定:一是在经典社会主义意义上,马克思所设想的社会主义是基于对资本主义的扬弃,它建立在产品经济的基础之上,该历史语境是后市场经济;二是在实践的社会主义意义上,列宁及其后继者所建立的社会主义,是植根于商品经济的历史区间,是在社会生产力还未达到对资本主义实现充分扬弃之程度的背景下,依靠市场的力量而获得生产力支撑,其基本历史语境是市场经济。两种语境的不同意味着,如果实践的社会主义要依靠科学社会主义作为自身的理论指导和合法性支撑,那么就必须结合社会发展的实际,区分出社会主义发展的必然趋势和实然状态,针对现实中的困境与缺陷,来构建未来发展的应然图景。在理论上,这无疑是在未实现对资本主义扬弃的背景下,探索和建设社会主义的基本逻辑或路径。

相对于经典社会主义的历史语境来说,当前我国的社会主义具有特殊性,是以商品经济作为特殊的实践基础的,尤其是在1992年明确引进市场交换体制以后,社会主义市场经济就成为整个社会主义实践的基础。在这个意义上,社会主义市场经济成为当前我国社会主义建设的基本历史语境。这意味着,要分析考察社会主义本质、内涵及其规律性,就需要深入分析该语境与产品经济语境的异同。

就产品经济的语境来看,其基本内涵有三:一是生产力的充分发展,二是生产关系的质的飞跃,三是人的自由全面发展的实现。

首先,就生产力的充分发展而言,即如马克思所说,"随着个人的全面发展,他们的生产力也增长起来,而集体财富的一切源泉都充分涌流"①。这意味着届时社会物质基础极其充分,财富多得像空气和阳光一样普遍,人们对物质财富不太计较。这就完全消除了个人物质利益及私权存在的物质基础。

其次,生产关系出现了质的飞跃,进入生产资料社会所有的阶段。即如马克思所说:"在资本主义成就的基础上,也就是说在协作和土地及靠劳动本身生产的生产资料的共同占有的基础上,重新建立个人所有制。"②相对于资本主义私有制来说,这种"个人所有制"是以人人占有为前提的,其性质不是私有;相对于社会主义的国家所有和集体所有来说,这种社会所有以每个个人实际拥有为特征,清除了个体实际不占有的缺陷。在这种

---

① 《马克思恩格斯选集》(第3卷),人民出版社,1995年,第305页。

② 《马克思恩格斯选集》(第1卷),人民出版社,1995年,第269页。

意义上，"社会所有制"一方面否定了"私有"，一方面又否定了"国家所有和集体所有"，它在本质上是一种更高层次的公有制。

最后，就人的自由全面发展而言，即如马克思所说的，"每个人的自由发展是一切人自由发展的条件"。其基本内涵是：人的发展进入"以每个人的全面而自由的发展为基本原则"的阶段，①人摆脱了"物的依赖"，既是自由的又是全面的。相对于商品经济阶段上的"政治自由和思想自由"，这种自由更全面，仅仅受制于必然性束缚；相对于商品经济阶段上的人的能力发展的片面性（基于劳动是谋生手段的专业分工），人在发展的选择上更自由。简而言之，届时人的发展依据的是"自由个性"，是基于个人的兴趣与价值偏好，为实现个体的价值而充分发展的。

综合上述三个方面，关于产品经济的历史语境，可以这样概括：生产力高度发达到足以实现对商品经济的扬弃程度，核心标志是劳动进入"自由劳动"的层次（劳动成为第一需要），且整个社会达到了这样一种状态：人们对待物质财富，就像今天对阳光一样不太关心；"社会所有制"的充分实现，标志是"每个个人实际占有"成为整个社会经济基础的基本要素和现实形态；人的发展的"自由个性"充分实现，体现为"自由发展"更为全面，"全面发展"更为自由。

由此可见，关于产品经济的历史语境，既包含着生产力的物质前提，又包含着经济基础的制度架构，还包含着人的发展的指标，是整个人类历史发展逻辑的内在展开，同时也是人类主体自身理性的积极筹划，是历史必然性与主体能动性的有机统一。这就意味着，关于经典社会主义的实现条件，既需要历史必然性的支撑，同时也需要人类理性的保障。换言之，它

---

① 《马克思恩格斯选集》（第2卷），人民出版社，1995年，第239页。

的到来既不会自动生成（即并非生产力高度发达就必然走向社会主义），也不会单凭人们的价值偏好就可人为建成。因此更深层次地说，关于经典社会主义对我们今天社会主义实践的意义就在于：它可以提供社会主义发展的一般逻辑和普遍原则，即它揭示了人类发展的必然趋势（由商品经济走向产品经济，由人的依赖走向自由个性；由私有制走向社会所有制）；它可以提供解决当前商品经济历史区间上资本主义困境的普遍原则（发展社会生产力—经济基础的所有制设计—上层建筑的劳动制度安排—自由全面的发展指标）。因为这种普遍性具有一般意义，所以在理论上，它既可以指导社会主义实践，也可以指导资本主义实践（资本主义也可以在这种必然性框架中调整自身的制度安排，以最大程度的实现本阶级的利益需求）。这就意味着，对于社会主义国家来说，仅仅把握这种一般性是远远不够的，还需要进一步弄清实践中"市场经济"语境的特殊性。

就市场经济的语境来看，它有这样几个内在规定：

一是，在生产力层次上，处于"剩余劳动"阶段上（即在人类劳动发展序列中"必要劳动—剩余劳动—自由劳动"居于中间层次），在该阶段，人类的劳动较之于自然经济阶段有所剩余，但较之于产品经济阶段又剩余不多。这就决定了该阶段"剩余价值"（剩余劳动对应的价值，非资本主义特定的剩余价值含义）存在的必然性，这在逻辑上就为"剩余价值"的分享问题提供了诸多可能性。如果在雇佣劳动框架下，那么剩余价值就是被资本家无偿占有的部分；如果在联合劳动框架下，那么剩余价值就是被资本和劳动共同分享的部分。这说明，如何在制度上安排这种剩余价值可以体现出不同的阶级意志（资本主义社会，剩余价值被资本独享；社会主义社会，剩余价值被国家、集体个人分享）。

二是，在经济基础上，人类社会对生产资料的制度安排还未达到未来产品经济时期所设想的"个人所有制"程度,但已经扬弃了前市场经济阶段把"劳动者"物化为生产资料的奴隶制和把"劳动者"依附于土地的封建制。在市场经济语境下,所有制制度设计的基础是"每个个体未充分占有",其性质是"私有",因此整个社会的生产资料的归属在逻辑上是一种"非公有"。在这个意义上,我们就可以理解为什么在社会主义国家中"国家所有"与"集体所有"在实践上不可能实现"生产资料的个体实际占有"。换句话说,当前的公有制形式在逻辑层面上依然属于"非公有"的范畴,只不过是这种私有不是表现为资本主义的"个体私有本位",而体现为"群体私有主导",其本质性差别仅在于"私有的层次性不同"。这就决定了在整个社会主义的实践中,对这种没有实现对私有制完全意义上扬弃的所有制设计,需要必要的上层建筑安排予以补充,否则这种非完全意义上的公有制设计无法避免"劳动者"无法分享"剩余价值"的困境(事实上,我国在某些领域,在国有和集体所有制度下,劳动者权益所受到的侵害就是一种表现)。这也预示着,对实践的社会主义来说,不仅是基于生产力未充分发展的经济基础,还必须依靠上层建筑的有关制度设计予以保证和补充。

三是,在人的发展上,由于创造社会财富的源泉远未达到"充分涌流"的程度,劳动的性质依然是一种谋生手段,这决定了在经济体系中,劳动力依然是一种商品。基于这种商品性,人的发展也将必然带着"物的依赖"的印迹。但另一方面,又由于"公有制"对"私有制"的一定程度的突破,该阶段上的人的发展又具有"能力依赖"的特征,即在公有企业中,由于共同占有生产资料,劳动者对剩余价值的分享又是可能和现实的,它不同于非公有制企业中仅仅体现为"劳动力价格"。这意味着该体系中的劳动者,劳动不纯粹是谋生手段,还具有"能力与个性展示"的意义。当然,在整个社会主义大经济体系中,公有企业之间、公有企业与非公有企业之间,又完全是一种生产资料的独自分有，其间的劳动关系是一种"商品交换"。所以总的看，社会主义市场经济背景下人的发展，既具有"物的依赖"特征，又具有"能力依赖"的内涵，体现的是一种"复合依赖"形态。人的发展的首要前提是，实现对物的依赖的扬弃，重心是对自由个性的鼓励和倡导。这预示着，在人的发展问题上，能力主义理念、自由原则、民主精神是其基本的内涵所在。

简言之，关于市场经济语境的特殊性，可以这样概括：首先，生产力的不足决定了劳动依然是谋生手段，充分发展生产力，是实现社会主义对资本主义扬弃的前提性任务和目标；其次，经济基础中的公有层次是有限的，远未实现对"私有制"的充分扬弃，这决定了为弥补这一缺陷更需要注重上层建筑的制度设计，其核心任务是如何在法权上弥补"国有和集体所有"所形成的"实际个体不占有"的缺陷，让劳动者能在既定的经济基础框架下，尽最大可能的分享"剩余价值"；最后，人的发展的"物性依赖"和"能力依赖"的双重性，决定了在未来发展的目标上，"人本"扬弃"物性"，"能力主义"扬弃"实力主义"，是关键内容，自由、民主和个性是普遍价值取向，这就为未来我国发展，深化"以人为本"理念，确立"能力本位"价值理念，深入践行"自由、民主、个性"的普遍价值观念，提出了紧迫要求。

综合上述关于"产品经济"与"市场经济"的语境内涵，我们以为，考察和分析当前我国社会主义的深层次问题，上述一般性原则可作为一种客观必然性依据，而上述特殊内容可作为一种具体参照。分析的基本思路就是：看实际境况与此必然性趋势有多大距离，即它有哪些不足需要克服；该境况未来发展的需求如何，即实践中这种必然性转换为现实的可能程度；满足该需求应具备怎样的条件，即克服这些不足应该如何做。从哲学的层面看，上述思路可概括为：寻找必然性、立足实然性、着眼应然性。基于这一思路,我们对当前我国社会主义的实践作些分析。分析的基本问题是:市场经济语境对社会主义的约束与挑战,以及社会主义如何应对这些挑战。

4.4.2市场经济语境对社会主义实践的基本约束

马克思把人类社会历史的发展根据交换的尺度分为三个阶段,[①]即人与自然之间的交换、私人之间的交换和自由交换(本质上是个人与社会的直接交换),并指出,任何交换行为和交换关系的形成都根源于生产劳动,不同的劳动水平决定不同的交换行为和关系。一般来说,必要劳动决定的是人与自然的交换(自然经济),自由劳动决定的是个人与社会之间的直接交换(产品经济),而剩余劳动则决定私人之间的交换(市场经济)。这里,所谓剩余劳动,指的是原初和广义的含义,即在人类劳动处于这样的一个阶段——超越了必要劳动水平,但还达不到自由劳动的水平,而只能是劳动除了满足人类基本需求外还有所剩余,但不多——这就是剩余劳动的基本含义。

那么剩余劳动对人类来说意味着什么呢?它意味着剩余劳动时期较之于必要劳动时期,是真正的有所剩余,而较之于自由劳动时期又是真正的不足。正是剩余劳动的这种过渡性决定了个人在与世界交换的活动中,超越了直接与自然交换的简单层次,但又无法直接与社会相交换,而只好在部分人之间进行交换,即私人之间交换。可见,市场经济之所以产生,追

---

① 马克思认为,以交换为尺度,人类社会可以分为三个阶段。它们分别是:"人和自然之间的交换"阶段、私人之间的交换阶段即"一切劳动产品、能力和活动进行私人交换"[《马克思恩格斯全集》(第3卷),人民出版社,1960年,第73页]和人与社会之间的直接交换阶段即"联合起来的个人所进行的自由交换"[《马克思恩格斯全集》(第46卷上),人民出版社,1979年,第105页]。

根溯源来自于人类劳动水平的制约，来自于该阶段人类的劳动在总体上还没有超越剩余劳动的层次。这就意味着，只要我们理解了剩余劳动的特征，也就抓住了市场经济的本质。正是在这种意义上，我们以为，关于市场经济对社会主义的基本约束可以这样观察：

第一，剩余劳动的性质决定了劳动在该历史阶段上依然是谋生手段。这意味着市场语境下的社会主义实践，人的发展还未实现"自由个性"的目标，人的发展的"物性依赖"依然不可避免。这就决定了在社会主义的实践过程中，"自由、民主"依然是人的发展的基础性条件和价值目标。这是市场经济对社会主义实践的首要约束，也是最直接的规定。

第二，剩余劳动依存于商品经济的历史区间，该阶段决定了社会主义实践的基础是"生产力的欠发达"，整个社会财富的创造源泉还未充分涌流，决定人们私权意识和物质利益诉求的客观基础依然存在。因为生产力是整个社会经济基础和上层建筑的根基，它直接决定和影响着后者的性质和趋向，所以这意味着社会主义的首要任务是发展社会生产力。

第三，私人之间交换决定了社会主义的实践中关于生产关系的基本认定，不是在社会共同占有基础上的人人占有，只能是一种不充分的"公有制"。这意味着，要在"私人交换"的客观语境下实现社会主义的"人人所有"的价值诉求，更主要的要依靠上层建筑的强力支持。

第四，社会主义市场经济的特殊性源于公有制对市场的价值性约束，即从所有制环节对生产关系的主观调整。因为这种调整体现的是一种"制度"力量，是社会主体对客观生产关系的价值偏好和阶级意志，这就决定了这种调整必须要有国家机器的强力保障，否则，由于客观的生产关系的多元化趋势，这种偏好和意志会受到利益诉求和力量博弈的干预。这也说明，在社会主义的实践中，制度细节的设计是多么重要和必要。

综上,关于市场经济语境对社会主义的约束,可以这样评估:首先是生产力的不发达提出了"生产力首位发展"的客观需求;其次是公有制的不充分,提出了上层建筑进行补充的必要性;再次是人的发展的物性依赖提出了民主宪政的必要性和不可回避;最后是社会主义公有制对市场的约束的价值属性,提出了"制度"尤其是"制度细节建设"的必要性和迫切性。简言之,生产力不发达、公有制不充分、人的发展双重依赖、制度细节的不完善,构成了对社会主义实践的基本约束条件。这些约束表明,实践的社会主义要想获得长足发展和持久生命力, 就必须在如下四个方面有所突破和坚守,即发展社会生产力、实现充分公有的必要制度补充、建设民主宪政和侧重制度细节。

在此基础上,我们进一步考察市场经济对社会主义的直接挑战。应主要处理好下述三个问题:

第一,经典社会主义的产品经济语境决定了它具有如下四个特质:①生产力高度发达,财富多得像空气阳光一样,私权意识的基础得以瓦解;②经济基础实现了社会所有制,这个社会人人占有生产资料;③上层建筑确立联合劳动制度与劳动成为第一需要获得普遍认同,劳动进入"自由劳动"的历史区间;④人的自由个性与自由全面发展全面实现。这四个特质意味着在实践中,社会主义的最终目标是生产力发达、公有制充分、自由劳动、能力依赖。

第二,在市场经济语境下,市场经济约束了社会主义的上述应有的规定性,形成了实践社会主义的独特品质。主要是:①生产力欠发达,需要把社会生产力发展置于首位,即生产力首位原则;②公有制不充分,需要在上层建筑层面对此局限予以必要的补充, 即在制度细节上弥补国家所有与集体所有的缺陷;③法权关系的必要倚重,即要通过国家强制力,运用国家机器来保证"劳动与资本"的平衡，把二者都作为市场要素，并立法限制资本对劳动的优先性（如立法规定生产资料所有者只能收取租金，不能获取剩余价值，等等）；④人的发展的双重依赖，即承认并重构"物的依赖"，但同时要扶持"能力依赖"，确保能力主义的价值取向，实现自由民主宪政的现代社会架构。

第三，应查找现有发展主义的局限，着眼必然性趋势，立足实然性现状，制订未来发展的基本框架。主要有：①发展的优先性；②所有制的多样化以及"国有、集体所有"的细节设计，核心是保障社会财富的实际占有的实现，为未来走向"社会所有"准备条件（在这个意义上，现有的公有制设计缺乏细节保障，未实现"实际个人占有"的公有内涵，具有实际所有主体缺位的致命性缺陷）；③政治体制对"雇佣劳动制度"的约束及重构，即重建基于"劳动与资本平等"的劳动制度，目标是实现市场语境下的"劳动与资本作为要素的均等性原则"；④在人的发展上，上层建筑要实现对人的"自由全面发展"的保障与扶持，要在重构物性依赖的基础上，把能力主义设计为制度平台和价值尺度，要在市场语境下建立"公民授权、国家有限、民间自主"的现代社会架构，要实现基于民主、自由这些现代性理念的人的发展平台与条件。

总而言之，关于未来中国发展，首先要对基于产品经济语境的经典社会主义进行深度的理论反思和挖掘；其次是要对基于市场语境的实践社会主义进行科学的认知和判断；最后是要着眼必然、立足现实、做出应该的选择。若如此，则实践社会主义必然会走向和逼近经典社会主义的未来之路。

4.5 从管理走向治理：市场经济背景下中国行政范式转换

在共时性挤压下，中国通过国家"释放"活动，完成了市场体制的创设和公共领域的发育，从而使行政范式变革日渐提上日程；从传统政府管理走向现代政府治理是这一转换的必然选择；政府治理的生成机制决定了治理实践应选择市场导向、绩效导向、客户导向以及有限政府模式，其存在的基础和有效条件是市场、政府和公共领域的边界划分及其约束。

从世界范围来看，当代政府行政范式正发生着巨大改变。在西方市场经济发达国家，这一变化普遍表现为传统政府管理模式向现代政府治理模式转换，而在当前中国，则主要体现为学界对"治理"问题的评介和讨论。一般讲，行政范式的转换根源于社会经济的深入发展，"治理"范式的生成源于市民社会中公共领域的崛起。这就产生一个问题，即为什么中国在市场经济刚刚建立，市民社会刚刚发育的今天就要考虑行政范式的转换呢？这一转换是否必要，有无合理性和可行性呢？本书拟从当代中国行政范式转换的依据、生成机制及其模式选择方面作一探讨。

4.5.1 背景及条件：共时性挤压与国家释放活动

政府行政范式的更迭根源于行政实践模式的变化，而行政实践又最终取决于社会经济结构的变化。一般来说，发达市场经济国家行政范式的转换源于市民社会的充分发展和公共领域的崛起。因此，判断当前中国是否要实现行政范式转换，核心也是看当前中国社会是否生成了市场交换关系和公共领域。那么如何去分析当前中国的社会经济生活的重大变化呢？笔者以为，关键是充分认识全球化和知识经济背后的深层时代意蕴及其对我国行政实践的潜在影响。

经济全球化和知识经济的来临孕育了两种力量，即市场经济和信息技术，这两种力量从根本上改变了历史发展的传统路径和性质。如果说，传统社会历史的发展是一种基于时间因素的线性运动，那么由于市场力量的扩展和信息技术的塑造，现代社会发展从空间和时间上出现了一种伸缩迹象，即时间因技术飞速发展而被大大压缩，空间因市场不断扩张而大大拓展，社会发展表现出一种时间短缩而空间延展的特异状态。这种特异状态即是"共时性挤压"。在"共时性挤压"下，世界范围内的不同状况、不同事件、不同发展阶段同时共存于某一特定境遇中，"各种不同发展水平和不同制度的社会形成了一个日益敏感的共振系统"①，社会历史发展表现出一种强烈的共时性特征。当代中国行政实践作为共时性历史境遇下的一部分，也当然深受其影响和制约。那么这一特殊的境遇是如何潜在影响和制约它的呢？深入考察这一具体过程有助于我们了解行政范式转换的必然性。

首先，国家在历史发展的共时性挤压下，压力增加，不得不退出市场领域，于是市场经济得以产生，市民社会开始发育。这是行政范式所以要转换的第一个条件。在共时性背景下，国民通过共时性这一特殊的历史视角，看到了当前我国在世界体系中的地位和历史进程中所处的阶段，通过横向和纵向的综合对比，对国家和政府的认识和评价更务实、更确切，对提高社会福利水平要求更强烈。于是他们开始像挑选商品一样，把政府和国家置于批判的视野中，在比较中感受国家和政府，在感受中接受或否认它们的存在。这就对国家和政府的权威性提出了挑战，发展成为当务之

---

① 张健：《从管理走向治理当代中国行政范式转换问题研究》，《浙江社会科学》，2006年第7期。

急。而为了发展,以往的那种计划模式因为效率的低下,不得不放弃。但放弃后应选择什么呢?事实证明,市场经济还无法超越,因此,市场体制应无疑是一种最明智的选择。于是,国家主动(形式上)退出市场领域,并自觉实现经济体制的转换。由此,在国家政权的强大支持下,市场关系开始产生,并一步一步发展和壮大起来。从性质上讲,中国市场交换关系的确立,既是国家退出市场领域的结果,同时又是自觉进行制度创设的产物,而二者综合起来,即表现出一种明显的国家卸重减负色彩。因其在行为上又具有积极的制度创设和理性选择特征,所以在学理上,笔者把它概括为"释放"。概言之,中国市场经济的生成是国家主动"释放"的结果[①]。

其次,共时性挤压也使得国家逐渐退出一些社会性领域,公共领域开始出现。这是行政范式所以要转换的第二个条件。国家和传统政府在发展中愈发感觉到自己身上所负担的社会职能过多,无法适应工业化的效率性要求,为此,国家和政府开始尝试放弃一些本该属于社会的职能和责任,让社会自己去发展。这一过程大体经历了两个不同的阶段。第一阶段是,国家把和经济具有紧密联系的一些职能逐渐市场化,例如,结束福利分房制度,实行商品房制度,把一些事业性单位企业化,像银行和出版社等。在这个阶段,其本质基本上是国家退出市场领域的一种延续。在第二阶段,国家释放的不再是经济领域(经济领域随着市场的形成已经基本释放完毕),而是一些具有公共性的领域。对具有公共性的领域的释放产生了两个社会后果:一是一些介于民间和政府之间的,也就是半民间半官方的组织产生,并在实践中获得存在的空间;二是一些非政府的、民间的组织出现并日渐壮大起来。对第一种后果而言,本质上反映了国家社会化这

---

① 杨冠琼:《政府治理体系创新》,经济管理出版社,2000年版,第24、267页。

样一种趋势的存在；而对第二种后果而言，其本质则是表明公共领域已经生成。就此而言，公共领域的生成也就是国家主动"释放"的结果。

最后，在国家主动释放出市场和公共领域两大领域后，社会在其发展的平台上出现了三个并行不悖的主体。这就意味着，为适应当前运行主体多元化的变化趋势，社会运行模式也要相应调整。从政府行政的视角看，这即是行政实践模式的转换。就此而言，询问当前中国政府行政范式转换是否有其必要，也就当然没有意义。换言之，当前中国市民社会和公共领域的生成决定了政府行政范式的转换不可避免，更是不容回避的。

至此，我们发现，随着国家在共时性挤压下的"释放"活动，社会运行出现了新的气象，它不仅显示出中国市民社会的生成逻辑与西方发达经济国家不同，而且证明，当前中国社会已经进入了一个新的历史阶段，社会完成了结构转型，即以市民社会为基础的现代社会的来临，其直接后果就是导致了行政范式的变革。那么当代中国行政范式该如何转换呢？我们认为，就是从传统管理走向现代治理。

4.5.2概念及机制：内涵的消解——生成

什么是政府治理呢？

作为一种行政范式，政府治理的基本含义是：一种适应市民社会要求的行政理念；一种新时期条件下的政府行政方式和方法。作为一种行政理念，治理的基本要求是，适应市民社会运行主体多元化的要求，政府要改变传统以管制为特征、以命令为内核的管理观念，逐步树立以分担为特征、以协同为内核的治理理念。而作为一种行政的方式和方法，治理主要包含这样几项内容：治理主体的多元化、治理客体的扩展、治理机制的合作化①。

所谓治理主体的多元化，指的是治理的实施或参与主体不只是政府部门，还包括国家层面和地方性的各种非政府非营利组织、政府间和非政府间国际组织、各种社会团体甚至私人部门在内的多元主体。所谓治理客体的扩展，指的是治理涉及的领域很广，包括国家政权统治、公共事务管理与服务、公共部门自身的管理、各种社会组织和团体的管理等。所谓治理机制的合作化，指的是治理要以市场原则、公共利益和相互认同为基础，积极寻求合作的可能和途径。这是政府治理的基本含义，但是考察当前中国政府治理问题，仅仅理解其含义是远远不够的，还需要深入分析其生成过程和机理。

从理论上讲，考察政府治理的生成过程和机理，离不开对其进行一般性分析，这就有必要对西方发达市场经济国家的政府治理生成的历史作一考察。西方政府治理的生成过程大体如下：市民社会发展，私人领域壮大，私人自主性要求增强；公共领域崛起，私人与国家的紧张关系日渐舒缓；社会中间部门（非政府组织）的出现，使社会组织活动走向分权的道路，政府回归公共物品的提供。在这一过程中，治理这一范式生成的一般性是，社会运行主体多元化是其内在驱动；市场领域、政府领域以及公共领域的划分是其直接依据；技术手段是其现实载体。这一一般性考察对我们具体分析当前中国治理范式生成过程与机理具有参照价值。在此基础上，我们来分析中国政府治理生成的特殊性。

第一，中国当前市场领域、政府领域以及公共领域的边界区分具有现成性色彩，基本上是一种政府主动退出的结果，这就使得当前中国政府治

---

① 关于当代中国市民社会的生成，笔者另有专文论述，参阅拙作：《释放与覆盖：当代中国市民社会的生成逻辑与演进范式》，《理论与改革》，2005年第6期。

理主体的确认比较容易。就西方而言,对市场边界、政府边界的确认主要是一种"事后反思"模式,即在社会经济运行中,在市场失灵和政府失灵现象发生之后,认真反思二者的作用和职能范围而得出一种理性判断。而中国与此不同,中国市场和公共领域的生成是基于国家主动的释放,所以市场领域基本上就是国家和政府无力负担的部分, 或者感到力不从心的部分。这就意味着,中国市场领域基本上是在自己的应有领域中发展的。当然, 这样说并不排除政府因为有自己的利益需求而在释放过程中人为保留了对自身有利但应属于市场领域的一些东西。但即使政府在释放中具有私心,从政府所面临的"共时性挤压"这一特殊境遇来看,市场经济本质的、主体部分是政府无法保留的。因为共时性挤压的主体是世界市场化这一力量,放开市场而又不遵守市场规律,在实践上是不可能的也是行不通的,这也是中国市场领域划分与西方不同的根本原因所在。与此相似,国家对公共领域的释放也是如此, 不同的只是公共领域的存在较之于市场更具有独立性, 这同时也是国家无力负担过度社会职能而不得已转移的一种表现。这种过度社会职能和责任的转移的利益性色彩较淡,国家对其往往表现出一种"能放就放,不能放也要想法放"的心态,其心情之迫切,态度之坚决,决定了公共领域的崛起比较顺利,比较简单。正是在这种意义上,公共领域较之于市场领域界限划分更明显。

这样,我们就看到,在社会运行的平台上,出现了三个并行不悖的主体。政府因为其公共权力性质,决定了它必须在宪法规定的范围内活动,即"法无授权不可为",否则就是违宪;而公共领域的公共性特质决定了其活动规则是"法无禁止即可为"[1];市场经济因为其特殊性,也仅仅存在于

---

① 滕世华:《公共治理理论及其引发的变革》,《国家行政学院学报》,2003年第1期。

经济领域。在三者的边界中,公共领域具有最大的包容性,因为它的禁区只有法律禁止的地方,而政府的禁区则是法律没有许可的地方,市场经济则是法律不禁止中的经济区域。因此,公共领域的崛起便产生了这样的一个社会后果:公共领域可以向政府和经济领域覆盖。同时,因为公共领域在本质上又是私人领域的延伸,二者具有同质性,因此以公共领域的双向覆盖为中介,市场、政府和公共领域的职能与责任具有了交叉和相互贯通的可能和机制。这就意味着,传统的那种绝对的三者的职能和责任边界划分面临挑战,因公共领域这一新生事物的出现而开始动摇。由此,传统管理的基础,即政府主体的唯一性和职能责任的专属性便受到消解,传统管理赖以存在的根基松动了。新的行政范式——治理也就应运而生。

第二,当前中国治理范式的生成机理是,管理内涵的消解与治理内涵的生成。国家传统的管理模式存在的支持条件有这样几个:管理主体的唯一性;管理职责的专属性;管理关系的不对等性;管理工具和技术的有限性等。随着市民社会的生成和公共领域的崛起,上述支持性因素都逐渐被消解,并在新的公共性的强大改造下发生相应的转化。这一过程主要包括下述四个方面:

首先,主体的多元性对唯一性的消解,并以多元治理取代　元管理。市场与公共领域的兴起,使得参与社会运行的主体增多,这就改变了传统只有政府一个主体的局面。如果说传统社会提供社会管理服务的"只此一家,别无分店",无论人们是愿意还是不愿意,都只能接受,那么现在随着市场的壮大,尤其是公共领域的崛起,非政府组织不仅能提供政府可以提供的一般社会服务,同时还可以提供一些政府和私企都不能提供的服务。由此政府活动便具有了自己的边界,它本质上是一种有限政府。而有限政府原则正是行政治理的首要理念。

其次,公共性的覆盖对职责专属性的消解。上面提到,公共领域崛起的意义在于它特有的覆盖性。何谓覆盖性?简单讲就是公共性向国家领域的渗透和对公共权力的约束。因为公共性的本质是一种私人性的集结和浓缩,是具有自主性的个人的公共诉求和共同意志,是一种集体理性和意志。而国家,就契约性一面来讲,本质上是具有自主性的私人在博弈中达成的一种契约。因此,国家公共权力具有公共性。这就意味着,公共领域与公共权力具有同质性。又因为公共领域是建立在私人自主性的充分发展的基础上的,所以公共领域的公共性代表了人类社会化的方向,本质上是一种现实的社会性。二者相比,公共领域的公共性比权力的公共性更为优越,更具有生命力,就此而言,公共性既是一种对权力的约束,同时又是未来对权力的替代。在实践中,这种现实的约束和潜在的替代即表现为公共性对国家管理职责的专属性的消解。而消解了国家管理资格的专属性实际上就是为多元治理提供了合法性支持。

再次,自治性是对管理双方关系不对等性的消解,并以对等性治理取代强制性管理。自治性的本质是一种私人自主性的升华和壮大,其核心是自我管理、自我发展。在市民社会中,自治性源于私人自主性,以公共领域为主要载体并在公共领域中获得发展的成熟形态,如社区、志愿组织等。自治性的发展对促进治理的生成具有决定性意义,因为它直接消解了管理内涵中的主客体关系的不对等性,规定了治理主客体之间的互动性。因为管理主客体之间的不对等关系根源于主体的垄断性,受制于客体的弱小和非自主性,而公共领域的崛起,一方面使主体多元化,另一方面则壮大了客体的力量和促进了自主性的扩大与完备。由此,管理不对等性的根源均被消解了,新的互动性的治理关系随即产生。

最后,信息与技术对管理手段简单性的消解。在操作层面上,信息化的发展和网络技术的进步使得治理方式的丰富性和多样化得以实现。传统管理就其手段来看,比较单一,基本上是一种粗放型和经验性的,管理好坏主要取决于管理者的经验和知识,具有较浓的人治色彩。治理则与此不同,信息的完备,使得治理方案设计比较完善,治理的实施比较科学,治理的反馈比较及时,执行的误差修正比较迅速,治理的科学性和效率性大大增强。而技术的发展和应用则进一步为治理提供了便利,网络化、虚拟化、绩效化等一些新兴的治理方法的相继出现,更是大大促进了主体多元化、交流互动化、交往全景化、合作协同化等趋势的发展和完善,从而使得治理理念与范式得到进一步普及和多样化发展。

4.5.3 实现原则及模式选择:后验控制与不同导向

在实践中,政府治理的实施应遵循一定的原则和选择合适的模式,而无论是原则的制定还是模式的选择, 都要依据一定的客观条件。一般来讲,政府治理的原则取决于特定时代的约束性,治理的模式选择受制于治理自身的特质规定。

所谓特定时代的约束性,指的是"共时性挤压"这一特定境遇对政府治理的约束,主要有:社会发展的流动性增强、非确定性加大、交互性日益明显以及开放性加强。这使得社会发展对政府治理的效率性、灵活性、回应性要求越来越高。而要满足这些要求,就需要政府治理有相适应的应对策略。显然,以前政府管理所持有的那种注重规则、程序、目标的前验控制(Ex-ante control)原则是很难适应上述要求。这就意味着,治理的思路需要转换。从逻辑上看,前验控制的不合理性越多意味着后验控制(Ex-post control)的必要性越强;从历史上看,前验控制现实基础的消解正是后验控制得以存在的根据①。例如，注重规则导向的前验控制的实践基础是防止权力滥用和限权，这是市民社会初期私人领域向公共权力的一种主导诉求，但现在公共领域的崛起使上述诉求获得了满足，但新的社会需求即政府回应性、效率性成为主导性需求。在现实生活中，前验原则向后验原则转换的大致情形如下：科学技术的迅速发展，引起社会变化节奏的加快和不确定性、非稳定性的增加，使前验控制机制在规范功能方面不断出现障碍，如政府决策因程序规则的限制而往往导致时效性不足，行政权力因立法权的制衡而导致在运行中回应性不足等，这就使得前验控制的合理性和优势受到挑战和侵蚀，作为对前验控制机制失败的一种回应和替代，后验控制应运而生并日渐壮大。后验控制的基本理念是"回应性"，即对社会发展的及时回应，其基本特征是追求绩效、顾客导向、公开性以及民意调查。相对于前验控制而言，后验控制的这些特征和优势决定了它较之于前验控制更具有灵活性、变通性和更强的容纳变迁的能力，因此它是一种更适合当前社会发展要求的原则。

所谓治理自身的特质规定，指的是政府治理的本质是一种社会性的分担和协同。分担，即三个不同的社会运行主体各自担当相应的社会职责和功能；协同，即基于政府视角的三个主体之间的合作和不可分割性。政府治理的这种特质决定了行政实践中三个边界的划分以及行政约束的形成。三个边界，即市场边界、政府边界和公共领域边界，是对三个领域各自所能支配的资源类型的划分；行政约束，即有限政府的发展走向。上述三个边界和一个约束，直接规定了政府治理在其实践中应选择什么方式和能选择什么方式。

---

① 李建勇、程挺：《非政府组织在城市治理中的作用、问题和对策》，《法治论丛》，2004年第3期。

其一,市场边界的规定,决定了应选择市场导向模式。市场边界也就是市场存在的有效范围。市场的交换性质决定了它的有效作用领域是非公共资源,这些资源具有排他性与竞争性。完整的市场边界可以这样描述,空间特征即私人领域,资源类型即排他性与竞争性。市场本质的私人性决定了市场运行的基本规则是个人利益的最大化,市场竞争的原则决定了社会资源在配置过程的最大的合理化。这两点是市场的优势,也是市场基本的价值所在。而所谓治理的市场导向,则是政府在治理过程中自觉借用市场力量,吸纳市场原则以及必要时干预市场运行的一种模式。市场导向主要包括三类行为:市场力量借用、市场原则吸纳、必要干预。

关于借用市场力量,指的是政府对现有市场的某些非市场化限制的解除以及对具有潜在市场性质的资源的市场化安排。市场力量的借用主要包括两类:一是市场的释放,二是市场的创设。所谓市场的释放,指的是政府解除对市场某些方面的管制,进行私有化,对一些资源领域予以合法化等。解除管制(deregulation)比较常见,如中国放开价格控制,美国对航空工业中价格与飞行计划的放开等;私有化(privatization),容易理解,如改制过程中的国有中小型企业的拍卖等,此外,还有一类也属于私有化范围,如政府放松和消除阻碍私人企业与政府结构或国有企业竞争的限定性规定的过程①;合法化(legalization),一般不多,主要指通过撤销犯罪制裁而释放市场,如个别国家开始动议妓院合法化等。所谓市场的创设,主要有配置现有物品,创设可市场化物品,前者如发行彩票、拍卖等,后者如对环境污染排放量的定额允许交易等。关于市场原则的吸纳,指的是政府

---

① 关于"前验控制"和"后验控制"术语,主要参照杨冠琼在《政府治理体系创新》一书中的用法,根据其原英文用法含义,笔者赞同并引用该提法。

模拟市场运行的一些规则，对特定领域实施类似市场行为的管理，例如，政府对一些公有自然资源开发权可以进行招标和公开拍卖等。最后是关于必要干预问题，主要指的是针对市场的某些内在缺陷，政府进行必要的纠正和补充，例如，政府的财政补贴和税收调节等，均是政府必要干预的行为。

其二，政府边界的规定，决定了应选择绩效导向模式。政府边界取决于其有效作用和合法作用的资源的性质，就这一点来看，政府边界是非市场领域中的一部分，其资源类型是公共资源，这些资源具有非排他性和非竞争性。这就意味着，政府在资源的配置上具有两个突出特点，一是非排他性导致的政府委托——代理角色所产生的垄断性，一是非竞争性所导致的发展动力的不足。前者决定了政府行为具有潜在的侵犯倾向，后者决定了政府行为的效率性缺乏，这二者是政府行为本身具有的先天性不足，因此建立在政府边界确认基础上的绩效导向的基本思路就是旨在克服这两个不足。这主要包括两个原则，一是业绩驱动，也就是根据政府行为的后果来评估政府，这就使得政府行为具有了潜在的压力；二是效率尺度，即根据政府行为的效率性来评价政府能力，是政府是否具有权威性的一个共时性标准，这就使得政府在共时性这个平台上不得不考虑自己的地位、存在的认同程度等外在因素，从而使政府行为具有外在的压力。

其三，公共领域边界的规定，决定了应选择客户导向模式。公共领域的公共性是建立在私人自主性基础上的，是私人自主性的集结与代表。公共领域的边界取决于两个方面：一是扩大了的私人性决定的所拥有的资源具有排他性，二是公共性决定的资源向外开放，具有非竞争性。因此，公共领域的资源类型具有排他性和非竞争性。在领域中，它既与市场具有交叉处，即排他性，又与政府交叉，即非竞争性，所以它具有向两个方向融合的能力。公共领域的边界的特殊性决定了治理的导向的特殊性,即以客户为导向。所谓客户导向,即驱动政府行为的应是公民需求而不是科层行政需求(满足上级要求)。客户导向的治理根源于市民社会中私人地位的转换,即公民是社会的主体。客户导向主要包含:政府要主动靠近公民,了解其需要;要听取顾客的呼声,建立公民的抱怨追踪体系;赋予顾客更大的选择权力等。

其四,行政约束的规定性决定了应选择有限政府模式。行政约束的本质是在市民社会中,市场与公共领域对国家的约束和平衡。市场的本质是私人自主性,公共领域的本质是私人自主性的集结,是私人的代表,国家的本质是一种公共权力,三者的并存与互动构成了现代社会的基本结构和力量布局。在三者的布局中,公共领域的壮大使得公民的主体地位得以保障,政府的职责和职能在约束中逐渐归位。这就意味着,现代政府的发展趋势是政府最小化,即有限政府。有限政府的特征是政府职能与权力的有限。职能有限,指的是政府要遵守市场优先的原则,即市场延伸到哪里,政府的范围就应该收缩到哪里;社会力量发展到哪里,政府的范围也应该收缩到哪里。权力有限,即政府权力必须通过立法或宪法制度来加以规定和限制,做好纵向各级政府之间权力的适度分配和横向围绕政府职能进行的权力分配。

总之,在现代社会条件下,政府治理的基本原则是一种后验性的,在这一原则指导下的治理实践主要有四类模式,即市场导向、客户导向、绩效导向以及有限政府,它们分别具有自己存在的范围和支持条件。

4.6新集体主义的价值取向

社会主义市场经济条件下市民社会的兴起和确立，决定了当下"集体"内涵的特殊性，即它既不是马克思所说的"真实的集体"，也不是计划经济时代被异化了的"集体"，而是一种新型集体。这种新型集体要求确立一种相应的价值取向，这就是新集体主义。其基本要求是：功利性原则与奉献性原则相统一，个人正当利益和集体利益相统一。

社会主义公有制条件下的市民社会具有其特殊性，这决定了市民意识的构建要遵循一个原则：以整体主义为根本。那么，在当代中国社会主义市场经济的条件下，如何实现以整体主义为根本的原则呢？整体主义的要求又如何与市场经济所唤起的个体意识在矛盾中获得统一呢？这就需要结合社会主义市场经济的特殊性，审视和重构集体主义的内涵，以确立一种新的适合时代发展要求的集体主义价值取向。

4.6.1社会主义市场经济特殊性之要求

社会主义市场经济是一般性与特殊性的统一。它包含两种交换关系，即等价交换关系与等量劳动交换关系，两者是一种复合型的共在关系，体现为社会主义市场经济的双重特性。这种双重特性反映在当下中国市民社会的生成过程中，则表现为如下特征：私人领域所决定的"个人利益的凸显"与公共领域中的"利益国家化趋势"共存。前者决定了个人利益需求在当代的高涨，后者决定了集体利益在当代具有人民性（即集体利益的主体是人民，这是由公有制的介入所导致的公共利益国家化的必然结果）。由此我们看到，在社会主义市场经济条件下集体利益将会呈现以下特征：

第一,集体利益与个人利益出现了双向互动的局面。这意味着,当下的集体内涵正向着未来马克思所设想的"真实的集体"的目标逼近。因为集体利益与个人利益的双向互动,正是构成"自由人联合体"的前提和基础。

第二,集体利益的人民性。这又表明,当下的集体内涵还不是未来"真实的集体"所要求的。因为在未来的"自由人联合体"中,集体利益的主体是社会(每个个人所有)而不是国家,其集体利益 的性质是"社会性",而不是"人民性"。

基于上述两点,我们发现,社会主义市场经济的特殊要求既不能与一般市场经济相提并论,也不能与未来共产主义社会相混淆。因此,探讨当下集体主义的本质与内涵,需要首先对现实中的集体主义予以审视。

4.6.2现实集体主义的审视与重构

对集体主义予以审视,意味着我们首先应弄清楚什么是真正意义上的集体主义。集体主义的真实内涵是由马克思主义的经典作家给予界定的。一般来讲,其思路和内容包含以下三个方面:

第一,集体主义是以"真实的集体"的存在为前提的。马克思和恩格斯在《德意志意识形态》一书中提出了"真实的集体"(real community)与"虚假的集体"(illusory community)的问题。其中,"真实的集体"是相对于"虚假的集体"(剥削阶级的集体)而言的,其本质是一种"自由人的联合体"。在"真实的集体"里,"每个人的自由发展是一切人的自由发展的条件"[①]。

第二,在"真实的集体"中,个人利益与集体利益是辩证统一的关系。

---

① 《马克思恩格斯选集》(第1卷),人民出版社,1995年,第294页。

在论述交换关系时，马克思恩格斯指出:"每个人在交易中只有对自己来说才是自我目的;每个人对他人来说只是手段;最后,每个人是手段同时又是目的,而且只有成为他人的手段才能达到自己的目的,并且只有达到自己的目的才能成为他人的手段, 这种相互关联是 一个必然的事实,它作为交换的自然条件是预先 存在的。"①由此可见,源于交换关系的个人利益与集体利益之间是一种双向互动的关系, 而正是这种双向存在性决定了两者之间的辩证统一。个人利益是集体利益的源泉,集体利益是个人利益的保障;没有个人利益的存在,就没有集体利益的发展,反之,没有社会其他成员的协作,没有集体的保障,个人利益也不可能取得;集体利益是个人利益的历史积累,具有全局性,而个人利益具有局部性。

第三,在"真实的集体"中,集体利益高于个人利益,这主要是就手段的层面来讲两者关系的。因为"只有在集体中,个人才能获得全面发展其才能的手段,也就是说,只有在集体中才可能有个人自由"②。因此,从发展的手段的意义上看,集体对个体具有优先性,相应地,集体利益优先于个人利益。

由此可见,集体主义的真实内涵包含三项内在规定:集体利益的优先性,个体利益的前提性和正当性,个体利益与集体利益的双向互动和协调发展。三者之中,前者是集体主义价值体系架构的基本导向,中者是其现实基础,后者是集体主义价值体系的主体框架。集体主义的完整内涵应是三者的有机统一。

在此基础上,我们再来审视现实中的集体主义,就会发现,与此相比,现实中的集体主义具有明显不足。

---

① 《马克思恩格斯全集》(第46卷下),人民出版社,1979年,第472-473页。

② 《马克思恩格斯全集》(第3卷),人民出版社,1960年,第84页。

4. 社会主义市场经济的人学逻辑

　　首先，它忽视个人的正当利益。这种价值取向在一定程度上把集体主义等同于"毫不利己、专门利人"的极端利他主义，忽视个人的正当利益，甚至把个人利益等同于利己主义而加以反对。这种意义上的集体主义，本质上是对个人的价值、尊严和权利的贬低。

　　其次，它对集体抽象化定位。集体主义的现实基础是"真实的集体"（real community）的存在，而"真实的集体"的本质是"自由人的联合体"，其生成的基础是市场经济对"物的依赖基础上人的 独立性"的充分发展。显然，现实中的集体缺乏这一基础。因此，建立在公有制基础之上的社 会主义集体理所当然地是代表集体所有成员的"真实的集体"，在本质上只能是对集体的抽象化理解，在实践中也必然造成理论与实际的不符。所以我们看到，"人们在公开场合说的和私下遵循的是两套价值标准，甚至在公开场合，集体主义常常也成为谋取个人利益的招牌。在由表象符号构成的世界和行为构成的世界中，实质上已形成集体主义和个人主义（利己的）两种截然对立的二元价值标准"①。

　　既然如此，那么当下我国所生成的集体是一种怎样的情形呢？社会主义市场经济说到底也是市场经济，具有市场经济的一般性，因此，"物的依赖为基础的人的独立性"是一种事实的存在。在这种意义上，当下的集体不可能是马克思所说的"真实的集体"，即"自由人的联合体"。但是另一方面，社会主义市场经济又具有其特殊性，即公有制所决定的等量劳动交换关系，其本质是个人与不完全社会（公有企业）的直接交换，在这一领域内，人则是自由人，企业则是自由人的联合体。在这种意义上，集体又是一种"真实的集体"。所以对社会主义市场经济条件下的集体作非此即彼式

---

① 刘光宁：《集体主义价值体系的困境和嬗变》，《宁夏社会科学》，1999年第1期。

的简单化判断是不准确的。

那么如何看待当下集体的性质呢？我认为，应把它视为一种"真实的集体"（real community）与"虚假的集体"（illusory community）共生共在的复合型集体，或者说是一种双重性集体。其中，市场经济的一般性即等价交换关系产生了人与人之间剥削关系存在的可能性，而市场经济的特殊性即等量劳动交换关系则决定了人的自由的现实性，正是这种一般与特殊的共生关系决定了当下集体的双重性质。在实践中，前者决定人们的行为追求功利价值，后者则引导人们的行为讲求奉献精神；前者是利益驱动，后者是精神追求，两者具有质的不同。而正确区分和全面把握这种共生关系，则是我们确立新集体主义价值取向的前提条件。

那么什么是新集体主义呢？

4.6.3 新集体主义的内涵

顾名思义，新集体主义仍然是一种集体主义，就它是集体主义而言，作为一种价值取向，它在处理个体与整体关系问题上，是以整体为主导的，整体主义处于集体主义价值体系的基础地位，居于制度层面上；而个体主义则居于体制层面，成为价值运作的前导和先锋。就它"新"的一面而言，是指它既不是马克思主义经典作家所论述的"集体主义"——那是未来共产主义时代的价值体系，也不是计划经济时代的"集体主义"——那是一种不符合市场经济时代要求的价值体系，而是基于市场经济背景，适合当下我国市民社会基本要求的新型价值体系。它之所以为"新"，就在于它的架构是立足于对当下"集体"本质的准确认识和理解：它是双重性复合型的集体模式。而正是这种模式的双重性复合型特质决定了该种集体主义模式下人们行为的基本原则取向：以功利性为基础，以奉献性为导向。

244

立足于此,我们就可以大致确立新集体主义架构的基本原则。我认为,新集体主义的架构应包含如下原则:

第一,个人正当利益与集体利益有机统一的原则。集体主义原则应该是双向的。个人利益的满足是实现集体利益的基础和前提,而集体利益又是实现个人利益的保证。因此,按照新集体主义的要求,在处理个人利益与集体利益的关系上,既要保证集体利益的优先性,又要保证个人利益的前提性。在实践中,它要求两者的协调与合作,既不能以集体利益来否定个人利益,也不能以个人利益来否定集体利益。

第二,功利性与奉献性的有机统一原则。功利性原则根源于市场经济的等价交换关系,它是人们进行交易的内在利益驱动,没有功利性驱动也就没有市场经济。因此,在这种意义上,功利性原则是新集体主义原则的基础。但是由于功利性来自于人的私欲,而人的私欲是无止境的,因此功利性原则在其运作中需要一个底线,即市民基本公德所给予的界限。在此基础上,新集体主义又要求人们追求奉献精神。因为,社会主义市场经济中的等量劳动交换关系,决定了人们与社会(公有企业)之间是一种奉献与回报的关系,人们的价值取决于劳动的贡献。在此意义上,奉献原则不仅是一种道德上的应该,更是一种源于经济关系现实的实践要求。相应地,在新集体主义的架构中,奉献原则应成为整个价值体系的导向部分。这样看来,功利性与奉献性有机统一原则的基本内容应该是:以功利原则为实践基础,以奉献原则为规范导向。

5. 基于哲学视角的思考

5.1哲学话语的演进及哲学的时代意蕴

"话语"可解析为"言说（语）"与"语言"，相应地，"言说方式"与"语言模式"两个向度就成为分析人类话语范式演进的基本框架。在世界范围内，哲学话语的范式演进经历了古代本体论、近代认识论和现代语言论三个阶段，反映了人类在特定阶段所面临的心灵上的困惑及其相应的求解之道。而在三大范式演进的深层，隐含着一条逻辑线脉，即人类具有一种"驾驭"本性，基于这种本性驱动，人类开始追问世界的本原、寻找观念的可靠性基础以及发掘人的精神性内涵。而正是在上述人类意义层面上的追问、寻找和发掘，构建了人类哲学话语的不同文本及其相应的时代意蕴。①

从思想史的角度看，"话语"的内涵具有多样性，不同的学科具有不同

---

① 张健：《哲学话语的演进及哲学的进代意蕴》，《内蒙古社会科学（汉文版）》，2009年第5期。

的规定。一般来说,存在着这样几种规定性:语言学意义上的话语即"语言的文本";社会学意义上的话语即"社会的事件";历史学意义上的话语即"历史的剧本";文学意义上的"话语"即"文学的理论";哲学意义上的"话语"即"言说的范式"①。那么,究竟从怎样的意义来理解话语才可以完整勾勒其观察和解释世界的框架与理路呢? 笔者以为,既然话语本质上是一种概念,不同学科的解释反映的是一种概念指称上的区别,是解释者的立场与视角的分歧,那么,理解话语概念就需要从语义与语用两个层面进行分析。

5.1.1 话语的语义解析:言说与语言

就语义看,"话语"一词源于西方语系②,尽管它在不同语系的转译中(由 discourse 转换为话语)可能带来意义的衍生和散失,但总地来看,不同语系的基本指称是一致的。在这种意义上,我们可以用汉语解析其内在的意义构成与外在指涉。就"话语"这一概念看,它具有动词性与名词性两种意蕴,其中,"话"是一种动作性词语,意指说话,可解析为"言语或言说";"语"即"语言",名词性概念,是关于说话的形式和内容。综合来看,所谓"话语",可以解析为"言说(语)"与"语言"两个基础语义片断,其中前者是行动性的,后者则是观念性的。

---

① 关于该问题的理解,可参阅章国锋《西方人文科学的新范式———哈贝马斯论"语言学转向"》、海登·怀特《形式的内容:叙事话语与历史再现》、罗兰·巴尔特《历史的话语》、诺曼·费尔克拉夫《话语与社会变迁》。

② 据曼弗雷德·弗兰克考证:"Discourse"(话语)源自拉丁语的 discursus,而 discursus 反过来又源自动词 discutere,意思是"夸夸其谈"。一个话语是一种言说,或具有(不确定的)一定长度的一次谈话,其展开或自发的展开并不受到过分严格的意图的阻碍。展开一个话语与召开一次会议并不是一回事。在法语的语境中,"话语"非常接近于"聊天","闲聊","自由交谈","即席谈话","陈述","叙述","高谈阔论","语言"(langue)或"言语"(parole)。

关于"言说(语)"的指称。言说,即现实生活中主体的思想或者观念的表达。从人类生活的实践看,言说的首要功能是表达诉求,其次是交流信息与情感。诉求表达是内生性的,具有单主体的私人色彩;而信息与情感交流是多主体的互动,是一种社会行为。这样,一方面是私人性的诉求表达;一方面是社会性的交往行动,言说本身具有私人性与社会性两种效应,它既可以实现个体的意志,同时也可以影响与改变社会的状况。因此总地看,言说直接指向了社会的实践本身,例如,个体可以通过合适的渠道诉说来改变自身的困境,社会群体可以通过舆论的力量影响社会决策,国家可以通过对传媒的话语生产控制来实现国家意志等。在这种意义上,言说与其说是一种观念与思想的表达,不如说是一种行动的规划。因此,言说在深层次指称一种"行动的规划",体现为话语的实践性。关于"语言"的指称。在一般意义上,语言就是符号,是人们用来表达与交流的符号系统。广义的语言在本质上是人类思想与观念的外壳。人是一种思维性存在,借助于语言人类实现了对客观世界的认知与改造。因此,语言充当着观念与客观世界之间的桥梁。在这里,语言的价值体现为把世界这本书影缩到观念的框架之中,构成一种"观念的文本",换言之,语言对客观世界给予"文本化"。从深层次看,语言指称的是一种"观念的文本",体现为话语的观念性。

综合而言,关于话语的内涵,笔者以为,哲学意义上的话语具有两个维度,即"观念的文本"与"行动的规划"。"观念的文本"体现了话语概念的观念性,"行动的规划"体现了话语概念的实践性。在实践上,不同的时代,话语体现为不同的言说方式与语言模式。

5.1.2 古代与近代的话语范式：本体论追问与认识论求真

从古代这一历史区间看，在言说方式上，主要是"追问世界的本原"；在语言模式上，体现为"本体论"范畴体系。语言特点是：本原性，即描述事物的终极性或者初始性；本质性，即描述事物的共同性或者普遍性。标志性范畴有本原、本质、物质、精神。人类思维的基本路径是追问世界是什么？

追问世界的本原，表明人要了解这个世界来自哪里或者是什么。如果人了解了世界来自哪里，那么人就获得了满足，就不再有一种追问的焦虑，人的内心就会平静；人不了解世界来自哪里或者是什么，人就会产生困惑与恐惧，心灵不会平静。可见，人们追问的直接动力来自于内心的困惑、焦虑与恐惧。那么，为什么人获得了答案就会消除困惑与恐惧，获得心灵平静呢？显然，从客观角度看，无论是人理解还是不理解世界来自哪里，人与这个世界的关系都没有什么变化，这意味着，从客观方面我们得不出答案，只能从主观层面去寻找。

从主观方面看，人理解了世界来自哪里或者是什么，实际上就是人通过观念实现了对世界的某种解释。因为解释的过程在本质上是一种观念活动，所以人理解世界就是对世界进行了观念上的分析。而从结果上看，这种观念分析使得外在的世界内化于人的观念系统，或者说，外部世界通过观念这一特殊媒介进入人的心灵世界。通过这一内化，人实现了对外部世界的占有。这意味着，外在于人的世界进入了人的内在世界，"我"对"物"完成了观念的同构。这样，从人类行动的逻辑上看，物、我同构就是物进入了我，或者说，我拥有了物。

由此可见，人类为何要追问世界的本原，其直接原因是人对外在世界的焦虑、困惑与恐惧。而从深层次看，若进一步追问人为何对外在世界感到焦虑、困惑与恐惧，就会发现，这又根源于人类隐藏着的对外在物或者异己存在的天生的一种支配欲望。也就是说，人只要感到异己性或者外在性就会产生不安，要消除不安，就要把异己性或外在性转化为同己性或内在性。在这种意义上，那种具有原初性的支配欲望，以及那种激发人去不断内化与同化他物的驱动力量，从根本上体现的是人类的一种"驾驭"本性。也就是说，人自从其存在开始，就天生具有一种要透过观念驾驭他物的本性。

简言之，关于古代本体论的话语模式，笔者以为，它以"追问世界是什么"作为言说的方式，以本体论范畴作为语言的标识，反映出人类的原始恐惑。而正是受这一恐惑的驱使，促使人对外部世界进行内化或同化，从而完成人类心性中驾驭外部世界的心愿。正是基于这样一种意义，人类的成长史若从另一种视角看，也就是一部人类驾驭之本性日益壮大并通过话语述说予以满足的历史。

如果说，在古代哲学话语的本体论阶段，话语的力量还只是体现为一种观念的内化或者同化效应，那么进入近代则逐渐凸显出话语的"取像"效应，即通过知识来认识世界。这就是人类哲学话语的认识论阶段。

在这一阶段，人类话语的言说方式体现为"我如何认识世界"；语言模式体现为认识论范畴。人类话语主要围绕和针对"如何认识世界""认识如何可能""如何判定认识的科学性"等核心问题展开。对认识的过程、机理、本质以及意义的探讨是该阶段人类话语的基本内容。语言特色是注重观念的科学性，以规律、认识、真理为核心范畴展开概念的体系构建。人类思维的理路是以"主客二分"为基点，以寻求主客之间的优先性与同一性为基本路向，在实践方面体现为"求真""(合)理性"等科学性特征。

依上所述,在本体论阶段,人类话语的兴奋点集中在如何消除对外部世界不解和困惑上,通过自身的"观念同构",人在一定意义上解决了"世界是什么"的疑问。而从本质上看,这种同构过程是一种内化或者同化活动,即仅仅把外在的物予以了观念的构造,其目的是通过这种内化或者同化消解物对人来说的"外在性",从而弱化或者替代人心灵的困惑与焦虑,解决人类对外部世界的恐惧。但从根本意义上看,这种内化或同化只是一种观念的活动,并不涉及物自身(或者说人没有进入物之中),这就预示着一旦人对物的焦虑消解,那么,就必然会对内化与同化本身产生新的疑问与不安,即内化与同化可靠吗?因为内化与同化归根究底是人类观念的构造活动,这就意味着,追问内化与同化的可靠性必然以追问人类观念的可靠性体现出来。于是,进入近代,在人类话语的转换上演进为对认识本身的反思。

由上述话语的转向不难发现,人类对观念可靠性的疑问根源于这样的事实,即观念的意义仅仅是把外在的物给予了"映射"或者"取像",因此,问题就出现了,这种"映射"与"取像"能不能完全包含物的信息呢? 或者说,如何才能证明观念的取像与物这一原像具有一致性呢?再深层次地说,这实际上是要求人类回答主体与客体的同一性问题。如何解决,显然就是探究认识或者知识与客观实际的关系问题,即知识的可能性问题,而这显然是认识论的基本任务或者主题。

那么新的问题是,人类话语的这种由"外源性困惑"向"内向性疑问"的转向,折射出人类怎样的发展意蕴呢? 在这样的转向中,话语本身又展现出怎样的意义与价值呢?

笔者以为,如果说在本体论话语阶段反映的是人类的一种恐惑,它源于人类驾驭或者对他物的"主动性与支配性"倾向，那么在近代认识论话语阶段折射的则是一种人类的自我意识，即在人类自觉意义上，物我两分，人类开始通过物的外在性体验与确认我的独立性。而在上述人类本性的展示中，话语的意义与价值也相应发生了变化。如果说在古代人类可以通过观念内化或者同化来实现人对外在世界的主动性与支配性，那么在近代人类已经不再满足于这种纯粹的观念驾驭，而开始寻找和发掘观念内容的客观性，通过观念取像外在的物，尝试透过观念的框架去实现对世界的主动性与支配性。

简言之，在近代认识论话语阶段，话语的意义与价值不再局限于观念的同构效应，更集中在观念在人与物之间所起的那种框架与桥梁功能。因为这种框架与桥梁作用根源于观念内容与客观世界的符合性，因此这种价值本质上是一种工具性效应。换言之，在近代，人类在透过话语实现对外在世界的取像，进而通过像与原像的符合性，借助对像的解析来实现对原像即客观世界的认知与改造。

5.1.3 现代语言论转向与人类话语演进的内在线脉

进入现代这一历史区间，人类的话语模式又发生了新的变化，在言说方式上，偏重于语言的"意义分析"；在语言模式上，体现为语言论范畴，并显现实践之特性。

与历史上本体论与认识论的转向一样，语言论的转向也表现为两个基本特征：一是在文本意义上，具有明显的语言学色彩；二是在行动意义上，观念本身显现出实践性，通过对言说的意义阐释可以直接干预、影响和改变现实世界。就文本意义即语言具有的明显语言学色彩来说，指的是在此阶段的话语体系中，其范畴以语言、语义、语用、意义等概念为核心标识,对概念的分析与解释、解构与建构均立足于语言学的立场,通过对概念的语法逻辑的解析、现实指称的界定、语境限定的揭示以及解释者的辨析来观察与分析世界,最终通过语言的意义分析人生存的意义。

就行动意义即观念本身具有的实践性来说,指的是在此阶段的话语言说中,言说本身就具有直接的实践效力,言说就是实践。例如,在现代社会中,言说的价值在于其内含的创造性,体现在现实生活世界中,言说就是对社会话语资源的运用,如现代社会中的传媒、舆论、虚拟世界等。相对于近代的言说,现代的言说的实践效力更为直接,因为近代言说本质上是一种求知活动,而知识虽然是一种力量,但却需要中介的转换。相对于古代的言说,现代的言说的实践效力更具有现实性,因为古代的言说在本质上是一种观念的抽象过程,而任何理论抽象表达的都是可能性,如何使可能变为现实,还需要诸多条件。因此,从总体而言,现代的言说更具有直接现实性。

现代以降,人类选择语言论话语模式,这根源于人类心性成长的必然性,是人类在经历了古代心灵恐惑与近代自我意识觉醒这两个阶段之后,其驾驭本性再次膨胀的结果。

历史地看,在古代人类通过对物之本原的观念性同构和假设(如认为本原是水、火、绝对精神、上帝等),把物内化于人的世界之中,从而消解了人类的忧虑。而在近代人类通过对"知识与客观世界有无同一性"的争论与思索,从不同视角探究了人类认识的机理、本质及其价值,从而确立了近代以来以西方主导并为代表的人类倡导"理性与科学"的时代。若把古代与近代人类话语的深层意蕴作一整理,就不难发现如下逻辑。

在古代,对物的外在性的困惑与恐惧,通过观念"内化或同化"(外在性转换为内在性)消解恐惑,获得平静 ——人获得了观念上对物的主动

(人类的驾驭本性的驱动)。

在近代,对观念可靠性的担忧,通过观念取像(观念与客观世界 =摹本与原本),知识具有客观性,观念获得了人的信任——人实现了对自身(观念)的主动(人类驾驭本性的展示)。

以此为基础,可以发现,二者还隐含着这样的逻辑进路,即人类之所以对外在于自己的东西感到不安,概因自己对它不了解、不把握、感到自己有受制于它的可能,所以从本质上说,不安来源于不能支配异己之物。按照这样一种逻辑,人要平静就要消解这种不安。因此,只要我们能够深入把握人类成长中所面临的不安,也就相当于把握住了人类发展的路向。因为我们把探讨问题的语境界定为古代、近代和现代三个区间,而在这些特定区间中,人的成长构成这样一种逻辑关联,即我、观念、物三者并立,而且深入地看,这种逻辑架构还隐含着这样一种前提预设,即物、我二分,观念是其中介。因此,这就意味着,在上述我、观念、物三者的逻辑展开与演进中,若我首先对物感到不安,接着对观念有所疑虑,那么消解了上述不安与疑虑后,接下来的就必然是对"我"的困惑与焦虑。问题是,对"我"的什么感到困惑和焦虑呢?

是"我是什么"吗?这是一种本体论的言说,在古代对"世界是什么"的追问中已经包含了对我是什么的回答,因此在现代语境中,我是什么本身不成问题。那么,是"我如何认识我"吗? 这是一种认识论的话语,同样,在近代对"认识如何可能"的探究中也已经有所解答。关于"我的什么",既不是我是什么的问题,也不是我如何认识我的问题,这就意味着,关于我的问题就剩下了"我有什么意义"这一基本选项。这就预示着在现代语境中,人类要言说的话语将会集中在生存、价值、意义等方面和领域。

从历史的角度看,现代以来,随着哲学话语的语言论转向,人类所关注和谈论的话题正是以生存、价值、意义、历史等为核心的。因为上述推论是一种逻辑意义上的,这些事实正好与它相佐证。

5.1.4现代话语特征:言说的实践效力与语言的路径功能

现代以来,人类话语之所以具有实践的效力,根源于该阶段人类"诉说"语境的特殊性。具体地说,在现代语境中,人类所面临的困惑和疑虑来自于我,是对我的生存意义知之甚少的一种不安。这种现代性的不安如何解决,关键在于人类采用何种手段超越以及怎样提升我的生存意义。前者即是决定现代话语具有实践效力的根本性因素, 而后者即预示着现代语境中语言价值与功能将获得现代性之重构,即语言不再是工具,语言即思想本身。

其一,关于采用何种手段问题。在现代语境中,我是一种相对于物的生成性存在,具有物的客观性(体现为我首先是一种自然生物),但同时更是一种精神性存在(体现为我有精神世界)。我的物质性决定了我在生成过程中具有实践的需求,体现为物质生活本身,以行动为尺度。而我的精神性则又决定了我在生存实践中具有不断超越与无限开放的需求, 体现为我要追问生存的价值,要不断超越现有的生存境界,要永不满足实践的和生物的局限性等。简言之,我无限开放。从实践的角度看,我的物质性生存要依赖我的生物性,是有限的;相对于这一点而言,精神性生存则可以摆脱这一约束,是无限的,但同样也有所依赖,那就是观念,即人的精神性成长必须以观念为载体。因此,在现代性语境下,要化解对我的生存意义知之甚少的不安,首先需要观念的路径依赖。就此而言,采用何种手段来超越我的生存境界,在现代语境下就是观念。具体说,就是通过对观念的意义言说来实现对存在本质的追问和对生存价值的开掘。体现在实践中,就是人要通过言说来寻找生存的意义。在这里，观念的有效性不在于它是否与客观相符合，而是在于它能否给人以意义的提升与感悟。相应地，言说是否有效也就不再以客观性为尺度，而转换为以能否给人带来意义启迪和意义提升为标准。如果通过观念的言说人获得了积极的影响，那么它就是有效的和有价值的，而有效和有价值就是一种直接的现实效应，具有实践的效力。

简言之，在现代性语境下，话语建构的不是真实性、科学性、规律性，它也并不按照"错误的理论必然带来错误的结果"这样一种因果模式来研究问题，它主要研究各种话语是如何形成的，话语是如何通过言说改变人们的观念和思想，从而如何影响历史的进程和现实的进程。一句话，言说是如何改变现实包括改变我们自身的。在这一意义上，话语论研究范式与本体论和认识论研究范式相比，具有更具体、更直接、更现实的意味，更能实际性地解决问题[①]。

其二，关于怎样提升我的生存意义问题。因为提升生存意义的手段或者说路径依赖是观念，具体展示为语言，所以要提升我的生存境界与开掘生存的价值就必须通过语言。在古代本体论阶段，语言充当的是一种内化或同化工具，展示出语言的同构功能；而在近代认识论阶段，语言充当的是一种取像工具，展示出语言的影像功能（知识就是客观世界的影像）。但无论是同构还是影像，归根结底都是语言的工具效应。也就是说，在我与物之间，语言充当了介质与桥梁。应该说，在化解我对物和观念恐惑的时候，语言的这种介质与桥梁意义是必然的，更是合理的。

但是在现代性语境下，由于我的恐惑来源于我自身，来源于我的精神

---

① 参见高玉：《论"话语"及其"话语研究"的学术范式意义》，《学海》，2006年第4期。

性生存,在一定意义上,我就是精神性本身。在逻辑上,这里不存在介质与桥梁的必要性,也无须语言的工具性。在这里,语言面对的是观念自身,它要解决的问题是如何通过对生存本质的追问和对生存价值的开掘来提升生存的意义层次。因此,在现代性语境下,语言本身就是精神的路径,我之精神性成长就是对语言路径的铺设。在这种意义上,语言的意义与价值就在于,它作为我的精神性的路径,直接规划着、引导着以及标示着精神性成长的前景与状态,语言即思想本身。显然,近代语言的求真尺度不再有效,取而代之的是另一尺度,即能否对人的精神性有所增益。

总之,在古代、近代和现代历史阶段上,人类话语的不同范式的演进在深层次上隐含着这样一条逻辑进路,即人类具有一种驾驭本性,因为受这种本性的驱动,人类开始追问世界的本原、寻找观念的可靠性基础以及发掘人的精神性内涵。而正是上述三种人类意义层面上的追问、寻找和发掘,构建了人类哲学话语的不同文本及其相应的时代解读。这可以作为我们今天理解与解读哲学话语演进的基本视角与逻辑进路。

5.2在政治与哲学之间:政治哲学的意义域及价值

政治与哲学之间存在一种张力域,这种张力结构从二者所属的各自领域(政治和哲学)不断分离,从而造就了政治哲学的生存空间。就此而言,政治哲学的本质即是对这种张力结构的理论表达。在逻辑上,这种张力结构体现为,政治对哲学的供给与哲学对政治的约束两个方面,这也是政治哲学之内涵生成的逻辑框架所在。在此框架下的政治哲学内涵的具体内容是,政治为哲学提供解读的文本并赋予其阶级意志,而哲学则为政治提供理性支持和正义保障。①

《哲学动态》2005年第6期发表了侯才教授关于政治哲学含义辨析的文章。在该文中，作者从政治与哲学二者的张力关系角度分析了政治哲学对政治的意义，做出了政治哲学是政治的理性和良心的判断，这对我们理解政治哲学的基本内涵具有启发意义。但我们也发现，关于如何理解政治哲学对哲学的意义，作者没有明确的结论。而在应然意义上讲，政治哲学之所以能够作为相对独立的理论形态而存在，既有其对政治之价值一面，也有其对哲学之意义一面。在该文思路和论证的基础上，本书将从两个维度对政治哲学的内涵进行探讨。

5.2.1 约束与供给：理解政治哲学内涵的逻辑线脉

就思想史来看，政治哲学的历史与哲学一样古老，但把政治哲学作为一门独立的学科来对待和建设，却又是相当晚近的事。政治哲学就其本质来讲也是哲学，但同时又具有相对独立的形态。何以这样说呢？这里就牵涉到如何理解政治哲学这一概念。一般来讲，对一个概念的理解，要从其语义学结构入手，对政治哲学内涵的分析同样也不例外。

就其语义学结构而言，政治哲学的中心词是哲学，其语法结构为：关于政治的哲学。由此，分析政治哲学的内涵，必须立足于哲学内涵的规定。因为哲学具有两个层次的规定性，相应理解政治哲学的含义也就分别从这两个层面着手。第一个层面是，哲学是世界观。就此而言，政治哲学即关于政治现象和政治问题的一般本质和一般规律的理论体系，它研究的是人类政治生活中的深层次问题、根本性问题，例如政治的正当性、政治的

---

① 张健：《在政治与哲学之间：政治哲学的意义及价值》，《岭南学刊》，2006年第2期。

观念基础等。在这个意义上，政治与哲学之间体现为一种经验与超验的关系，即哲学是对政治现象的形而上抽象，而政治则成为哲学分析和反思的材料，二者之间表现出显著的异质性特征。第二个层面是，哲学是方法论。政治哲学是以哲学的视角去分析政治问题与政治现象，包括对政治的反思、批判以及对政治理念的提供等。在这里，政治与哲学之间表现为一种文本与解读的关系，也就是政治为哲学提供解读的文本与范式，哲学为政治提供合理性支持与合法性辩护等。二者之间也具有明显的异质性特征。

那么问题就产生了，即既然政治与哲学之间无论从哪个角度来分析，都如此异质，那二者又如何能在语法逻辑中实现相通呢？可见，在二者异质性背后还有更深层的东西我们没有发现，那就是二者的同质性结构，这就需要我们对此作进一步的分析。就一般意义来讲，任何事物都包含两种尺度，即真理性尺度与价值性尺度，政治哲学也不例外，因此我们拟以此作为分析的框架。

就政治而言，其本质是一种阶级现象，其真理性尺度体现为它的活动要遵循科学性原则，即要符合自身发展的必然性要求，这即是合理性尺度。政治的价值性尺度体现为政治实践要获得社会的支持和要维护相应的利益，这就决定了政治具有鲜明的合法性需求。在阶级社会中，任何阶级实践活动都是建立于特定阶级利益基础上的，所以合法性诉求本质上是以阶级性为基础的。

而就哲学来看，其本质是一种思想观念活动及其成果，其真理性尺度首先表现为它的学术性。因为学术的真谛在于求真，因此哲学的学术性其核心是理性思辨。哲学的价值性尺度根源于哲学本身又是一种阶级意识，即哲学的意识形态本质。在阶级社会中，哲学作为意识形态维护和表达的是一定阶级的利益与需求，阶级性是其价值性尺度的主要方面。

由此，我们不难发现，哲学与政治确实在其相互异质的同时，具有内在的关联点。换言之，政治的合理性需求与哲学的理性思辨能力，政治的以阶级性为基础的合法性诉求与哲学的意识形态功能，它们之间确实具有天然的亲缘性和同质性。而政治与哲学之间的同质性的存在意味着二者之间具有相互依存、相互影响的关系。

再综合上述所言的异质性，这表明政治与哲学之间存在一种张力结构，这种张力结构既具有对政治而言的相对独立性，又具有对哲学而言的相对独立性。概言之，这种张力域的存在意味着政治哲学作为一种相对独立的理论视阈，完全可能从政治和哲学的固有领域中分离出来，并在这种分离中获得独立表达的能力与形式。事实上也是如此，政治哲学的内涵也正是在这一分离与表达的过程中才逐渐生成的，才逐渐具有了独立的价值和地位的。就此而言，探究这一过程也就是理解政治哲学内涵的基本逻辑线索。那么这种分离是如何可能的呢？

概言之，这种分离趋势存在主要依赖两个方向的力量，即政治对哲学的吸引力，以及哲学对政治的吸引力。就前者而言，体现为政治对哲学的供给过程；就后者而言，表现为哲学对政治的约束过程。

政治之所以对哲学具有供给能力，根源于政治的经验本性。政治是人类活动的一个特殊领域，它从经验的层面研究人类政治活动的特殊本质和特殊规律，这些特殊的本质和规律构成了哲学反思的材料和基础。政治的基本属性是基于利益的阶级性和基于暴力的强制性，这两种属性从根本上制约和影响着人们生活的方方面面，人们无法回避。因此在政治实践中，人们不得不深入反思这些现象，追问这些问题的本质。这就意味着，政治实践本身提出了一种需求，它需要清楚地回答什么是政治的规范和价值、什么是政治的观念基础以及政治科学的方法论等问题。①显然,这已经不是任何一门经验的科学所能回答得了的,因为这些问题已经超出了经验的范围而走向了超验的领域。就此而言,政治在这里提出了一种超出经验范围的需求,它自身无法解决,需要另外的力量来援助,而这显然非哲学莫属。简而言之,政治在其实践中提出一种要求超验性解答的诉求,而哲学则具备这种解答能力。因此,政治吸引着哲学,哲学也能去回应政治。由此,政治与哲学的联姻也就成为现实。

然而这里也有一个疑问,那就是既然哲学具有解答政治之超验性疑惑的能力,其本质是具有一种满足功能,那么为什么还说哲学是约束了政治呢?原来这又涉及另外一个问题,即哲学的基本功能。哲学就其基本的功能来看,主要有三个,一是理性反思,二是现实批判,三是理念导引。理性反思,指的是哲学的认识功能,旨在从一般性层面对事物的深层意义给予揭示。这一功能若作用于政治活动,即体现为一种政治反思,其目标指向政治的价值、政治的观念基础等问题域。现实批判,即哲学对事物存在的必然性的肯定和对不合理性的否定,它立足合理性但主要指向不合理性,体现出一种否定性色彩。这一功能反映在政治领域,即表现为革命精神、改革意识和创新理念。理念导引,指的是哲学的观念建构功能,其意义体现在哲学为政治提供一种时代理念和历史意识。哲学的这三种功能,共同指向政治领域,并在其对政治之超验性疑惑进行解答的同时,构织了约束的网络 例如,政治实践中的哲学反思指出了政治的理性之路,剔除了其他所有非理性的可能;又如,政治实践中的哲学批判,优化了政治前进的路向,排除了其他可能的曲折和反复;再如,政治实践通过哲学的理念

---

① 韩水法主编:《社会正义是如何可能的?——政治哲学在中国》,广州出版社,2004年,序言。

引导,提升了政治实践的境界与层次,为政治发展规划了远景性框架,这就大大减少和避免了历史的无效消耗等可能性,等等。

深入来看,哲学对政治的约束指向和约束价值,其本质是一种优化,是通过约束的手段实现优化的目的。在这种意义上,哲学对政治的约束,仅仅是一种过程约束,其主旨是择优,本质是为政治进行价值定向、实践划道、合理支持以及合法辩护等。这意味着哲学对政治而言,具有功能性引导之魅力。

5.2.2哲学对政治的和政治对哲学的:张力结构的内容与表达

如果说,上述供给与约束揭示了政治与哲学之间张力关系形成的基本框架和路径,那么深层次的问题是,在此框架下或者路径中的具体的内容又是怎样的呢? 理解这一点实际上是分析政治与哲学双方是如何互相提供联结因素和彼此互益互利的。这主要包括两个方面或方向:一是政治为哲学提供文本与意志,二是哲学为政治提供理性与良心。①

关于政治为哲学提供文本与意志。这有两个方面的内容,一是文本,二是意志。所谓政治为哲学提供文本,指的是政治作为一种经验科学,其所提出的超验性的疑惑或者深层次的问题均需要哲学来解答,在此意义上政治成为一种由哲学来解读的文本和范式。在逻辑上,超验之对于经

---

① 侯才教授认为,政治哲学为政治提供理性与良心支持。笔者以为这样表述不太妥切,应该是哲学为政治提供理性与良心。这是因为,政治哲学作为哲学与政治之间的张力结构的表达,是二者具有同质性结构的结果和产物,它作为一种必要的理论视阈,在逻辑层次上体现为一种交集。从根源意义上讲,政治哲学之所以能具有这种提供能力,是由哲学的思辨本性和意识形态属性决定的,而不是由政治哲学这一特殊视阈的内在规定所决定。在概念上,政治哲学的阶级性与理性之外延是远远小于哲学的理性与阶级性之外延的。所以政治哲学为政治提供了理性与良心这仅仅是一种结果,其最终源头在哲学那里。

验,是一种抽象和凝缩,是一种思维的升华。而哲学的特质就是一种超验的抽象,它舍弃了所有的具象,从诸多表象中分离出核心与本质,然后把它们抽取出来,凝缩为简单结构。因此,相对于超验而言,经验本质上就是一种表象,一种具体,一种材料。而政治与哲学的关系,因其各自的特质归属不同(一个是经验领域,一个是超验领域)决定了它们二者之间构成具体与抽象、材料与分析、文本与解读的关系。因此,在政治与哲学二者之间的张力域中,政治对于哲学的意义与价值,其中之一就体现为前者向后者提供文本。

所谓政治为哲学提供意志,指的是政治作为一种阶级现象,其阶级属性传递给了哲学,使得哲学的价值取向具有了阶级色彩。换言之,这种阶级性由政治领域向哲学领域的传递,其结果就是明确了哲学外延中意识形态部分的主体与主题。因为仅就哲学其自身来讲,意识形态性仅仅提供了一种阶级归属的可能,至于哲学该归属怎样的阶级和具有何种程度的阶级色彩,都最终取决于政治实践的限制和参与程度。就此而言,政治的阶级性向哲学中的传递,其本质就是政治实践划定了意识形态归属哪个阶级,该是谁的,性质如何等,从而使哲学的阶级性具有了现实的经验性质,哲学的意识形态色彩现实化、明确化了。简言之,政治赋予了哲学阶级意志。因此,政治对哲学而言,既提供了解读的现实文本,赋予了阶级的意志。文本与意志的供给构成了政治与哲学之间张力结构的第一个内容。

关于哲学为政治提供理性与良心。这是政治与哲学之间张力结构的第二个内容,也包括两个方面,即哲学为政治提供理性支持与良心保障。这也是侯才教授着重论述过的,在此笔者仅稍作分析。

政治的两种基本尺度决定了政治实践既追求合理性原则,又追求合法性原则。合理性原则,即政治行为要符合其必然性要求,尽量消解其不合理因素，其基本要求是，政治行为必须具有理性思辨能力。这种思辨不能是经验层面的认识和判断，也不能是价值层面的应该，而只能是一种必然性的辩证肯定和否定。而这显然是政治自身所不能提供的，但政治之所短正是哲学之所长，政治需要依赖哲学提供理性支持。合法性原则，即政治基于阶级认同基础上的社会认可与否及程度大小，其基本要求是，政治实践要获得广泛的支持。这种支持不仅仅是利益上的，还要有道义和观念上的，也就是说，支持应是深层次的。这就关涉人类政治生活的深层次问题。例如，民主的基础是什么，什么样的民主才是真正的民主，若民主是一种约定，有人退出这一约定，民主对它们还有效吗等问题。显然政治生活本身的追问就已经不自觉涉及哲学的领域。就此而言，哲学在这一维度上又担当了一种道义责任，它承担着给政治以道义上的立法或价值上的定向之义务。在此意义上，哲学对政治而言，又是一种良心。而有了头脑和良心的政治才会具有永久的生力，才是真正的政治。因此，哲学之对于政治的价值和意义就在于，哲学可以为政治提供政治理性的支持和正义的保障。

总而言之，就政治与哲学的关系而言，基于它们二者之间的张力结构，彼此双方具有相互的依赖和制约性，这种相互的依赖和制约性反过来又使得张力结构具有了与政治或者与哲学相对的分离性。也就是说，这种张力结构既不是哲学也不是政治，是它们二者的交集，具有独立的领域与价值。那么如何体现和表达这一相对独立的形态呢？显然，单纯以哲学领域来表述未免过于宽泛，而仅仅用政治理论来概括又明显过于狭窄，正是基于这样一种两难境地，政治哲学便应运而生。就此而言，政治哲学作为政治与哲学之间的一种交集，本质上充当的是二者之间联系和对立的中介和桥梁，这种中介和桥梁的意义和价值就在于，"一方面凝结、升华政治实践的经验以及反映政治的需要和诉求,为哲学输送必要的因素和养分,另一方面把哲学对政治的引领作用具体化,直接承担起为政治提供政治理性和政治良心的功能。"①正是在这种意义上,我们说政治与哲学之间的张力构成了政治哲学之所以生成的基础,而政治哲学作为对这种张力结构日益分离(从政治和哲学的领域)的一种回应,其本质是对这一张力关系的理论表达,它具有相对独立的地位和价值。

5.3中国哲学中关于人的本质的双重规定

中国古代哲学家考察人的本质是从经验事实出发,从肯定和否定两方面入手,其基本的思路是:人不是什么,人应是什么,最后人为什么这样(不是某物而应是某物)。总体说来,中国哲学认为,人的本质包括三个方面:人不是"禽",但有禽的属性;人是社会性的,有欲望但应是高尚的;人之所以如此是因为人本身具有性与情两种本性。换言之,中国哲学关于人的本质的基本观点是:人是双重化的,是人禽、圣凡、性情双重化的人。②

5.3.1就"人禽双重化"而言,中国哲学主要强调人的本质的现实
　　　前提,关注的是人的本质的经验性质。

"人禽之辨"是中国哲学的一个很重要的命题,中国古代哲学家认为人与禽兽之间存在本质的区别,但同时又不否认两者的同一性。在他们看来,人不是禽兽,但在某些方面人又是禽兽。为什么呢? 古人认为,人与禽兽在相通的基础上在三个主要的方面有根本区别:肉体构成、有无社会性

---

① 侯才:《政治哲学:政治的理性和良心》,《哲学动态》,2005年第6期。

② 张健:《中国哲学人的本质的双重化》,《船山学刊》,2002年第4期。

和道德意识、能否劳动。

首先，就肉体的构成而言，中国古代哲学家认为，人和动物都是由自然之气演化而来的，但是它们各自所禀受的气的类型是不同的。因此，在人身上既有兽性又有人性，更多的是人性又超越了兽性。例如王廷相认为："天地之间，无非气之所成，故人有人之气，物有物之气，则人有人之种，物有物之种"（《王廷相哲学著作选》）。而所谓气的类型的不同，乃根源于"烦气"与"精气"的区别，即："烦气为虫，精气为人"（《淮南子·精神训》）。那什么是精气呢？古人认为精气乃是天地之精华，是来源于天地间的灵气，它生成人，因此人成为天地之精英。如王船山在《诗广雅·大雅十三》说："人者，两间之精气也，取精于天，禽阴阳而发其同明。"而所谓的"烦气"也就是浊气，是虫生成的根源。可见，人与动物的不同是根源于他们所禀受的天之气的不同而形成的，其具有先天的依据和基础。正是因为这样，所以人的肉体和动物也有了根本的不同，主要是：除了和动物一样能"视万形，听万声"外，还具有"兼辨之"的能力，也就是对感觉进行综合判断和思维的能力（参见胡宏《知言·往来》）。而这种思维和判断的能力是人所独有的。

其次，在有无社会性和道德意识方面，古人认为人是优于动物的。人首先是"能群"的，也就是人能通过社会的联合来克服自身的弱点，因为对人来说，"力不若牛，走不若马"，人只能通过"能群"来弥补这一先天的缺陷（《荀子·王制》）。不仅如此，人"能群"更重要的体现在人在社会生活中运用自身的智力和智慧来生存和发展。即尽管鸟兽"其爪虽利，筋骨虽强"，然而还是"不免受制于人"，究其根由在于人能"通其智而一其力（《淮南子·修务训》）。这也同时说明，人较之于动物，是有意识的。而马克思也认为，"有意识的生命活动把人同动物的生命活动直接区别开来。"不过，在中国哲学家看来,人有意识主要指人有道德意识,例如荀子认为"人有气、有生、有知亦有义,故为天下贵也。"在古人看来,人的最高价值在于道德意识,而道德意识虽然可以通过社会教育形成,但更主要的是要靠人的自我反省、自我约束、自我教育,也就是说,道德意识的修养主要是一种自律行为。

最后,就能否劳动来说,劳动实践是人所特有的,是人与动物的根本区别之一。马克思也认为,劳动实践是人区别于动物的根本标志。为什么呢? 和马克思的观点一样,中国哲学家也认为动物的生存依靠的是本能,而人依靠的是创造,例如王船山说:"禽兽终其身以用天而自无功,人则有人之道矣。禽兽终其身以用其初命,人则有日新之命矣。"(《诗广雅·大雅三二》)。

可见,中国古代哲学家在人禽的关系上,承认两者的共同性,但更强调其区别,并且也正是在其区别中来探讨人的本质。他们认为,人们如果不努力保持上述区别并彰显自身的人性,那么人就与禽兽无异了。因此,中国哲学家对人的本质的考察首先立足于人的现实的经验层面,从人的本质的否定方面进行界定。

5.3.2就"圣凡双重化"而言,中国哲学强调的是人的道德本质,关注的是人的本质的应该的规定性。

如果说人的本质的"人禽双重化"是人与动物相比,是人的本质的最低层次,那么人的本质的"圣凡双重化"就是人与人中之精英相比,是人的本质的最高层次了。之所以这样说,就在于古人对"圣人"的规定,是十分完善和理想化的,对现实的人来说并不是不可企及的,是一种道德上的应然的追求和必要途径的统一。

在古人看来，所谓圣人是集智慧、品德和功业于一身的人。这是古代不同的学派所共同持有的观点。有智慧指圣人就是智慧的象征，他们见识高远，聪明通达。"圣，通也。"《说文》就是这样解释的。而"圣者"就是"无不通也"（《尚书·洪范》）。在实践中，圣人比一般人高明，是因为他们是识时务的俊杰，即"圣人不期修古，不法常可。论世之事，因为之备"（《韩非子·五蠹》）。那么是不是圣人天生就是这样的呢？不是，古人认为，圣人之所以成为圣人是自己后天修养所成，他们与一般人相比，并没什么神秘之处。不同之处只是在于圣人能够与时俱进，讲究探究之道。即如《吕氏春秋》所说，"审近所以知远也，成己所以成人也，圣人之道要矣。"可见，圣人大智大慧既是一般人所要追求的目标，同时其成圣之道还是一般人要学习也是能学到的具体方法，这样，古人就为一般人指出了做人的目标和达到这一目标的道路。此其一。

其二，圣人还是品德高尚的人，是一般人的道德楷模。《孟子·方圆》中说："规矩，方圆之至也；圣人，人伦之至也。"《二程集》中也说："得天理之正，极人伦之至者，尧舜之道也。"可见，在道德伦理方面，圣人成为天理人道的最完美的结合和体现。不仅如此，在后来的学者眼中，圣人又进一步被赋予了具体的道德内涵。例如，周敦颐在《通书》中说圣人之道不过"仁义中正而已"，或者"诚者，圣人之本"等，总之，圣人在伦理的意义上是一种人们应该追求的价值目标，是一般人提升自己所要追求的理想境界。

其三，圣人最根本的特征是，他们还要建立丰功伟绩，造福于人民。这是圣人的最终的价值，是中国哲学家对人的本质规定的最后的归宿。在中国哲学家看来，圣人总是与非凡的业绩相联系。他们或者导水疏河，消灾灭患，如大禹治水；或者教民播种，为民兴利，如神农氏；或者除暴安良，解民倒悬等。例如，《淮南子》就称神农尧舜禹汤为五圣，说他们劳形尽虑，为民忧劳勤苦，一心为公，为天下人谋利是他们唯一目的，"凡圣人之所作为，无非以利天下也"（《陆九渊集》）。可见圣人在功利方面是大公无私的，其所作所为与民众的生活息息相关，是一般人所要追求的建功立业的最高境界。

综上，古人的圣人观，其内涵十分丰富，其意义也是深刻的。他既不是单纯的智者，也不是单纯的善人，当然也不是仅仅建功立业的大丈夫，而是上述三个方面的总和，是集智善功于一身的完美形象。这一方面反映了古人对人的本质的深刻理解，另一方面也说明了古人对人生价值的追求，同时这也意味着中国哲学家对人的本质的考察从经验的事实出发，而最终的落脚点依然是经验的事实，即为了实现人的完美的发展。而这是不是说古人对人的本质的思考缺少理性的或者形上的根据呢？换言之，中国哲学中关于人的本质观念中"人禽双重化"和"圣凡双重化"的内在的逻辑依据是什么呢？这就是第三个问题。

5.3.3 "性情双重化"是中国哲学人的本质观的形上依据，是形成人的本质的"人禽""圣凡"双重性质的基础。

如果说"人禽双重化"是立足于人的本质的事实层面，"圣凡双重化"关注的是人的本质的价值层面，那么"性情双重化"着重解决的就是人的本质的必然性问题，是回答上述两个层面的所以然的问题。

具体说来，在人身上"性"和"情"是一种先天就有的东西，是人自从其生成时就具有的属性。古人认为，"性"与"情"来源于不同的物质基础，性是阳气的散布，情是阴气的变化，因此性与情的对立是一种天然的属性。反映到人身上，就成为理性与欲望的对立和矛盾。例如李翱在《复性书上》说："情既昏，性斯匿矣……情不作，性斯充也。"他主张以性制情，还复人的本性。而荀子也认为，是否能控制住人的情欲是人与禽兽的区别之一，他说："纵情性，安恣睢，禽兽行，不足以合文通治。"（《荀子·非十二子》）也就是说，性与情的矛盾，在人身上是先天具有的。正是因为人身上的这种先天的矛盾性，所以人就具有人性和兽性；也正因为人身上具有兽性，因此人在现实中是不完善的，还需要修养；同时在人身上又具有人性的基础，所以人追求圣人之道是可能的，更是可行的。因此，就中国哲学中关于人的本质观念来说，性情双重地存在于人身上，正是人存在、发展和不断超越的内在基础。

综上，我们看到，中国哲学对人的本质的观点具有自己的特色。它认为人是现实中的人，是在经验中生存、发展和实现超越的人。因为他的"能群"能力，使得他在动物的世界中分离了出来，因为他的"向善"本性使得他在现实中不断摆脱自身的兽性，向着理想的人性目标迈进。而为什么人不得不这样呢？古人认为这是由人的先天的规定决定的。因此，中国哲学关于人的本质观念的基本特征就是：在人的本质的事实层面，界定人禽之别，强调人必须完善自己的现实根由；在人的本质的价值层面，通过圣凡之辨，强调了人应达到的价值目标，圣人之境界本质上是对人的本质的最高价值预设；在人的本质的必然性层面，界定性情的内涵，在本体论的意义上论证了人的本质的最终根源，实际上完成了对人的本质的形而上论证。

5.4 文化产业的时代语境及实践诉求

从语言分析视角看，文化产业是一种以文化为标志的对产业的分类；强调的是文化要素中"观念系统"商品化这一变化；该变化标志着文化的完全产业化的完成,表现为一般商品生产、产权商品化和符号生产。文化生产力时代的到来,要求完成"技术创新主导"向"人文创新主导"的转换;后工业社会的大语境表明,中国要发展文化产业,必须在战略层面解决产业链条高端化、财富资本化等问题。要发展文化产业需要建立两个战略框架,即把文化生产力作为发展文化产业的平台,把后工业社会作为发展文化产业的语境;坚持一个基本原则:实现对后工业社会理念的借鉴和引用。①

自20世纪80年代开始,主要市场经济国家开始相继进入后工业社会发展阶段。在该阶段,产业链条化、财富尺度的转换以及世界金融的新博弈三大变化构成了后工业社会发展的基本场景。在此场景下,一些国家开始提出文化生产力、创意经济以及文化产业新概念,并逐步采用上述发展理念。那么什么是后工业社会,创意经济、文化生产力与文化产业又是什么样的概念,就需要在理论上深入研究。

5.4.1文化产业概念的语言分析

从文献的角度看,"文化产业"是由阿多诺(Adorno)与霍克海默(Hock-heimer)于1947年在《启蒙辩证法》中初次提出的,至今尚未得到统一的界定。文化产业有时也被称作或引申为"文化工业"(cultural industry)、"大众文化""通俗文化""创意产业"(creative industries)、"媒体文化""内容产业"(content industries)、"版权产业"(copyright industries)等。联合国科教文组织认为文化产业就是按照工业标准生产、再生产、储存以及分配文化产品和服务的一系列活动②。那么文化产业概念到底该如何理解呢? 笔者

---

① 田卫东、张健:《文化产业的时代语境及实践诉求》,《齐鲁学刊》,2010年第3期。
② 孙建成:《文化产业的特征与我国文化产业的发展》,《齐鲁学刊》,2008年第5期。

以为，可以抛开各种具体场景，从语言分析的视角对文化产业进行一般性分析。

从语法层面看，"文化产业"由文化和产业构成，二者之间是一种偏正关系，其中，产业是中心词，文化是限定语，表达一种产业的分类含义。因此，分析该概念也就是分析文化在何种意义上能把产业进行分类。

而从语义上看，文化指称人类的创造成果，包含三个层次的内容，即器物层面、制度层面和观念层面。相应地，文化产业即指称器物制造、产权商品化和符号生产等经济行为。在这些行为中，器物制造即一般商品生产，产权商品化即所有权转让、使用权收益等，但本质上是符号的观念体系如何进行生产、怎样转换为价值等。从产业发展的历史看，一般商品生产与产权商品化都是工业社会的普遍现象，因此这个层次的文化产业不具有标志性意义，也不是我们分析文化何以能成为产业分类标准的依据。在这个意义上，深入分析符号生产的根源和本质是揭示文化产业内涵的基本思路。那么符号生产的本质是什么，它何以产生呢？

从全球来看，20世纪80年代以来，世界经济发展开始全面进入后工业社会阶段。对这一阶段，西方学界有不同的描述和分析，概括来说，当前学界对该阶段的特征达成以下共识：第一，社会的经济重心由产品制造业转向服务行业；第二，消费主导生产；第三，从事服务行业的白领阶层成为社会的主导阶层[1]。笔者以为，这些概括基本上从宏观层面描述了该阶段转型的特点，但至于该转型的内核是什么，还需要进一步思考。参照马克思观察商品社会的思路，笔者以为可以选取"商品"这个的框架来分析该转型。

---

① ［美］詹明信：《晚期资本主义的文化逻辑》，张旭东编，陈清侨等译，生活·读书·新知三联书店，1997年。

第一，"制造"向"服务"的转换，深层反映的是商品形态的升级。"制造为重心"，表明该阶段生产的主要是"实用性价值"，即造的是"实物"。而"实物"之所以有意义，就在于商品"有用"，因此"制造"对应的是商品的"有用性"。以"服务为重心"，表明此时人们的消费重点不在于商品是否有用，有用只是一种前提，人们关心的是"服务"所带来的满足感以及在该消费中他人如何看待自己，究其实质，是商品背后的社会象征意义，即"符号性"。简言之，"制造"向"服务"的转换，深层次上反映的是：在消费偏好上，人们已经开始从工业社会对实物商品（有用性）的关注走向后工业社会对符号商品（符号性）的青睐，后工业社会的首要特征是商品价值的"符号化"。

第二，从逻辑上看，商品的"符号价值"来源于消费者关注消费过程中别人对自己的评价，本质上是一种"心理体验"。但问题是，这种"心理体验"如何与经济行为挂钩呢？从社会发展的一般规律看，随着社会需求层次的升级，物质性需求得到充分满足后，人们便会转向高级的精神性需要，而精神性需求是抽象的、无形的，需要借助一定的载体才能体现。于是，社会上便有一批人专门研究人们的精神性需求，并把这些内容附载在商品上，这就是品牌和产品设计。可见，后工业社会第一个重要的经济环节就是"研究开发"，没有它就没有商品的"符号价值"。但是把特定的社会象征意义附载在商品上，人们就一定相信吗？比如，人们凭什么相信"抽好烟就代表着好身份"呢？这说明，要让人们相信，还需要一个说服环节。而从实际中看，广告及其背后的营销手段就扮演了这样的角色。可见，"符号价值"的最终实现又离不开营销环节。这样，在后工业社会中一个"符号价值"的生产就包含了这样的基本环节：首先需要研究开发，设计出"符号"；其次要造出商品，作为承载"符号"的媒介；最后要通过营销手段，说服大家相信这个"符号"代表某种意义。也就是说，"研发——制造——营销"构成了后工业社会的基本生产体系。在该体系中，三大环节具有内在的逻辑关联，围绕符号这一中轴形成一种"链条化"结构。从其本质上看，"产业链条化"实际上是当今世界经济的新一轮大分工，即"创造符号""附载符号"和"卖符号"，其核心是符号生产，并辅之于实物制造。而"符号"的本质是精神性需求的有形化（社会象征意义在商品上的附载），这意味着，在这样的分工体系中，"创造符号"（开发精神性需求）和"卖符号"（实现精神性要求）是整个产业体系的关键和战略制高点，只要抓住了这两个环节，也就掌握了整个产业的核心和主框架。

由此可见，今天符号生产所以可能，源于后工业社会生产逻辑的转换（生产决定消费→消费主导生产），符号之所以具有价值，源于人们消费重心的转换（实物性→符号性）。再结合工业社会中一般商品生产和产权商品化，文化的完全产业化就成为了一种事实。正是在这个意义上，"文化产业化"实际上就是商品符号价值的生产，文化产业的时代内涵就是文化要素中"观念系统"的商品化，表现为符号价值成为时代消费的重心。

简言之，可以这样概括文化产业概念：它是一种以文化为标志对产业的新分类；该分类强调的是文化要素中"观念系统"的商品化；历史地看，文化的这一变化发生在后工业社会阶段，该变化标志着文化的完全产业化的完成，即文化的器物层次、制度层次和观念层次的商品化的完成，表现为一般商品生产、产权商品化和符号生产；相应地，文化产业的基本现实指称也就分别包括三个方面，即实物商品、产权商品和符号商品。

5.4.2 文化产业的实践诉求

从概念的逻辑层次看，文化产业应包含相互联系的两个层面，即"文化的产业化"和"产业的文化化",前者表明文化自身具有经济意蕴,后者则表明经济具有文化意味,文化与产业之间具有天然的联系。问题是,这种联系是如何在实践中形成一种具有行动意义的亲和力的呢?

首先,从"文化的产业化"来看,即文化具有经济价值,来源于当代生产力的形态转换——物质生产力向文化生产力的转换,该转换使得文化本身直接具有了经济效力。在世界范围内,文化生产力指称生产力发展的现代形态,与物质生产力形态相对,表征的是基于世界市场和科技革命内在驱动的生产力发展阶段。文化生产力的内涵随着科技革命的迅猛发展而不断得以拓展,从确立至今,其内涵演进分为两个阶段。一是现代阶段,以技术与知识作为主导生产力形式,集中表现为文化产业的兴起。二是后现代阶段,以网络技术的广泛普及为驱动,文化生产力发展中的关于人文社会创意的因素上升为生产力发展的显要方面,文化生产力发展指向人文社会领域,智力创造的主导对象区域转向人的世界本身,生产力的发展集中表现为"创意经济"的崛起①。由此,从世界范围看,文化生产力的发展主要包含这样两个基本规定性:指向"自然资源"的智力创新与指向"人文社会资源"的智力创新,核心是智力的创造。也就是说,文化所以具有经济效力,主要是因为智力因素在人类创新活动中日趋重要。而深入来看,源于技术革命推动并以智力价值扩张为标志的文化生产力,背后展示的是社会创新的诉求,它意味着,文化生产力能否成为生产力发展的新形态和新阶段,取决于社会创新能否从指向自然,转向指向社会、精神领域,能否从物质性消耗转向非物质性消耗。这是文化生产力背后的首要的时代诉求。

---

① 张健:《当代中国文化生产力发展问题研究》,《广西青年干部学院学报》,2007年第4期。

　　其次，从"产业的文化化"来看，也就是经济性的产业如何具有文化性特征，这是由后工业社会的"符号生产"和"消费主导"特征决定的。如前文所述，"符号生产"在本质上是社会象征意义对商品的赋予过程，是一种文化性生产，这当然会带来产业的文化化现象；"消费主导"的背后是人类总体上物质性需求的相对饱和和精神性需求的凸显，而精神性天然就是文化的景观。可见，后工业社会在一定的意义上可以说就是一种不断文化化的社会。那么，更深层次的问题是，这种文化化的背后是一种什么样的力量在起作用呢？分析发现，主要有两种力量：一是"符号生产"背后的世界产业链分工的高端化；二是"消费主导"背后的世界财富资本化。

　　关于"符号生产"背后的世界产业链分工的高端化。世界产业链条化，指的是当前世界产业分工国际化，每个国家都成为世界产业体系中的一个环节。在该链条上，研究开发是设计产品"符号价值"的过程；加工制造是准备"符号价值"物质载体的环节；营销则是实现产品"符号价值"的过程。可见，在后工业社会背景下，与商品"符号价值"直接有关的是研发和营销两个环节，加工制造仅仅作为一个必要的手段。这种产业链分工的不同意味着，产业链条利润的分配格局可能对制造不利[1]。实际情况确实如此。依据相关数据，在当前产业链利润分配中，制造仅占十分之一，十分之九归于研发和营销[2]。不仅如此，产业链的含义是，不同的环节联动发展，

---

　　[1]　张新颜：《后工业社会场景中的国家发展：财富资本化与资源定价权》，《贵州社会科学》，2009年第2期。

　　[2]　关于产业链利润分配实证数据，学界和商界已有较高共识，美国商务部的数据显示，一个售价在9.99美元的芭比娃娃，扣除成本0.65美元，到最终消费者手中时总共增值9.34美元。"中国制造"在这块全球增值的大蛋糕中只分得了0.35美元，占4%不到，而美国的玩具厂商和零售商得到的是中国厂商的23倍！如果按利润计算，这个差距还要大。一般来说，学界基本认可1∶9的分配格局，可参看体制内、体制外两个学者的研究，李国学：《面对全球产业链：中小企业路在何方》，《中国财经报》，2008年9月17日；郎咸平：《冲出产业链危机》，《中国纺织》，2008年第8期。

即有一个环节动，其他环节都动。反映在实践中就是，如果你通过制造赚了一块钱，那么别人则同时通过研发和营销可以赚九块钱。

关于"消费主导"背后的世界财富资本化。"生产决定消费"向"消费主导生产"的转换，实际上反映的是财富内涵的更新。"生产决定消费"意味着，在现实生活中人们消费什么取决于这个社会已经生产出了什么东西，"已经产出的价值"是人们进行消费的前提和对象。这说明，"已经产出的价值"对人们具有决定意义，而在经济范畴里，"已经产出"的价值可用"钱"来衡量，"钱"即是对"已经产出"的价值的确认。在这个意义上，"钱"就是财富，"有钱"就是有财富。而在后工业社会，"消费主导生产"意味着消费环节更为重要。"消费"是什么？从缘起的角度看，"消费"就是欲望，就是心理预期，是一种对"还未产出的价值"的意向，体现的是一种"预期价值"。较之于"已经产出的价值"，显然"钱"不能有效衡量它（"钱"衡量的是在形态上"已经产出"，在时态上"已经存在"这样的价值）。因此，在后工业社会阶段，"钱"无法指代财富，也无法有效衡量财富。那么该用什么衡量呢？笔者以为，这就是"资本"。这是因为，"预期价值"内含两大诉求：一是时间意义上的"未来价值"，它对今天有什么意义；二是心理意义上的"可预期获利"，如何保证它能实现。"预期价值对今天有什么意义"，资本市场显示，"未来收入"可以拿到今天来用，即它可以折现，如产权抵押贷款。在这个意义上，钱是指向过去的收入，资本就是指向未来的收入。"如何保证它能实现"，资本市场表明，可以以利率为杠杆"对预期价值"进行产权化运作，在这里，利率实际上是对未来收入的保障机制，即确定了利率，就是确定了未来的收入额。换言之，利率的功能就是对"未来价值"进行定价。就此而言，资本之所以对未来收入有决定性影响，源于对定价权的控制，资本就是拥有定价权。由此可见，在后工业社会阶段，可以这样评估钱与资本："钱"=过去收入的积累；"资本"=未来收入的折现+定价权。这是后工业社会的第二个特征。该特征意味着："资本=预期价值折现+定价权"成为后工业社会评估财富的新框架；基于这一框架，"投资经济+定价经济"成为后工业社会经济运作中的主体模式，"制造经济"成为辅助，并日渐演化为外包环节，总体上形成"制造经济※投资经济※定价经济"这样一条世界财富食物链；在该模式中，"投资经济"的基础是在资金积累上要占有绝对优势，"定价经济"的前提是在分工上获得绝对主导地位；在这一轮发展中，发达国家因其资金上和分工上的优势，成为"投资经济"和"定价经济"的主导者，发展中国家则被困于制造领域，成为世界庞大的"蓝领群体"。

总而言之，关于文化产业的实践诉求，可以这样概括：首先文化生产力时代的到来，要求我们必须实现社会创新的转型，尽快完成"技术创新主导"向"人文创新主导"的转换，这是发展文化产业的首要条件；其次后工业社会的大语境表明，中国要发展文化产业，必须在战略层面解决产业链条高端化、财富资本化这样的问题，这是发展文化产业的战略性步骤。在此基础上，我们对如何发展我国文化产业从理念与框架上作以下分析。

5.4.3 当代中国文化产业的发展策略

鉴于当前中国发展文化产业的特殊语境和国情，我们认为，要发展文化产业需要建立两个战略框架和坚持一个基本原则。两个战略框架是：把文化生产力作为发展文化产业的平台，把后工业社会作为发展文化产业的语境。一个基本原则是：实现对后工业社会理念的借鉴和引用，进行综合创新。

把文化生产力作为发展文化产业的平台，其含义是文化产业要发展，必须以文化生产力为前提,生产力发展只有进入到文化生产力的阶段,文化才能具有产业价值,文化产业才会形成。因此,构建文化生产力的基本要件就成为发展文化产业的前提性步骤。如何构建,我们认为,关键在于两点:一是资源消耗模式的转换,由对自然资源和体力资源的倚重转向对人文社会资源和智力资源的倚重;二是知识产权制度的建设。

把后工业社会作为发展文化产业的语境,其含义是文化产业的发展需要依赖后工业社会的基本经济原则,文化产业要有发展的持续动力,必须借鉴和引用这些原则。概括地说,后工业社会的关键原则有两个,即消费主导与符号生产。相应地,后工业社会的基本语境包括了这样的内容:消费主导生产本质上是购买力创造市场,符号生产决定了研发和营销在产业链中的高端化趋势。

而从实践来看,一则当前中国依然处于"现代"这一历史区间,文化产业发展的现代性语境不容改变;二则当前中国文化产业发展本身有诸多局限和不足。这就意味着,在西方后现代强势话语下,中国的发展又直接受到后现代模式的吸引、渗透和改造。因此,对当前中国文化产业发展而言,一方面必须坚守现代性的路径,确立符合"共时性"场景的发展理念,另一方面又必须积极吸收后现代性因素,探索建立一种既不是传统意义上的现代模式,也非后工业社会的后现代模式的综合型新模式。前者意味着我们需要确立一种"借鉴"的理念,后者则意味着我们要有"引用"的战略和实现战术性突破的准备和计划。

借鉴之理念,即在发展理念上,我们既要立足现代语境,又要着眼后现代前景,实现现代性与后现性的综合创新。借鉴理念的基本要求是:拿过来予以参照。引用之战略,也就是在发展的模式上,我们既要在发展战略的主要方面坚守现代模式,同时又要在发展战略的前锋层面引进后现代因素，在生产力发展的高层次上使用后现代模式。引用战略的基本要求是：引进来为我们所用。实现战术性突破准备的要求是：要改变上述发展困境，当务之急是借鉴和模仿，把模仿、借鉴的对象当作一个阶梯，加以创造、发展和超越。

"创意是文化产业崛起之源，事关文化企业或项目成功与否、乃至生死存亡"①。因此笔者以为，鉴于现代性与后现代语境的复杂性，我们应该对当前我国"创新"概念的内涵予以改造和提升。一方面要分置出"创造"和"创意"的意义区间，另一方面又要对"创新"内涵予以重构。笔者的观点是：在"共时性"语境下，"创新"既应包含指向自然界的"科技创造"，又应包含指向社会的"人文创意"。"创造"，即通过技术革新，利用自然资源来创造出价值；"创意"，也就是通过技术手段，利用人文资源来创造出价值。对当代中国来说，既受制于现代性的约束，又遭遇着后现代性的牵引，所以这就要求必须把"创造"维度置于一种基础性地位，而把"创意"维度安排在前锋位置。基于此，关于当代中国"创新"内涵之重构，笔者的结论是：应该确立一种梯度模式，其中，基于对自然资源利用的"创造"位于这一梯度的下位，作为基础性驱动力量；基于对人文资源利用的"创意"则位于上位，作为战略性前导力量②。

5.5"中国问题"：政治哲学视角的考察

当前中国问题可概括为三点：国际经济压力、GDP困境和安全忧患。这既有客观上的原因，也有中国主观上的失误，意味着中国必须清醒判断

---

① 江奔东：《论文化产业资源配置》，《齐鲁学刊》，2006年第4期。
② 张健：《文化生产力发展中存在的问题及突破》，《长春市委党校学报》，2009年第1期。

世界格局和态势,充分研究后工业社会发展规律。①

　　作为发展中国家,当前世界的深刻变革给中国带来的主要是困境和压力,这既有客观上的原因,也有中国主观上的失误。如果能清醒判断世界格局和态势,充分研究后工业社会的规律,那么中国就能转危为安,变被动为主动,赢得未来发展的主动权,否则,就会步履艰难,在战略、国际政治和世界经济层层博弈中处于被动地位。从实际看,今天的中国已经面临如下三大问题,即经济困境、国内生产总值风险以及安全忧患。

5.5.1 中国经济遭遇"打工经济""食草经济"和"美元霸权"的三重挤压

　　从全球来看,随着20世纪80年代后工业社会生产体系的逐步确立,世界经济逐渐出现"产业链条化"趋势,而此时的中国还未来得及对上述格局进行深入分析和评估,就因情势所迫启动了改革开放。也由此,中国的改革开放显现出内在的不足,主要表现在两个方面:思路设计和模式选择。

　　在思路设计方面,因整个社会缺乏对后工业社会规律的专业评估,总体战略方向(全球化)明确但路径模糊(摸着石头过河),因此整个思路设计显得实用性有余而理性不足。这一缺陷导致后来的改革开放迷失于短期诱惑和局部利益。而在模式选择上,战略性不足必然会带来发展眼界的短视和发展方式的急功近利,实际也是如此。在新的世界分工体系中,中国经济发展利用了自身的优势(资源和劳动力充裕),但是忘记了对自身发展核心能力(技术创新和定价权)的培养。因此,中国发展滑向了世界市

---

① 张健:《"中国问题":政治哲学视角的考察》,2010年第6期。

场的低端区位，形成了"加工制造=资源消耗+体力劳动依赖"这样一种模式。市场的另一端则是另一种模式，即"研发营销=人文社会资源消耗+智力资源依赖"，其处于世界市场的高端区位。两种区位相比：一则利润分配差异悬殊（整个世界形成"加工:研发营销=1:9"这样一种利润分配格局），这意味着中国模式获利很少；二则成本对比相差巨大（加工获利消耗的是自然资源，这是有限的，依靠的是体力资源的低成本，导致内需无法提升；研发营销消耗的是人文社会资源，这是无限的，依赖的是智力资源，具有创新动力），这意味中国模式成本巨大，同时，又不可持续。综合二者，可以发现，中国模式的背后实际上是"高成本、低利润"，加之全球分工"研发—制造—营销"链条化，意味着制造挣1元则研发营销挣9元。因此，从性质上看，中国经济发展模式在全球经济体系中已经沦为"打工经济"。再深一步，中国经济越发展，资源越稀少，内需越不足，未来经济就会仅有增长的表象而无持续和创新的内核，更不用说其他经济体系在我们打工的基础上越来越壮大了。此其一。

其二，后工业社会时代的财富尺度是资本而非金钱，这是财富标准上的时代性转换。在这一转换中，资本的内涵有二，即"未来收入的折现+定价权"。"未来收入的折现"，其本质是货币使用权的商品化，即拥有一定的货币储备，把其使用权卖给别人，体现在经济运作上就是"投资经济"。而"定价权"的核心是"定价能力"，即在商品价值生产过程中如何能把"制造节点"变为"外包环节"，能使"制造"成为"外包"，便表明你具备了定价能力，反映在经济运行上，即为"定价经济"。可见，后工业社会时代，资本运作的经济形态可概括为"投资经济+定价经济"。因为该阶段的财富主要体现为资本，所以后工业社会阶段的主体经济是"投资经济+定价经济"。又因为该形态从内容上看，不涉及传统的资源和生产，在一定意义上可称之为"虚拟经济";相应地,传统的"制造经济"因以资源消耗和生产为主,具有实体性特征,可称之为"实体经济"。二者相比:一方面,"实体经济"面向自然界,以消耗资源而成为"虚拟经济"的外包环节,"实体经济"成为财富食物链中的起点;另一方面,"虚拟经济"立足"实体经济"之上,以"实体经济"的产品为获取利润的媒介,居于财富食物链的终端。因此,在这个意义上,当今两大经济形态又可以分别称为"食草经济"和"食肉经济"。显然,如同生物界中的食物链一样,财富食物链中"食草经济"是一种弱势经济。而中国经济发展中的另一个严峻问题也正好在此,那就是我国经济增长的两大主力军"外贸出口"和"投资驱动"从本质上看,都是"食草经济"。道理很简单,"外贸出口"是"制造经济",这无须解释。而"投资驱动",一则以引进外资为主,需主动找"食肉经济";二则固定资产投资占半壁江山,这是钢筋水泥的消耗,典型的"食草"。因此,从世界财富分配的大格局看,中国经济发展的这种"食草性"意味着中国经济核心竞争力是没有的,中国经济崛起在一定意义上只是在为"食肉经济"体系提供食物。此乃中国经济危象之二。

其三,中国的对外货币交换体系坚持国家管制(汇率管制),导致中国汇率体系落入美元陷阱,巨大外汇储备成为美元霸权的俘获者,这带来了中国财富不断流失的危险。具体来说,中国在特定背景下采用汇率管制,促进了中国的发展,但随着经济的发展和美元信用来源的转换,国家应该适时变换汇率机制,实现汇率的市场化和必要的国家保护配套,但我们没有及时跟进。而没有这样做的后果则是极其严峻的。首先,国家经济实力不断增强,中国在世界市场的购买力不断上升,人民币与外币的比值应相应调整,不调整则意味我们在贱卖自己的资源和商品(如专家估计人民币与美元的购买力之比应在2:1左右,我们人为控制在6.8:1左右,这就很吃亏）。其次，外汇不能在国内自由流通，这意味着我们进来1美元，央行就要发行7元人民币，我们外汇储备巨大，国内人民币发行就巨大。因为一直储备外汇（没有购买资源和产品），这些人民币短时间无相应财富对应，中国国内通胀必然不可避免。再次，美元长期走势是贬值，中国海量存储，实际购买力下降惊人（1994年，中国外汇储备为516.2亿美元，当时的黄金价格是384美元/盎司，以购买力计算，我国的外汇储备相当于134427083盎司黄金。2008年2月，中国外汇储备为16471亿美元，当时的黄金价格在900美元/盎司以上，以购买力计算，我国的外汇储备相当于1830111111盎司黄金。不难看出，我国外汇储备从1994年到2008年2月，增长了32倍，而能够购买的黄金总量仅增加了13.6倍！显然，外汇储备的过快增长掩盖了购买力下降这一现实）。最后，最致命的是，20世纪70年代以前，美元本位的基础是"黄金美元"（美元与黄金挂钩），其本质是美元信用来源于实际财富抵押，即存美元=存财富；20世纪70年代以后，美元与黄金脱钩，美元本位的基础是"石油美元"（用美元结算石油），其信用来源是"强制抵押"（军事控制产油国，获得美元对石油的结算权），以"强制抵押"为信用基础的美元表面上是一种信用货币，但本质上是一种"暴力白条"，即该货币没有实际财富抵押，是基于美国强制力的借条，该借条意味着美元可以用来流通，但绝对不能储备，储备则意味着最终买单。因此，在这种意义上，中国储备大量美元意味着我们可能面临战略性买单的危险。总之，如果汇率管制不适时调整和辅之以必要的国家保护，中国经济发展就无法避免美元陷阱的算计：贱卖资源、财富缩水、国内通胀、战略买单。

5.5.2 发展中的"唯GDP"倾向与中国经济的华而不实之隐忧

之所以这样，源于"GDP"自身的两大困境。第一个困境是，在国际范围内,衡量国际发展的经济指标从"GNP"转向"GDP",这一变化对新兴经济体不利。因为"GDP"是以"国界"为准衡量产品和劳务数量,"GNP"是以"国民"为准,两种标准背后的实际含义是:以"国界"为准,即不论你是哪国人,只要创造了产品和劳务,都属于所居住国家的人;以"国民"为准,即不论你在哪里生产和提供劳务,都属于你所属国家的人。上述区别在全球化背景下带来了难题和差异。难题是:全球流动普遍化,一国国民遍布世界各地,统计"国民"的产品和劳务太麻烦,甚至在技术上变得不可能,所以"GNP"不便于全球化背景下的国际统一衡量。差异是:在后工业社会背景下,新兴经济体总体上成为发达经济体的"外包环节",表现为发达经济体的跨国公司遍布全球,尤其在发展中国家居多,而在"GDP"统计中,这些产品和劳务都算在发展中国家头上,但利润却都流向了发达国家的总部,计入它们的"GDP"中。可见,发展中国家的"GDP"主要具有统计意义,但财富价值不高,而发达国家则反之。相应地,基于"GDP"的国际经济实力也就出现了发展中国虚胖(数大而财少)而发达国实壮(数小而财足)的局面。

不仅如此,"GDP"还有更严重的问题,这就是第二个困境。即我们在评估它时,过于偏重总量,而对其"构成科学与否""有无核心竞争力"以及"增速多大才为科学"等问题不予重视,导致中国经济发展缺乏可持续性、核心竞争力不足以及增速迷信。

具体说来,完整的"GDP"评估体系应是这样的:总量+构成+核心竞争力+增速。在这一框架中,"总量"代表着发展的规模,但规模大不能说明发展就好,规模小也不能说明发展差;"构成"代表着发展的质量,如果构成适合"消费\投资\出口"结构,则说明该经济体是健康的(既有好的福利——以消费作表征,又有可持续性——以投资作表征,还有一定的国际优势——以出口作表征）；"核心竞争力"代表着发展的核心动力，若以"技术+创新"为主体内容，则说明该发展是有竞争力的；"增速"则代表着在发展中如何处理"积累与消费、长远与当前、全局与局部"等基本问题，合理增速的确定本质上是在上述三个矛盾中寻找平衡点，换言之，不是增速越大越好，也不是低增速就是发展慢。基于这一一般评估框架，我们再来看中国经济发展。

显然，结论很不乐观。一是我们很看重总量，且把其纳入执政体系的业绩考核机制，成为影响中国总体发展思路的关键因素。二是我们忽视甚至无视"GDP"的构成，使得"消费\投资\出口"结构严重扭曲，带来了中国发展"内需不足、国民福利低缺、经济可持续性严重不足"之后果。三是我们的发展不计"核心竞争力"的培养，为了保持"GDP"的增长，忽视行业选择的科学性和战略性。例如，在今天的"GDP"主体内容安排上，我们看到的是房地产及其背后的钢筋、水泥、工地、玩具、服装等经济因素，这些能成为未来中国参与全球化的核心竞争力吗？显然不能。四是我们的发展有意无意地形成了对"GDP"增速的迷信和膜拜，使得对增速的实际经济含义缺乏理性认知。

总而言之，我们在"GDP"国际背景变化上的无知、对"GDP"评估体系的片面肢解使得我们的经济发展日趋"唯GDP化"，经济发展的前景越来越不明朗，经济发展的严峻性也越来越显现。其结果就是：经济体虚胖、经济数据无灵魂、核心竞争力缺失、可持续性不足、增速迷信。

5.5.3国家安全的忧患：战略理念与顶层设计

在海洋时代世界地缘政治博弈中，中国因固守"陆地意识"，在全球战略和国家安全领域步步退守，呈现国家战略缺失之危机。该危机集中体现在两个方面,即战略理念滞后和安全战略不足,前者导致全球化背景下中国总体战略的被动防守,后者则带来当前中国国家战略安全的隐患。

随着资本主义体系的确立和全球市场的开拓,世界开始进入"海洋时代",与以往的"陆地时代"概念相比,"海洋时代"是一种崭新的战略理念。如果说"陆地时代"描述的是一种"民族国家"战略观察框架,那么"海洋时代"表达的则是一种"全球化"框架。在"民族国家"框架中,国家意识(从国家的角度评估国际关系)、民族平台(国家对外活动的参照和底线是主权独立和领土完整)和独立自主能力(维护主权独立和领土完整的能力)是三大支柱和基本架构。而在"全球化"框架中,上述三大支柱和架构分别转换为:全球视野、全球平台和全球化能力。三者中,"全球视野"代替"国家意识",根源于人类活动的空间扩展,即在技术进步的基础上人类能到达全球各地,且时间可控;"全球化平台"代替"民族平台",标志人类活动的舞台已经平铺至全球各地,海陆空已经不再是空间的分割,而成为连续的立体;"全球化能力"代替"独立自主能力",则意味着今天国家活动的评价尺度已经不再局限在民族一隅,而放眼于全球。可见,"海洋时代"来临预示着新一轮战略设计的大更新、大革命。那么从应然的意义上说,"海洋时代"需要怎样的战略设计呢?

笔者以为,其核心主要包括两点:一是明确的"海洋意识",二是清晰的"顶层设计"。"海洋意识"意指三层意思:首先,把战略视野转移到全球范围,而不再是局限于主权领土;其次,把战略能力定位于"远航能力"(海洋航行、空中航行、太空航行),使其成长为全球竞争的核心能力,而不仅仅是立足于"保疆自主";最后,把战略目标指向全球公共资源(无主权土地、公海、公共太空),而不再是在国内坐井观天。"顶层设计"指的是,在上述战略意识明确的前提下,自觉进行战略的最高层规划,要点应包括:首先，经济战略，进行基于后工业社会格局的产业、财富和货币体系设计，原则是利益最大化，关键是突破美元霸权体系，至少摆脱今天的"打工、食草、被算计"之困境；其次，政治战略，进行针对美国并破解其主导的多极化现状的全球安全战略规划，核心是突围、破解和反制；最后，文化战略，实现中国文化的时代更新，在当今世界三大文化思潮中（东方文化、西方文化、伊斯兰文化）合纵连横，赢得时代的话语权，最低战略目标是取得话语空间。

以此为参照，反观我们的战略现状，很不乐观，其中最致命的有三处：一是我们的"陆地意识"浓厚，对世界全球化认识滞留在经济层面，军事国防没有突破"保疆、本土防御"之局限；二是我们的时代定位模糊，世界已经进入海洋时代，但我们依然固守陆地，对全球公共资源不感兴趣；三是"海洋意识"缺乏，对海洋的认识局限在"国家海岸"层次，远不知"远航＝全球化"的时代共识。仅此种种，就使我们前景堪忧，若不改变，那么中国发展的战略空间会越来越少。

如果说理念滞后是一种根源，那么现实中战略运作不足则就是一种后果了。概括地说，当前我国安全战略的不足表现在以下两个方面：

一是缺乏地缘政治战略的考量，总体安全形势被动退守。冷战时期，中国受到美国的"新月形"战略包围，冷战后，该包围不仅没有减弱，相反加强了，"新月形"变成了今天的"C形"。也就是说，我们周边的两个战略链条现在开始合拢。一个是以"韩国–日本–中国台湾–澳大利亚–越南——印度"为节点的海上链条，另一个是以"印度–巴基斯坦–阿富汗"为节点的陆地链条，海陆连接，形成"C形"包围。放眼望去，"从日本列岛到南沙群岛，挤满了世界最先进的潜艇、军舰和飞机"。那么为什么冷战结束了，美国还进行战略进攻呢？根源就在于世界地缘政治自身的必然性。

在本质上，地缘政治框架可以用来观察一个国家进行战略行动的可能性。例如，海洋环境会造成一个民族的紧张感并进而积淀成为扩张意识，因为它需要安全保障；内陆环境会给一个民族稳定感进而演化为一种内敛求稳意识。两种不同意识决定一个民族观察世界和考虑未来的不同思维进路。在这个意义上，"地缘政治"分析框架可以提供一个民族未来行动的可能选项。而在实践中，这些可能选项就是一个国家的战略意向之集合。至于这些选项"哪些和什么时间"会变为政策，则取决于两国的利害关系了。冷战时期，中美只是意识形态上的利害博弈，美国的现实敌人是苏联，所以"新月形"包围的性质是防御性的，也就说，那只是美国棋盘上的远期棋子。冷战后，苏联解体，中国经济壮大，中美利害关系从意识形态上升到利益层面（美国全球霸权这一核心利益因为中国复兴所带来的全球力量博弈格局的重构，会越来越受阻），原先的那个战略棋子就要走向前台了。在这个意义上，今天的"C形"包围本质上是一种战略进攻，其含义就是，你中国就在自己的地盘上发展吧。而在全球化需要全球资源的时代，这对中国来说，无异于被人捆住了。由此可见，若一个民族没有对地缘政治的考量，必然会遭致战略围堵。道理很简单，对于一个民族的发展来说，若缺乏总体棋局安排，这意味着在世事如棋局的世界博弈中不是棋手那只能当棋子，民族发展的战略主动性就丧失了。同样一个民族若不能对他国的战略意图进行分析，对他国与自己的利害关系进行历史的、具体的判断，同样也会成为他人的棋子，被利用是小事，挨打遭抢则事大，而亡国灭种也并非危言耸听。此战略困境之一。

二是我们缺乏立足"海洋时代"的全球战略设计，全球战略能力不足。在时代进入"远航=全球化"的今天，中国全球安全战略依然立足主权独立和领土完整，依然缺乏对全球公共资源的激情，这是实实在在的"陆地"之见。今天在这个被称为"水星"的地球上，最大的舞台当然是海洋、天空而绝不是陆地。这种现实意味着，在这个舞台上，决定你活动空间的不是"跑步"有多快，而是"远航"有多远，即看一个国家航海和航空的能力。相应地，这也决定了在当今时代，只有海军和空军才是最精锐的力量；只有拥有强大的"远航"能力，才会具有全球行动空间；只有拥有对全球公共资源的分享能力，才会有进行全球竞争的资格。在这种意义上，当前我国安全战略的不足实际上带给我们的是如下困境：当我们的"跑步"遭遇"远航"时，我们"跑"得出去吗？当我们的市场不得不需要全球公共资源之时，我们拿得过来吗？当我们被捆绑得不得不反制的时候，我们反制得了吗？

5.6现代性的含义及其在当代中国的理解与构建

理解现代性需要从语义和语用两个层面着手，从语义看，现代性是关于现代之性质的思考；而从语用看，现代性则是一种不断生成的"时代意识"。它既包含着对历史事实的陈述，体现为经验的概括；又具有价值诉求，表现为规范性评价。现代性的基本内容包括社会秩序的现代性质和心性秩序的现代性质两个方面，当代中国现代性的内容及其构建因为有其特殊的境遇，因而需要从两个维度进行构建，即市民社会的诉求整合与动力原则重构这一维度，以及市民意识的培育这一维度。[1]

如何理解现代性的含义及其基本内容，可以有许多视角，本书拟从语义学和语用学两个角度进行分析，并以此为基础来探讨当下中国现代性的基本内容及其建构问题。

---

[1] 张健：《现代性的含义及其在中国的理解与构建》，《社会科学研究》，2006年第1期。

5.6.1现代性的含义

一般认为,现代性概念描述的是现代社会与传统社会的差异。这种差异是现代社会和现代人在经济、政治、科学、技术、思想、文化诸方面与传统社会和传统人不同的各种特性的总和。诚如有的学者所言,"举凡表征现代社会或现代人特征的属性,如商品性、竞争性、民主性、科学性、世俗性、开放性等等,都包含在现代性的涵义之中"①。在这种意义上,现代性是衡量一个社会现代化程度的尺度,在逻辑上,现代性和现代化表现为一种因果关系,即现代化是动态性的"因",现代性则呈现为静态性的"果";现代化是一种事实,现代性是一种对事实的反思。这是对现代性的一般理解。

不难看出,这种理解是基于一种描述的角度对社会历史层面的一种事实概括。然而,由于任何事物都是真理性与价值性的统一,因此现代性概念还应具有价值性层面的含义。那么,其价值层面的含义又是什么呢,这就需要换一种视角去理解。为了理解得更为全面些,我们不妨从语义和语用两个方面去具体考察。

从语义学角度来看,"现代"(modern)一词的拉丁文形式是"modernus",首次使用是在5世纪末期,用来辨别出"当时"(the present),后来一度是官方基督教用语。而"现代性(modernity)"概念在十七八世纪才开始广泛使用。②现代性的语法结构是:现代+性,意即具有"现代"之性质,就此而言,现代性的内涵就是关于"现代"的性质的认定和思考。这是现代性的

---

① 李秀林等:《中国现代化之哲学探讨》,人民出版社,1990年,第3页。

② 亨廷顿:《现代化—理论与历史经验的再探讨》,上海译文出版社,1993年,第3页。

语法学所能提供的解释空间和可能，也是我们深入理解其语用学含义的基本前提。这表明，现代性的本质根源于"现代"所能提供的内涵和意义。

就其语用学含义来看，早期"现代性"一词是贬义的，含有平庸、肤浅之意，与"古典性"一词相对使用。19世纪这种状况才随着"现代"概念的改变而开始发生变化。例如，在雷蒙德·威廉姆斯的《关键词——文化与社会中的词汇》一书中，"Modern"词条的末尾附了相关词：Improve（改进或完善），Progress（进步）和Tradition（传统）。由此也可以看出，现代性一词内涵是历史生成的，是与时代发展紧密相连的。因此，理解现代性含义的首要因素是分析其所依存的时代语境。

从思想史上来看，对"现代性"含义的探讨曾存在四个不同的理论取向。一是启蒙思想家和现代化理论家认为，现代性就是现代化的目标和结果，是社会变迁和未来的理想状态。现代性的核心内容是"理性化"和"世俗化"。显然，这是一种以经验性认知为主导的理论取向，强调的是对现代化的思考，是基于对"神性"和"神圣化"的批判和否定而言的。这基本上是现代化初期的主流观点，体现了那个时代的基本信念。二是以十八九世纪以德国浪漫主义思想家为代表的一些学者对"现代性"的质疑。认为启蒙理性是机械的理性主义，它导致共同价值和信仰的崩溃以及世俗时代人类终极价值的缺失等。这也主要是一种经验性认知但同时又具有了价值评判的意向，代表了现代化中期的主流思潮。这一理解突出的是对现代化的反思，意味着人们对现代性的认识具有了批判意识，对现代性本质的理解进入了一个更高的层次。三是法兰克福学派对资本主义现代意识形态的批判，认为在现代工业社会中理性已变为奴役的力量而不是为自由服务。到这时，对现代性的认识已经主要体现为一种价值评价，关注的是对现代性时代内涵的批判。四是后现代主义对现代性进行颠覆，认为世界是破碎的, 根本就没有一个理性的或非理性的主体, 有的只是个体。否定性和解构性是其对现代性态度的主要方面, 对现代性的理解基本上是一种价值性诉求。

那么我们该如何看待上述四种不同的理论取向呢? 显然, 上述对现代性的认知和态度具有时间上的连续性, 这表明现代性如哈贝马斯(Jurgen Habermas)所言, 确是一个尚未完成的谋划。它既包含着对历史事实的陈述, 体现为经验的概括, 如对现代化目标、特征的认知; 又具有价值诉求, 表现为规范性评价, 如对现代性的批判、反思、颠覆和重建等。在这种意义上, 我们可以认为, 对"现代性"本质的理解应是多视角的, 不可能有统一的标准。因为现代性总是隶属于一定的历史语境的, 纯粹意义上的现代性是不存在的。但另一方面, 我们也需明确, 这样说并不意味着对现代性的理解就绝无共同之处, 毕竟, 现代性在其语法层面是具有相对稳定的内涵的。例如, 就其主要含义来看, 对现代性的理解都无外乎三个层面的思路: 第一, 现代性是一种对现代社会的特征和性质的认知, 体现为对现代化进程、目标以及结果的分析和判断; 第二, 现代性又是一种理解现代社会的思维方式, 表现出对现代化历史成果和后果的反思和审视, 是一个时代对现代化进程的理性的、深入的思考; 第三, 现代性还是一种对待现代社会的态度和理念, 主要体现为批判、肯定、构建、解构、颠覆等等, 它表明一个时代对现代化过程具有价值诉求。也就是说, 对现代性的理解的分歧从人们观念活动的角度看, 无非是人们认知、反思和评价的不同而已, 这些不同的背后反映了人们在不同历史语境下不同的经验认知和价值诉求。就此而言, 现代性的本质实际上就是现代化进程中人们的理性判断和价值表达。

5.6.2现代性的基本内容

不仅要完整认识现代性在仅要了解现代性的含义是认识现代性的前提,还要弄清现代性的基本内容是什么。从逻辑上讲,任何一个概念都有其特定的指涉范围,"现代性"也是如此。因为现代性表征的是自启蒙运动以来所形成的现代社会整体结构的特征和性质,而社会整体结构从精神和物质的角度来说,可以分为两个方面,即社会秩序(外在的社会结构)和心性秩序(内在的文化心理)。相应地,现代性概念也就指称两个方面——社会秩序的现代性质和心性秩序的现代性质。因此,分析上述两个秩序的特征,也就是考察现代性的一般性内容的基本思路。

就社会秩序的现代性质而言,主要是指现代社会中的经济、政治、科学技术和人的发展等因素的现代特征。在这种意义上,现代性通常被概括为市场经济、民主政治、科学技术、独立的个体等,现代性的本质就是指社会发展的一种历史状态与历史秩序,而现代社会秩序的性质,就表现为经济市场化、政治民主化、知识科学化、人的个体化等,①在实践上则表现为社会秩序和行为规范的制度化和程序化。这是现代社会秩序的特质所在,即社会秩序现代性的基本内容。

那么如何看待这种特质呢?根据韦伯的分析范式,现代社会结构特质的生成过程,就是理性化的过程,"现代性"就是"合理性",具体说就是工具合理性和形式合理性。而工具合理性和形式合理性最终可归结为手段的可计算性,也就是程序化原则。就此而言,现代性制度无疑是一种程序化的规范,程序性成为现代制度和规范的基础性原则和根本特征。因此,

---

① 李佑新:《现代性的双重意蕴及其实质问题》,《南开学报》(哲学社会科学版),2004年第1期。

从社会结构层面来看，现代性也就是社会秩序的制度化、程序化，其基本特征是确立和推崇理性的权威，体现为注重规范与规则、标准与程序、精确与科学等。

就心性秩序的现代性质而言，主要是指现代社会中的人的精神气质和心理结构具有的现代特征。舍勒认为，从传统社会向现代社会的转变，不仅是环境和制度的转化，更是人自身的转化，这是一种发生在人的"灵魂和精神中的内在结构的本质性转化"[①]。按他的看法，现代性是深层的"价值秩序"的位移和重构，表现为工商精神气质取代了超越性价值取向的精神气质。[②]在这种意义上，现代人的价值选择结构，是"一种与传统的断裂，一种全新的感觉，一种面对正在飞逝的时刻的晕旋的感觉"[③]，其基本特征表现为，感性主导理性，感受取代超越，神圣黯然，意义淡化。当然，辩证地看，现代人在放弃超越性秩序和神圣性意义的支撑后，个体生存走向世俗化的感觉和心理是有其必然和合理的一面，但也不可否认，个体生存的感觉主义倾向也同时带来了道德文化危机与意义危机。而这也正是"现代性问题（风险）"的要害所在。这是我们在考察中国现代性课题时尤其应要注意的地方。

简言之，现代性的基本内容可表述为：社会结构层面，现代性也就是社会秩序的制度化、程序化，其基本特征是确立和推崇理性的权威；在文化心理层面，表现为工商精神气质取代了超越性精神气质，同时个体生存的感觉主义倾向也带来了"现代性风险"。

---

① 〔德〕马克斯·舍勒：《资本主义的未来》，生活·读书·新知三联书店，1997年，第207页。

② 刘小枫：《现代性社会理论绪论》，上海三联书店，1998年，第17页。

③ 〔法〕米歇尔·福柯：《什么是启蒙》，汪晖、陈燕谷编：《文化与公共性》，生活·读书·新知三联书店，1998年，第430页。

至此，我们对现代性概念作了完整的考察，而理论分析的目的在于解决现实问题。我们认为，现代性作为"未完成的谋划"，有着它的合理形态与异化形态，后者表现为对传统的抛弃，对我国现代性之内容的理解和构建具有警戒意义。而后现代主义对现代性异化形态的解构，虽具有一定的积极意义，但它缺乏历史感，也不可不审慎待之。因此，当下中国现代性之内容的理解与构建既要力戒现代性的异化不再重演，又要力避后现代思潮的消极影响，走一条符合当代中国实际的现代性之理解与构建之路。那么应该怎样合理理解与构建中国的现代性呢？

5.6.3 当代中国"社会秩序"的现代性之理解与构建

虽然现代性的一般性内容也适用于当代中国的现代性构建，然而中国具有自己的传统和国情，现代性的理解与构建的特殊性更具有现实意义。所以我们认为，理解当代中国的现代性内涵与构建现代性，关键是立足"发展关键期"以及"做大蛋糕"向"分好蛋糕"转换这两个基本事实。

所谓社会发展处于"关键期"，指的是，当前中国改革进入"人均GDP1000~3000美元"的发展关键期。"人均GDP1000~3000美元"，其含义就是每人每年创造8000~24000元人民币的价值，假定人们创造多少价值，就能得到多少回报，那么人均GDP相当于人均收入，以此类推，每人每年创造8000~24000元人民币的价值，就是人均月收入700~2000元。依据中国大部分地区个人所得税的起征点800元计算，上述数字背后的含义即：800元下，人们不纳税；800元上，人们纳税。从社会学的角度说，个人纳税的社会，即意味着政府由公众养活，该社会是一个现代转型已经完成的社会；个人不纳税的社会，即政府养活公众，该社会就是一个国民社会。可见，"人均GDP1000~3000美元"数字背后实际上反映了中国社会正面临着深刻的结构转型。人均GDP1000美元,预示着中国已经踏入"现代社会"的门槛。

那么什么是"公民社会"呢?简单讲,它是一种社会发展结构,主要相对于传统"国民社会"而言。所谓"国民社会",指的是在社会构成中国家力量十分强大,私人力量十分弱小,国家与个人之间主要是一种实施统治管理与接受统治管理的关系。在"国民社会"中,个人是"政治人",扮演的是一种国民角色。而"现代社会"则与此根本不同。在"现代社会"中,个人与国家之间的政治隶属关系不仅不强,相反,由于市场经济的日益壮大和成熟,纳税逐渐普及到社会各个阶层,政府因依赖税收支撑获得存在的合法性而成为社会的客体,公民的主体地位得以确立,个人成为以"经济人"为基础的自由人,其角色体现为公民。

从结构上看,"现代社会"由三大领域构成,即私人领域(市场经济)、公共领域(社会民间组织等)以及国家(政治组织)。由于个人与国家之间存在一种紧张关系,公共领域的生成和壮大可以缓解这一紧张关系,充当两者之间的缓冲地带,所以这较之于"国民社会"更具有合理性和先进性。

从性质上看,"公民社会"的这三大领域又决定了它是一个集三种属性于一身的社会,即它具有政治性(国家决定的)、公共性(公共领域决定的)、私人性(私人领域决定的)。三种性质同时共存,共同构成现代社会对现实的三种发展需求,即自由与平等诉求、民主与法治诉求、公开与公正诉求。社会健康发展需要保证个体的自由和平等权利,需要营造民主和法治的社会氛围,需要提供公开和公正的社会秩序,这就意味着要对现代社会三大领域和诉求进行有效整合。就此而言,对现代性的理解与构建的一个基本内容,实际上是关于现代社会的结构分析与诉求整合的问题。

所谓社会面临"做大蛋糕"向"分好蛋糕"转换的紧迫任务,是指社会发展需求由以前"求温饱"层次向现在"求小康"层次迈进，社会发展的需求类型在发生深刻变化。发展需求是社会发展的动力所在，需求层次发生改变，表明这个社会的动力系统及其发展逻辑需要相应的调整。在做大蛋糕的阶段，社会发展的要求是效率优先，社会发展的内在逻辑是"生产性努力"，这是必要的，也是合理的；但在分好蛋糕的阶段，社会发展的要求转变为公正优先，社会发展的内在逻辑转向"分配性协同"。因此，这就意味着，公正问题需要给予重视和关注。而公正问题的本质，说到底是一个利益共享、责任分担问题，所以，在这种意义上，现代性的理解与构建实际上就是关于社会发展动力的原则确认和逻辑重构问题。

5.6.4 当代中国社会"心性秩序"的现代性之理解与构建

依据现代性内容的两个基本方面，我们认为，除了在社会秩序方面努力实现现代社会的结构分析与诉求整合、动力原则的确认与逻辑的重构外，当代中国完整的现代性构建，还需要在心性秩序方面立足于社会主义市场经济实践，适应现代社会来临之要求，积极推动一种新的时代意识的发育和成长，这即是社会主义市民意识的培育。

在商品经济条件下，由于所有制的不同，市民意识相应地也具有特殊性，主要包括两个内容，即私有制条件下的市民意识和公有制条件下的市民意识。

一是关于私有制条件下的市民意识的分析。市民社会的形成过程本质上是私人领域与国家公共领域的分离过程，这是市民社会的共性。不同的是，由于私有制的介入，私人领域在与国家公共领域分离的过程中，国家公共领域出现"利益集团化"趋势，即社会公共资源在分离过程中逐渐被某一或某些集团所主导、支配或控制。在资本主义社会表现为资产阶级对公共资源的支配。这样,在"利益集团化"趋势的背景下,个体对国家具有优先性,即个体地位凸显。换言之,在处理个体与集体的关系问题上,资本主义社会的市民意识强调个体本位,因为"集团"本质上是扩大了的私人,是个体。概言之,资本主义社会的市民意识的特殊内容是"个体本位"。

那么社会主义条件下的市民意识是否也是如此呢?显然不是,因为公有制与私有制具有根本的不同。通过深入考察我们发现,公有制的介入使得国家公共领域出现了一种与"利益集团化"不同的趋势——"利益国家化"趋势,即国家代表人民实现对公共资源的支配和控制。为什么国家代行人民的权利呢?原因在于,生产资料公有在剩余劳动水平的历史发展阶段上,达不到每个个人所有(社会所有)的程度,只能停留在国家和集体所有的层次上,即公有权只是法权上的而非事实上的。这样,为保证人民对公共资源的控制,国家便被赋予了双重意义:一是社会的象征(一般意义上的公共领域),一是人民的代表(人民是利益主体,国家代行其权利)。前者表明国家具有社会性,后者表明国家具有阶级性,二者双重存在于国家身上。

可见,在公有制条件下,国家向社会的靠近具有了最大可能性。也就是说公共领域在"利益国家化"的条件下趋向其本真含义。因为公有制条件下的"国家化"的本质就是商品经济历史阶段上最大限度的"社会化"。这就意味着,如何处理"个体与集体的关系"将与资本主义条件下的市民意识具有根本不同。

二是关于社会主义条件下的市民意识分析。培育公有制条件下的市民意识,首先要对已有的市民意识(资本主义市民意识)进行批判。那么已有的市民意识该如何评价呢?就其积极性一面来看,资本主义市民意识具有借鉴意义,主要表现为"个体本位"的提出和实践解放了人的个性,大大促进了人的发展，激发了人的进取精神。这与商品经济条件下市民社会对人的独立性要求是相适应的。而就其消极一面来看，资本主义市民意识又具有历史的局限，主要表现在，"个体本位"在实践上造成的极端个人主义。

鉴于"个体本位"的教训，在处理"个体与整体"的关系上，既不能完全否定个体主义，也不能提倡极端整体主义。而是要立足于"利益国家化"趋势和特质，对"个体与整体关系"进行合理界定。"国家化"的本质是一种最大可能的"社会化"，而"社会化"的本质是实现每个人的自由发展是一切人的自由发展的条件这一要求。因此，"国家化"特质要求我们既要确立个体的价值又要确立整体的价值。所以我们认为，这就需要分清二者所处的不同层面，即整体价值应在制度层面予以肯定，个体价值应在体制层面加以强调。建构的基本内容是，正确处理个体与整体的关系，结合社会主义市场经济特殊性，审视和重构集体主义的内涵，以确立一种新的适合时代发展要求的新集体主义价值取向。

何谓新集体主义呢？顾名思义，它是一种集体主义，但特殊之处在于"新"。就它是集体主义而言，是指它作为一种价值取向，在处理个体与整体关系问题上，是以整体利益为主导的，整体价值是处于价值体系的基础地位，居于制度层面上。而个体价值则居于体制层面，成为价值运作的前导和先锋。就它"新"的一面而言，是指它既不是马克思经典作家所论述的"集体主义"，那是未来共产主义时代的价值体系，也不是计划经济时代的"集体主义"，那是一种不适合市场经济时代要求的价值体系，而是基于市场经济背景，适合当下我国市民社会基本要求的新型价值体系。它所以为"新"，就在于它的架构是立足于对当下"集体"本质的准确认识和理解：它是双重性复合型的集体模式，即它既具有马克思所说的"虚假性"（私有制关系中的集体类型），又具有"真实性"（公有制关系中的集体类型）。而正是这种双重性复合型特质，决定了该种集体模式下人们行为的基本原则取向：以功利性为基础，以奉献性为导向。立足于此，我们来分析新集体主义架构的基本原则。这主要有两个：

第一，个人正当利益和集体利益有机统一原则。集体主义原则应该是双向的。个人利益的满足是实现集体利益的基础和前提，而集体利益又是实现个人利益的保证。因此，新集体主义要求，在处理个人利益与集体利益的关系上，既要保证集体利益的优先性，同时又要保证个体利益的前提性。在实践上它要求两者的协调与合作，既不能以集体利益来否定个人利益，也不能以个人利益来否定集体利益。

第二，功利性与奉献性的有机统一原则。功利性原则根源于市场经济的等价交换关系，它是人们进行交易的内在利益驱动。没有功利性驱动也就没有市场经济。因此在这种意义上，功利性原则是新集体主义原则的基础。但是，由于功利性来自于人的私欲，而人的私欲是无止境的，因此功利性原则在其运作中需要一个底线，即它不能超出市民基本公德所给予的界限。在此基础上，新集体主义要求人们追求奉献精神。因为，社会主义市场经济中的等劳动量交换关系决定人们与社会（公有企业）之间是一种奉献与回报的关系。人们的价值取决于劳动的贡献。在此意义上，奉献原则不仅是一种道德上的应该，更是一种源于经济关系现实的实践要求。相应地，在新集体主义的架构中，奉献原则应成为整个价值体系的导向部分。

总之，完整理解现代性问题，既需要我们从其语法学层面分析，又需要立足特定的社会历史语境，从其语用学层面加以探讨，这对理解当代中国的现代性问题来说尤其重要。本书从社会秩序的现代性和心性秩序的现代性两个视角来分析中国现代性的内容和含义，仅仅只是一种尝试，笔者期待学界同仁给以批评和斧正。

5.7 金融危机背后：一个政治哲学的视角

美元本位潜在风险体现为四个方面，即预期≠现实，美元≠美国，过度国债=信用不可持续，合法性不足=私人力量对国家利益的绑架，这些风险使得美元通胀不可避免。20世纪70年代，美元信用来源由"抵押为主"转向"强制主导"，基于这一转换，"美元只能流通不能储备"成为被多数国家认同的事实，"存钱不等于存财富，资源才是财富"被人们普遍接受。这两点使得美元在实际经济运行中仅仅具有支付和流通意义。美元的运行表现出一种"击鼓传花"的游戏特征，其中，"花"=美元，"鼓"=危机，危机没来，"花"可以照传，危机一到，"花"落谁家谁就吃亏。这就是全球金融利益博弈的新格局，也是此次危机的本质所在。①

此次国际金融危机具有这样的发生路径：以预期收益向银行抵押进行贷款（次贷债券）——银行把贷款转让给证券公司——证券公司打包发行给投资者——金融机构向投资者提供避险工具——避险工具再打包发行，由此，次贷债券层层扩散至全球金融市场。从经济层面看，这好像只是一种金融创新中的失误，但深入追问，美国一国的次贷危机为什么要扩散至全球？如何能扩散到全球？则问题就没有这么简单了。

---

① 张健：《金融危机背后一个政治哲学的视角》，《学术探索》，2010年第2期。

5.7.1国际金融危机的大背景：美元本位的潜在风险与"重大资源 储备"的必要性

20世纪70年代以后，"美元本位"取代了"黄金本位"。从世界经济发展的内在逻辑来看，"黄金本位"被"美元本位"取代是一种必然趋势，这无可指责。但问题是，"美元"这种货币具有特殊性，其发行机制在理论与实践上的不一致蕴含着很大的风险。

在理论上，美元发行机制体现为，依靠资本市场对企业新增价值的认同来间接投放货币，其实质是以实际生产部门的价值创造来确定自身的货币发行量，但在实际操作上，却体现为"以政府债券为主导的基础货币投放结构"。数据显示，截至2008年1月30日，美联储共向市场投放基础货币8143亿美元，其中以持有政府债券资产形式投放的约7184亿美元，占88.2%。[1]可见，评估美元发行必须要从其实际发行渠道着手。

第一，国债风险。

美国财政部发行国债，其本质是以美国的未来税收作抵押发行债券，这意味着国债的信用源于"预期价值"，需要以美国经济的良好发展为前提，在这个意义上，美元信用具有预期性。这就意味着，要想保证预期信用有效力，必须保证实际生活中美国经济持续走好，否则，对美元的信任就有可能产生危机。此是潜在风险之一。

第二，国债变美元渠道。

有两种渠道，一是美国财政部把国债卖到国际市场，从其他国家手中换回美元，但这只是一小部分；二是财政部把大部分的国债交给美联储

---

① 陆军荣：《美元货币流通发行机制带来四大启示》，《上海证券报》，2008年6月27日。

（美国央行），美联储接受国债，同时印出美元给财政部（国债货币化）。在这一过程中，美联储性质很特殊，其注册资本由各商业会员银行认缴，并以利差收入、政府债券承销收入作为收益来源，因此学界将其视为能保持完全独立性的"私有化的中央银行"。[①]也就是说，美联储具有私人性。[②]这与一般国家央行的性质不太一样。由此可见，美元的发行源于美国政府，但又经过私人体系，这说明美元发行的决定权构成很复杂，很可能经历国家和私人利益博弈过程。此为风险之二。

第三，国债规模。

美元发行的主渠道演化为"国债货币化"，这决定了美元信用还直接取决于美国还债的意愿与能力，即看美国如何还债和实际能还到什么程度。这就意味着国债的规模在一定程度上影响着美元的信用，若国债过度，超出偿还能力，则美元信用就不可持续。而数据显示，到2006年美国国债增至8.6万亿美元，仅付息每年就高达4000亿美元。如果再将各州与地方债务、国际债务和私人债务加起来，美国总债务高达44万亿美元，需要付息2.2万亿美元，几乎等于美国联邦政府全年的财政收入。[③]在这样的巨大债务下，人们无法不问，美国能还得上其债务吗，还不上还会具有信用吗？

第四，国债换美元的合法性。

在美元发行过程中，美联储直接在账面上把国债记为债务，对等开出美联储的支票——美钞，作为私人体系，没有任何成本付出，但却可以获取收益，即使从经济层面看，也不符合基本的市场交换原则，具有不公平

---

① 陆军荣：《美元货币流通发行机制带来四大启示》，《上海证券报》，2008年6月27日。

② 陆军荣：《美元货币流通发行机制带来四大启示》，《上海证券报》，2008年6月27日。

③ 宁南：《亚洲金融危机十年下一棒是谁？》，《商务周刊》，2007年第13期。

性(即美联储为什么可以不付本钱就可以获得国债)。不仅如此,更严重的是,"国债变美元"后面还存在着一个货币发行的合法性问题,即作为私人体系的美联储开印美钞的权力来源于哪里?从历史上看,在美联储成立之前的两个央行都有明确的货币发行权来源,即都获得了国会授权。第一合众国银行,由华盛顿总统于1792年签署授权,有效期20年;第二合众国银行,于1816年建立,同样得到了20年的营业授权。1913年成立的第三任中央银行美联储,一方面政府已经不再拥有前两任央行那样20%的股份;二是美联储法案里根本没说授权期限问题。①根据美国宪法第一章第八节,"国会拥有货币的制造和价值规定的权力",也就是说,国会拥有货币发行权,没有转让给任何私人银行。现在,由私有的美联储来执行货币发行权,其合法性显然不足。而从深层次来看,合法性不足的背后本质上反映的是社会力量博弈的失衡,即本应属于国家的货币发行权现实中由私人力量执行。这表明国家无力约束私人利益与力量的越位。在这种意义上,美元发行的背后是私人力量对美国国家金融市场的垄断。这意味着,在一定的程度上,美国私人金融利益绑架了美国国家利益。此乃美元的潜在风险之四。

由此可见,关于美元实际发行的风险可以这样概括:预期信用≠现实信用,美元信用≠美国信用,过度国债规模=信用持续危机,发行权合法性不足=私人力量对国家利益的绑架。而从性质上看,这些风险都是美元发行自身所带有的,即使没有外部的影响,美元发行也会产生不可克服的危机,因此笔者把它概括为内在缺陷。这些缺陷表明,美元信用本身具有风险性,其在实践上能否显现只是一个时间问题。

---

① 徐以升:《解密美联储:私有背后的隐情》,《第一财经日报》,2007年7月4日。

事实如何呢？数据显示:①债务"金钱化",已经严重透支了美国人民未来的财富,到2006年,美国人所上缴的个人收入所得税的总额,全部用以支付美元债务的利息。这说明,美元信用的不可持续已经成为现实;②20世纪70年代初期,一盎司黄金可兑换30多美元,到2007年时则变为600多美元,美元贬值幅度和速度都比较大。这说明,手中仅存有美元并不可靠,或者说,美元代表不了财富。

那么如何规避这一风险？尤其是对一个以美元为主体拥有大量外汇储备的国家来说,在财富缩水风险逐渐加大、美元信用出现不可持续的背景下如何应对呢？抛弃美元,在人类还没有找到新的货币体系可以取代美元之前,这不可能也不现实。不抛弃美元而又要规避风险,那怎么办？观察其他国家的做法不难发现:要储备物质。世界上物质很多,不可能所有的都存,只能选择战略性的物质。至少有三类:粮食、石油和黄金。粮食是第一产业的基础;石油是第二产业的基础,是工业的血液,没有石油就没有工业化,也就没有第二产业;黄金是金融的基础,本质上是货币,而金融是第三产业的基础。在这个意义上,要规避美元本位的潜在风险,本质上就是实现上述三大资源的储备。①

5.7.2 国际金融危机的总根源:美元本位的现实危机与"美元非储备"的战略意义

如果说,上述潜在风险是美元本位的可能危机,意味着危机的显现还需要时间,那么美元信用基础的转换所带来的就是美元的直接现实危机。

从理论上看,纸币作为货币符号,其所以有信用在于纸币背后对应着

---

① 刘军洛:《中国急需建立"金本位"对抗美元贬值和世界性通胀》,《金融信息参考》,2004年第3期。

一定的实物财富,但实际上,人们为何就相信这些纸具有和黄金一样的功能,则又是因为有国家强制力在背后作支撑,纸币信用又源于一定的强制。因此,从逻辑和历史统一的视角看,纸币的信用实际上是源于抵押和强制的复合。一般来说,一个国家要保证纸币有信用,就必须要保证抵押和强制二者之间的复合关系及其合理程度,既不能仅仅强调完全抵押,这既不可能也不现实,任何一个国家在技术层面都做不到;同时也不能仅仅依靠强制,这会带来通胀和信用的最终丧失。在这个意义上,我们说,纸币的信用来源于抵押和强制的有机统一。这是观察纸币信用来源的一般框架。在此基础上我们来分析美元信用来源问题。

在应该意义上,美元作为一种特定主权国的纸币,要想能充当世界货币,必须与黄金具有同等价值。这就意味着,美元与黄金之间必须挂钩,至于如何挂钩则是一种技术问题,这是美元充当世界货币的必须的也是核心的条件。而从实际上看,一开始,美元也确实是与黄金挂钩的,问题出现是在后来。从表面看,美元与黄金脱钩,意味着美元发行缺乏技术上的参照和约束,会造成美元的滥发,但这仅是表象,美元通胀背后还有更严峻的问题,即脱钩意味着美元信用的来源在发生转换。如果说,挂钩时期,美元对应着黄金,其信用来源于抵押,是一种以抵押为主要基础的信用模式,那么脱钩之后,美元失去黄金约束,抵押因素下降,强制性增强,实际上形成一种以强制为主导的信用模式。也就是说,美元与黄金的脱钩,深层体现的是美元信用基础从"抵押为主"向"强制主导"的转换。这种转换带来了严重的后果。该后果可以参照两个简单的故事来予以评估。

故事1

一个裁缝做了一条裤子,这个裁缝拿一张纸,上面写着"凭此纸条可到本裁缝处换一条裤子"。裁缝用这张纸条换了大米,种大米的用纸条换了猪肉,卖猪肉换了其它生活用品。只要在该纸条流通的过程中,裁缝始终保留这条裤子不挪作他用。这个纸条就可称为纸币,在这里,纸条的信用来源于实际财富抵押。

故事2

张三有一天宣布裁缝纸条作废,用他写的纸条,他的纸条也写着"凭此纸条可到张三处换一条裤子"。纸条开始流通,卖大米的明知道张三没有裤子,但害怕张三,被迫接受纸条,卖大米的用纸条换肉,与此类似,卖肉的又用此纸条换了其他商品。这个纸条也叫纸币。在这里,纸条信用来源于强制。

比较这两个故事中的纸条功能及其意义。二者的共同点是,都具有流通、支付功能,都可以当作钱来用。不同点是:基于抵押信用的纸币同时还具有储备价值,即存钱=存财富;基于强制信用的纸币可以用来交易,也可以在交易中实现交易目的,但唯独不能最后存储,即不具备储备价值,否则,存钱=买单。由此可见,美元信用基础转换的背后实际上反映的是财富内涵与尺度的变化。它意味着,在美元与黄金挂钩背景下,美元储备就是财富积累;在美元与黄金脱钩条件下,储备美元就是财富买单。

实际情况如何呢? 到20世纪六七十年代,美元爆发多次危机。1971年8月15日,尼克松宣布实行"新经济政策",停止按照35美元每盎司的价格兑换非储备货币国家的美元;其后,以1971年12月《史密森协定》为标志,美元对黄金贬值,同时美联储拒绝向国外中央银行出售黄金,美元与黄金挂钩的体制名存实亡;1973年2月美元进一步贬值,世界各主要货币由于受投机商冲击被迫实行浮动汇率制,至此布雷顿森林体系完全崩溃。这预示着,自此以后的美元信用不再是"抵押主导",而转换为以"强制为主"。那么,美元的这种"强制为主"的信用基础意味着什么呢?它将会给世界带来怎样的影响呢?

首先,美元的"强制为主"的信用基础意味着,在世界货币体系中,美元具有支付流通功能,但不具备储备价值。如同上述故事2所言,不具有储备价值的美元,在世界这个大村落中就像张三的纸条,无论是买米的、卖肉的还是卖其他什么的,只要大家相互交易,不最后去兑换那个张三所许诺的"裤子",大家都能各得其所,相安无事。但问题在于,张三的这个纸条(美元)在逻辑上必须有最后的接手者,即它必须找到纸币对应的货币。也就是说,纸条传来传去,最终必有接单人,而接单人找不到"裤子"。因此,从理论上看,以强制为信用的美元货币在其流通中必然形成一种"击鼓传花"式的演进逻辑和路径。该逻辑意味着,美元不能来用储备,否则就是最后接"花"者;该路径预示着,只有不断地把手中的美元之"花"传递出去,才能避免接单,才能在传中获利。由此可见,美元的强制信用带来的是世界金融活动中"击鼓传花"游戏理路。

其次,"击鼓传花"金融游戏格局会给世界带来什么? 从理论上看,美元的不能储备(储备=买单)和恶意流通(支付=获利=转到下家),必然使得人们在利益博弈的过程中逐渐意识到"美元非储备"原则的重要性和"重大资源储备"(美元非财富)原则的战略价值。因此,一方面人们会尽力主动加快美元在自己手中的流通速度,争取尽快转手;另一方面尽可能用美元获取财富,最大可能把手中的美元兑现。这样,在世界范围内,争取尽快转手的意愿使得美元的扩散变得迅速,最大可能兑现的需求使得美元不断向下家积压,美元本位的危害处于一种不断的积累和膨胀状态中。而实际上,随着美国债务的不断扩大,自2006年起,其总体债务规模仅还利息就需要美国联邦政府一年的财政收入,这种还债能力的不足(即美元纸条背后的财富不足),已经预示着美元本位危害的出现。尤其是此次国际金融危机，更是把其有害性推向了极致。

5.7.3国际金融危机的本质：国家利益博弈与美元本位背后的"击鼓传花"游戏

从表面看，此次危机发端于美国的次级房贷违约。但从深层次分析，事情更为复杂。这是因为，次级房贷危机形成具有几个关键环节，这些环节背后的因素很特殊。这几个关键环节是：没有钱的人如何能买上房（怎样注入信用）——没有钱的人的房屋抵押如何能获得金融认可（谁保证了信用）——机构、公众为什么买这些债券（通过什么刺激投资）——危机规模有多大（能否救得起）。

第一，银行体系创造了"零首付"和"低利率"金融产品，吸引和支持没有钱的人买房子。比如，银行告诉穷人，房价连续上涨，买时30万，翌年升为50万，升值的20万可以用来还利息，而且，为了鼓励穷人，银行把头几年的还贷利率定的低于房屋升值的比率，这样，穷人不仅能还得起，还可以用升值的剩余的钱消费其他。从表面上看，银行通过"零首付"和"低利率"金融创新，让穷人具有了信用。但从深层次看，这种信用注入的方式违背了市场经济基本的"信托责任"原则（必须是真实信用而非虚拟信用），即该信用建立在假设的前提下—必须保证房价持续升值，否则信用不再。可见，第一个环节就是一个潜在的风险。从性质上看，该风险是一种经济风险。

第二，次级债的背后是美国国家信用的加入，具有政府信用抵押的色彩。有资料显示，是美国政府通过一定程度的国家行为把上述风险予以分解，保证了金融体系对房屋抵押债券的信任。例如，具有美国政府信用支持的Ginnie Mae和另外两家机构房地美、房利美，对证券的评级和发行代理带来一定影响,客观上造成对市场信息的干扰。尤其是房利美和房地美两家房贷公司承担房屋抵押债券的大部分业务,更是严重扭曲了证券的市场性。也就是说,由于这两家房贷公司拥有政府授权(称为美国政府资助企业GSE,Government Sponsored Enterprise),具有一定的国家信用,因此其所经营的债券被评估为较高的信用等级。数据显示,在所有的次级贷款债券中,大约有75%得到了AAA的评级,10%得了AA,另外8%得了A,仅有7%被评为BBB或更低。[1]这就是次级债(Sub-prime Market)背后的实际内涵。在这个环节中,次级债的背后是美国国家信用的加入,虽然不是直接参与,但毕竟是政府授权,具有政府信用抵押的色彩,因此在一定程度上缓解了原先信用不足(人们视为垃圾债券)的风险。但从性质上看,这种缓解只是一种信用风险的从个体向政府的转移,不是对信用本身的修正,因为原先的假设前提依然没有变(需要房价持续升值),在这个意义上,该环节只不过是一种心理上的打气。再深入看,这种心理打气,因为并未解决假设前提问题,从根本上说,并没有消除风险,反而因为政府信用的担保会让更多的人参与这种风险游戏,从而在客观上放大了该风险的严重性。仅就此而言,该环节实际上增加了政府信用面临贬值的新风险。

第三,机构、公众为什么买这些债券?因为这些证券在政府信用的包装下,具有高利率、高回报的特征,谁投资谁就可能获得高回报。加之,一个时期以来,美国房价持续走高,基本上看不到下跌趋向。这样,高利润激发了人们的投资欲望,大环境增加了人们的良好预期,所以,次级债经过投行、保险公司、商业银行、基金以及个人投资的层层购买,规模越来越

---

① 钟伟:《美国次级债市场的现状及其深远影响》,《中国发展观察》,2007年第10期。

大。相关数据显示,①由于上述金融活动的层层放大,现在因次级债而形成的金融资产规模在世界金融市场上已经超过六百万亿美元。不仅如此,因为该天文数字般的金融价格涉及金融机构、商业机构、产业结构、基金机构以及个人,几乎涵盖了社会经济体系的全部,因此,该危机虽然是从金融领域开始,但演进却会指向经济的各个方面。在这个意义上,危机的历程还很长。可以预见,"次贷危机——信用危机—利率危机—实体危机—财富分化组合",这将是危机演进基本路径。

综合上述几个环节,笔者判断:

首先,危机的根源是信用不足,次级房贷抵押的信用建立于对"房价持续走高"的假设和预期上,本质上是一种虚拟信用,违背市场经济的"真实信用"原则,具有经济上的病根。而从性质上看,虚拟信用危机是一种无法克服的危机(观念的假设)。这意味着,对任何国家来说只能分散、稀释其危害性,分散、稀释程度越高,风险危害对起始国家来说就越小。在这个意义上,美国扩散该危机情有可原,本质上是一种经济行为,但问题并没有到此为止。

其次,危机的致命处是美国政府信用的滥用,这种滥用使得扩散行为不仅没有达到原先的分散、稀释目的,反而演变为不断加重的过程。具体说,在政府支持下,次级债信用具有了政府担保底蕴,但这种担保从性质上看,不是对"信托责任"的实体性保证,而只是一种虚拟的心理学意义上的打气效应。该打气效应带来了严重后果,使得次级债危害扩散至全球。据国际货币基金组织(IMF)的统计数据:美国次贷占美国整个房地产贷款的14.1%,大约在1.1万亿到1.2万亿美元,而其中的坏账,据高盛的测算

---

① 宋鸿兵:《金融危机是一次合谋》,《望东方周刊》,2008年10月27日。

是4000亿美元,但经过一系列的金融创新和政府支持,全球约六百万亿美元的金融资产价格与次级债风险有关联,可见危害性多大。那么一个深层次的问题是,为何美国政府信用打气就能使得风险扩散到这么大的规模呢? 这就是此次危机最核心的东西所在。

最后,此次危机的核心是美元信用基础的转换及其所带来的世界利益博弈新规则。美国能扩散危机,当然首先是由美元作为世界货币体系的地位决定的,但这并不是全部,决定美元能充当扩散机制的核心因素是美元信用基础的转换。也就是说,基于美元信用由“抵押为主”向“强制主导”这一转换,世界经济领域发生了两大变化:一是“美元不能储备”成为一种多数国家认同的事实(例如,现在只有四个国家把美元作为储备);二是“存钱≠存财富”的金融新规则普遍被人们认识和接受,这两点使得美元在实际经济运行中仅仅具有符号意义,功能仅局限在支付和流通上。这就意味着,对于任何一个国家来说,只要不是符号最后的接受人或者储备者,都能在流通中获得财富,都能在交易中达到目的,只有储备者和最后接收人才是最大的买单者。换言之,美元作为世界货币,其运行表现出一种“击鼓传花”的特征,其中,“花”=美元,“鼓”=危机,危机没来,“花”可以照传,危机一到,“花”落谁家谁就吃亏。这就是今天在美元本位时代下全球金融利益博弈的本质所在。

5.8警惕楼市“金融化”面临的国际风险

战略的本质是高度,站得越高,才能看得越远。中国楼市的金融化现象,只有站到全球视角,才能看清楚其本质及潜在风险。中国楼市以2003年为界限,分为两个阶段。1998—2003年,是楼市的商品化阶段,此时的楼房是商品,房价取决于商品价值,受供求关系影响。2004年至今,是楼市的金融化阶段,此时的住房具有金融产品的一些特点,房价取决于资本博弈。今天,从战略高度来看楼市,可以得到两个初步结论:第一,住房从商品异化为金融产品具有内在逻辑;第二,2014—2019年,美元进入升值周期,全球资本流动性逆转,楼市面临下行风险。①

5.8.1 楼市金融化的两个通道:"土地货币化"和"房子投资化"

中国房地产业的流程可以概括为四个环节和两大流程,即:"拿地—贷款—建房—卖房"四环节,"拿地—贷款"和"建房—卖房"两个流程。通观上述流程及其后面的博弈,可以发现以下特殊现象:

第一,"土地货币化"成为楼市金融化的第一个通道。在"拿地—贷款"阶段,开发商、地方政府、银行三者之间,由于国情的复杂性和当前市场的不规范性,出现了与一般市场要求相背离的现象。正常的市场应该是:开发商出"土地出让金"→从政府手中拿地→去银行贷款。但现在,市场异化为下述流程:拿地→以土地抵押贷款→交付土地出让金。在这里,开发商扮演了一个"中介"角色,即把国家的货币(银行信贷)和社会的资源(政府控地)连接起来,完成了一个"土地货币化"过程。该过程对社会的影响非常大,它扭曲了社会资金流的正常路径。比如,从"开发商自有资金率"这一角度来衡量,健康的房地产这一数据约为70%,即开发商需要70元的自备开发资金,银行体系提供资金30元。也就是说,在健康的市场体系中,银行只为楼市提供30%的流动性。在这种情况下,信贷是反映社会实体经济的基本资金需求的。但从2003年起,中国的房地产自有资金率允许为

---

① 张健:《警惕楼市"金融化"面临的国际风险》,《红旗文稿》,2014年第10期。

35%,这意味着更多的流动性进入了楼市,此时的信贷需求不是真实的中国实体经济的资金需求。在这个意义上,"限贷"和"约束货币"对楼市的"去金融化"具有直接影响力。

第二,"房子投资化"成为楼市金融化的第二个通道。在"建房—卖房"阶段,正常市场化运作流程是"开发商出资→建筑商建房→现房卖房",但实际流程变为"建筑商垫资→开发商期房预售→内部认购"。在这个阶段,一方面,开发商不需要把资金开支在建筑成本上,在时间上,相当于"节流",同时又开通"期房预售"的融资渠道,相当于"开源"。这样,通过"节流"和"开源"两手并进,开发商加强了楼市"资金链"的稳定性。另一方面,在卖房时,开发商又实行"内部认购"模式,即跟开发商有利益关系的内部人购房,然后再退购,高价卖给市场。这样,通过内部购房,或者把银行货币变现为房款,形成"银行信贷=付房款"的资本运作模式(投资资本),或者把部分黑色或灰色货币洗成合法货币(洗钱资本),意味着楼市不再是简单的商品运作对象,而逐渐变成资本运作新领域。尤其是,2003年以来推动房地产业支柱化的政策取向(尤其是原有80%"经济适用房"转变为"保障性商品房"),客观上实现了全国房地产政策框架的重构。通俗地说,2003年以前,房地产格局是,100套房子出来,80套经济适用房(用来住),10套廉租房,10套商品房(用途无限制);2003年以后,房地产布局是,100套房子出来,除了10套廉租房不变,其余90套都是商品房,这些房子无"必须要用来住"的政策限制。这意味着,90套房子可以用来投资。

综合上述"银行信贷=付房款=资本运作""90套房子可以用来投资",可以这样判断房子——2003年以后,房子具有了金融产品(用来投资)的性质,即楼市开辟了金融化的第二个通道。自此以后,房子金融化进程加速了。反映在生活中,2004年全国房子普遍涨价。

应该说，楼市在市场化进程中，既会出现"商品化"又会出现"金融化"，这是自然现象，无可厚非。但问题在于，健康的楼市需要"商品化"和"金融化"的有机协调布局。今天，中国楼市的金融化已比较明显。因此，必须改变这个布局，否则，异化的楼市会危及中国整体经济。

5.8.2 楼市金融化形成的社会力量博弈格局

从国际资本看，2002—2013年，是美元贬值区间，按照美元数据的统计规律来看，美元贬值周期约为十年，而美元贬值，全球资源资产市场就一定会火爆，全球非美货币就一定相对升值。因为在全球格局中美元有两个跷跷板结构：美元—全球资源资产；美元—非美货币。

这两个跷跷板背后有两种职业性国际资本。"美元—全球资源资产"后面是"全球对冲资本"，该资本运作的逻辑是：美元贬值，就追逐全球资源资产，反之则反（如，美元贬值，大家就买黄金；黄金贬值，就买美元。这种运作就是对冲资本运作的主要模式）。"美元—非美货币"后面是"美元套利交易资本"，该资本运作的逻辑是：美元贬值，非美货币相对升值，升值前进入，升值后至贬值前退出，反之则反（例如，一个美国人，在人民币汇率是8:1时，拿着1美元来到中国，换成8元人民币；人民币升值了，假设升值到1:1汇率，那么这位美国人放在中国的8元人民币就可以换成8美元，然后回国，就会赚7美元。资本按照这种模式运作，就是美元套利交易）。具体到中国，2003年中国楼市金融化通道打开（"土地货币化"），则意味着，中国资产市场一定有利可图。因此，一则，对冲资本会进入中国布局房产；二则，美元套利资本会在人民币升值预期中进入并布局。二者合力，迅速扩大了我国的外汇储备规模。2002—2012年，我国外汇储备增加了3万亿美元。当然，3万亿美元中不光包括这两类资本，但是排除中国贸易顺差部分和正常的经济项目资本,几乎大部分都是这两类。由此可大致评估国际资本在中国楼市中的影响力。

从国内资本来看,2003年后,三大力量共推了楼市的金融化。第一,信贷规模增加,利率逐年走低直至长期负利率,这意味着,国内货币供应量在加大,社会资本在渴求投资机会。第二,开发商在"土地抵押贷款支付出让金""建筑商垫资""期房预售""内部认购"等环节获得政策默许,意味着房子金融化已经形成了大气候。第三,地方政府的财政需求(土地财政)、中央政府的房地产业支柱化(国18条),在政策层面形成巨大背景支持。而深入市场内部看,随着一些现象的出现,市场内部的"资本构成"也逐渐显现化,比如,房奴的出现,意味着"刚需"是存在的;股市神话消失,投资者进入楼市,意味着"房产投资者"是真实的;外汇双逆差长期持续(贸易赚钱和资本自己进来,且二者比例为1:2),表明"国际职业资本"(美元套利交易和国际对冲资本)在楼市布局;"房姐""房叔"现象屡屡被曝光,揭示了大量"洗钱资本"的存在等。

综合国际国内资本运作来看,中国楼市金融化是一个复杂的社会现象,在这个现象中,有两个方面需要注意。第一,楼市如何走,从节奏上看,很大程度上受政策的影响;第二,楼市走成什么样,从趋势上看,主要取决于国际国内资本运作。

5.8.3楼市金融化在2014—2020年面临的国际风险

在全球视野中,楼市属于资产领域;在全国范围内,属于投资领域。2002—2013年,美元贬值,资产火爆,中国楼市后面聚集了大量的美元;过去8年多,楼市金融化,房子后面积聚了大量国内资本。如今,美元流动的6年升值周期已经开启,中国楼市的世界背景将翻转。

　　国际上，20世纪70年代后，美元成为全球经济变动的按钮，它形成了三个跷跷板："美元—全球资源资产"，"美元—非美货币"，"美元—国债"。美元运行具有显著的周期性。美元升值，全球美元现金相对短缺，全球资源资产低迷，世界经济萧条；美元贬值，全球美元现金相对宽松，全球资源资产火爆，世界经济繁荣。这源于美元从"美金"向"石油美元"的转换。

　　20世纪70年代以前，美元被称为美金；20世纪70年代以后，美国黄金增量跟不上全球对美元需求的增量，所以，"35美元=1盎司黄金"标准作废，转而按照"市场需要多少美元就印多少"的标准发行美元，即"金本位"转换为"需求本位"。这一转换带来美元的信任危机。为维持美元的世界货币地位，美国实施基辛格三大战略框架——"控制石油，即控制世界各国；控制粮食，即控制全人类；控制货币，即控制全世界"。之后，世界形成一种新的交易秩序，即"现代化需要工业化，工业化需要石油，买石油必须用美元"，由此，美元被称为"石油美元"。

　　比较20世纪70年代前后的美元不难发现，"美金"变为"石油美元"，背后是一种全球经济格局的重构。这是因为若把美元看作纸条，那么美金等于以黄金作抵押，石油美元等于以暴力（指美国强大的军事存在）为抵押。以暴力作抵押的纸条风险很大。由此，全球闲置的美元现金就进行了下述选择：美元不可靠，就去买全球资源资产避险；全球资源资产不可靠，就持有美元现金避险。这样，一种新的美元全球性结构就形成了，即"美元—全球资源资产"的跷跷板。不仅如此，在逻辑上，汇率是以美元为基准货币的，因此美元与非美货币之间也具有反相关关系。"美元—非美货币"，又是一个跷跷板。两个跷跷板，共同一端均是"美元"。所以，20世纪70年代后的第一个重大变化就是：美元成了全球经济变化的"按钮"。

　　研究这个"按钮"，可以发现，美元可以有序引导全球经济变动，其机制是：①美元是一个类似于手的双面结构，手心=美元现金，手背=美国国债，二者关系类似，"印1美元=发1美元国债"。②美元印得多就会贬值；美元印得多（手心多）=国债发得多（手背多）→发得多，国债便宜→便宜，国债就卖得火→卖得火，国债就会升值，即"美元-国债"之间反向运动，这又是一个新的跷跷板。③美元越贬值，为避险，人们就越需要购买国债，国债就越火，而买国债必须用美元，这意味着，国债火=美元需求高=美元升值，本来，美元是贬值的，但经过一段时间，美元反而又升值了。所以，美元就像跷跷板那样，下跌到地面就会慢慢上升，其涨跌具有周期性。

历史数据显示：美元贬值的周期约为十年，升值的周期约为六年多。基本数据是：1971—1980年，美元贬值；1980—1986年，美元升值；1986—1996年，美元贬值；1996—2002年，美元升值；2002—2013年，美元贬值。以此类推，2014—2020年，美元升值。

美元升值将对中国造成的影响是：对冲资本撤离，美元套利资本离场。过去10年，中国因外储增发的货币估算约为六十多万亿元，占今天国内货币总量比重很大。这意味着风险很大。具体说，在美元升值明朗化背景下，一方面，楼市后面的国际资本会撤离；另一方面，人民币贬值预期会到来。因此，楼市将面临内外夹击。

综上，关于楼市演化及美元演进的分析，笔者认为，中国楼市已经不仅仅是中国经济现象，它在美元格局中成为国际职业资本运作的特殊领域，该领域形成三个影响中国发展的基本通道：一是通过影响外汇储备间接影响人民币发行，即进来一美元就要按照汇率发行相应数额的人民币，这意味着美元成为影响人民币发行的特殊机制，这也决定了，在现有货币发行框架下，我们很难控制国际资本在中国的布局；二是"美元—人民币"跷跷板，在美元套利资本的推助下，人民币升贬是一种很难受政府力量绝对控制的事情;三是"美元—楼市"跷跷板,在对冲资本助推下,楼市成为谋利的主战场,我们将面对国际职业资本的挑战。

基于此,当务之急是,楼市应当去金融化,这不仅是一个经济选项,更是一个战略选项,我们必须从国际战略高度看待和重视楼市去金融化的意义。

5.9从民族复兴的高度认识京津冀协同发展的战略意义

当前,实现中华民族的伟大复兴,从战略空间上看,在三个方向上受制:东北方向,日本地缘形状如同一个"长靴子";西南方向,印度如同一个"短靴子";中间地带,面临美国两处军事重镇(太平洋关岛和印度洋迪戈加西亚岛)可以纵横的海洋区域,形同一把"利剑"。在此背景下,中国面临两个战略性问题:一是如何进行空间战略布局;二是如何找到民族复兴的战略突破点。①

5.9.1中华民族复兴的关键和当前面临的地缘战略上的挑战

不谋全局者,不足以谋一域。中华民族的复兴,既要看其全局,同时又要盯其一域。历史地看,一个国家能否成为大国是具有规律性的:在农业时代,人口因素是关键,谁的人口多,谁就是大国;在商品时代,该国货币能否成为世界货币是关键,谁的货币是世界货币,谁就是大国。这是由时代的性质决定的。在农业时代,本质特征是如同"种苹果、种梨"模式的"种地"之基本生产方式,在该阶段,谁的劳动力多,谁就占有优势,因此人口

---

① 张健:《从民族复兴的高度认识京津冀协同发展的战略意义》,《求知》,2015年第8期。

规模决定大国地位。中国一直到17世纪，都是世界人口大国，所以也一直是世界大国。而到了商品时代，其本质特征是"用苹果换梨"，中间媒介是货币，谁的货币被全球接受和使用，谁就是大国。从历史上看，19世纪，英镑是世界货币，所以英国是大国；1945年以后，美元是世界货币，所以迄今为止美国都是大国。由此可见，中国要实现民族的伟大复兴，在今天的商品时代，其核心和本质是，人民币何时能够成为世界货币，这是中华民族复兴的关键所在。执此关键，则民族复兴之全局无忧也。在大局无忧的基础上，我们可以进一步分析民族复兴的"一域"——当前所面临的地缘战略挑战。

从地缘上看，中国地缘形似一只大公鸡；当前从战略空间上看，由于美国地缘战略咄咄逼人，中国地缘空间受制明显。鸡头方位，日本是一只"长靴子"；鸡尾方位，印度是一只"短靴子"；鸡胸方位，美国在太平洋和印度洋的军事存在类似一把"军事利剑"，直对着中国的珠江三角洲地带。上述格局意味着，原先的地缘战略思路出现潜在风险，需要进行调整。具体地说，20世纪80年代，中国发展的设想是，以东南沿海为头，依次梯级向内陆推进，这是一种"梯形空间"构想，但是今天来看，假若中美交恶，中国的珠江三角洲地带就将完全暴露在美方的"军事利剑"之下，若珠江三角洲被打，则中国后方就没有了战略缓冲。基于此，中国需要改换原先的"梯级空间"设想，换为一种"三圈三角形空间"格局，即珠江三角洲圈（以"广东—上海"为点和线）、环渤海圈（以"京—津—冀"为点和线）、大秦川圈（以"西安—重庆—成都"为点和线），三圈相互之间构成一个三角形，形成战略上的两两互为犄角之势。因为上一届中央政府已经启动了滨海新区国家战略，这为构建环渤海圈提供了现实基础，以习近平同志为核心的党中央只要进行两个战略步骤设计就可化解风险。这两个战略步骤分别是：

一是着手进行"大秦川圈"的设计；二是当务之急要实现"环渤海圈"建设的突破性推进。要言之，中华民族复兴的当务之急是，打牢"环渤海圈"，启动"大秦川圈"规划和建设。

5.9.2 建成"环渤海圈"，关键是"京津冀协同发展"，在实践中，需要设置三个战略性目标框架

基于上述"三圈三角形"战略的视野，可以看到，当前中国民族复兴的当务之急是要打造"环渤海圈"。而在"环渤海圈"内，又存在这样一个内在关联，即环渤海的重点是京津冀，京津冀的重点是京津一体化。由此，在实践上，就可以看到这样一个关系链：京津成，则京津冀一体化成；京津冀一体化成，则"环渤海圈"成；"环渤海圈"成，则民族复兴大布局中的第二个圈定；第二个圈定，"大秦川圈"则具备两个圈作为战略犄角；战略犄角之势形成，打造第三圈，则战略无忧。

正是基于这样一种战略考量，笔者认为，京津冀协同发展战略在中华民族复兴的进程中，具有极其重要的战略地位和价值，其成功与否，会在一定程度上影响民族复兴的大局。也是在这个意义上看，我们认为，京津冀协同发展战略需要在实践中设置三个战略性目标框架：

第一，京津冀协同发展的目标是打造"环渤海圈"，以经济为中心，但又不唯经济论，是一种经济、政治、文化、社会、生态五位一体的建设格局与目标体系。这一目标体系实现了，才能谈"环渤海圈"是民族复兴的第二个战略基础和保障。换言之，在实践上，我们要首先改变一种陈旧理念，即把京津冀仅仅看作经济发展的第三极。

第二，京津冀协同发展的中央战略意图要设定为，通过京津冀市场一体化推进中国市场经济南北一体化进程，即要求京津冀三地通过创新，探

索出一条具有普遍适用性的市场一体化路径，为全国市场一体化提供借鉴。这是因为，随着1993年—2013年这20年来社会主义市场经济的蓬勃发展，当前中国市场化进程进入了一个"全国市场一体化"和"科学建构政府和市场关系"的新阶段，由市场化水平相对较好且中央直辖的京津两地进行探索，同时协同河北发展，必定具有诸多优势。

第三，京津冀协同发展，需要一个确定的、尽量是越快越好的时间目标限定。在民族复兴的大格局中，京津冀协同发展直接关系着"环渤海圈"的打造。随着国际上美国军事战略向着"弱化和去世界警察角色"方向发展，以及国内新一届中央提出的"新丝绸之路"战略的开启，一方面，国际格局会出现地区安全形势日渐严峻的新走势，国际和平环境将出现诸多隐患；另一方面，新丝绸之路需要在国内有一个稳定的战略基地。从地缘上看，这两大形势都亟须加快"大秦川圈"建设。所以综合国际国内因素，中国地缘战略对第三个圈的需求已经非常紧迫，这就决定了，对于第二个圈——"环渤海圈"，必须尽快建成。由此，京津冀协同发展，需要一个确定的、尽量是越快越好的时间目标限定。

5.9.3在京津冀协同发展中，京津双城联动发展至为关键，需要中央操盘地方主动

概括地说，京津冀协同发展的特殊性主要体现在三个层面：在区域构成层面，它包含了政治文化中心和北方经济中心，是一个典型的政治、经济、文化综合体；在战略设计层面，它囊括了国家首都发展战略和环渤海经济圈发展战略；在地方决策层面，它有两个直辖市两个政治局委员。由此三点可见，京津双城联动发展体现出如下特点：第一，在北方区域内，要求实现经济、政治、文化、社会、生态五位一体的规模性整合；第二，在国家

战略上，要求实现"大京津—环渤海—全国市场南北贯连"这样一种逐层推进的战略设想；第三，在中央视野中，京津两市领跑，有意高规格（地方决策由政治局委员担纲）、大气势（中央决策由总书记直接出题、亲自推动），以此向社会展示，中央推进改革向纵深发展，意志坚定、决心巨大。由此可以看出，京津双城联动发展，更多地体现着中央意图和国家战略设想。从某种程度上说，这是一种自上而下的发展设计。从地方的角度看，这是一项政治任务。由此，京津双城联动发展需要中央操盘、地方主动，核心是处理好"实现中央意图"和"发挥地方创造性"二者之间的关系。

首先，什么是京津双城联动发展的核心，这将由中央的战略考量来决定。如前所述，完整地看，京津→京津冀→环渤海→南北联动→全国市场一体化，这是一个中国市场经济发展的内在逻辑链条。在该链条上，京津发展是一个关键点，京津发展有突破，则环渤海发展有突破，环渤海发展有突破，则全国市场一体化有突破。在这个意义上，"京津双城联动发展"是中央提出的全国市场化战略的一个突破点，是当前中国市场经济发展的牛鼻子。由此，京津双城联动发展的核心是北京和天津如何实现市场一体化，并通过该地域一体化的经验探索为全国提供借鉴。

其次，京津两地各有特殊性，如何在中央总体意图框架下，立足于各自的城市情况，提交具有自身风格和特色的京津联动发展的成功答卷，则是京津两地要着重考虑的问题。如今，中央提出，中国经济社会发展进入了一个"新常态"阶段，在经济领域，过去阶段的出口驱动和投资驱动政策将随着国际国内形势的变化而不再可能，因此创新驱动成为中央关注的战略选项。在此背景下，作为地方的京津两市如何能够成功探索出一种创新的模式，如何能够通过创新实现经济在"新常态"下的新一轮大发展，这既是一种挑战，同时也是一种机遇。挑战是，在经济发展新常态下，一些原先的潜在风险会逐渐明显化,会冲击经济发展;机遇是,在新背景下,地方上谁率先摸索出经济发展新模式,谁率先成为创新发展的典型,谁率先为全国市场一体化提供经验借鉴,谁就会成为新一届中央的优先政治选项。

最后,综合上述两个方面,京津两地在发展过程中,共同选项是如何解决"市场一体化"新课题;自选动作是立足各自城市的具体情况,利用自身优势,通过互补、共赢实现经济、政治、文化、社会、生态各个层面的对接。第一,从总的原则上说,无论北京还是天津,关键和核心是,要实现"四大对接",即规划对接、交通空间对接、政策对接和资源产业对接。第二,针对创新发展战略, 京津两地要如何找到既具有地方特色同时又具有全国一般适用性的创新模式,这是实现京津两地异军突起的关键。第三,通过京津市场对接,发现和总结市场一体化的模式框架,使其在全国范围具有借鉴价值,这是京津两地自觉回应中央战略意图的关键。

5.9.4京津冀协同发展和京津双城联动发展中的特殊问题

目前,在实施京津冀协同发展和京津双城联动发展战略的过程中,还存在一个特殊问题值得关注,即在京津冀协同发展的过程中,应处理好政府与市场的关系,处理这一问题的难度较大。

珠三角地区和长三角地区分别在20世纪80和90年代率先推进改革开放,是市场经济发展的前沿,而京津冀地区是进入21世纪以后才成为国家发展战略的,在时间上分别滞后于珠三角地区和长三角地区30年和20年,从客观上说,市场化程度不如珠三角和长三角地区。在本质上,区域市场化程度反映了区域内生产要素的流动和产业的对接能力。京津冀地区的市场化程度较低,市场要素的流动性不够,产业对接能力不强,这会带来两个方面的问题:一是,使政府推动合作的成本很高,如需要提供政策优惠等(本质上是缩减了公共资源的收益)；二是，客观上，由于究竟多大程度的政策扶持和政府推动才能激发市场积极性，这个分寸不容易掌握，因此存在着政府对经济活动干预过度的可能性。客观上，不同层次的市场主体的积极性参差不齐，政府推动起来就较为费力；主观上，为发挥能动性，政策扶持边界又较模糊，二者混合在一起，很容易与中央的政策愿景和战略意图——正确处理政府与市场关系相背离。为此，在京津冀协同发展进程中，如何尽最大可能激发市场主体的积极性，彻底防止"政府主导过程中的不当越位"，就是一个很现实的问题。这意味着，京津两地在如何处理"使市场起决定性作用和更好发挥政府作用"这个新一届中央非常看重的关键问题上，要有足够的敏锐性，要有强烈的自觉意识。

笔者以为，辩证地处理"使市场起决定性作用和更好发挥政府作用"这一关系：一是要鼓励和扶持小型和微型企业，尤其是微小型的民营企业，在融资(创业有资金)、税费(创业有收益)、市场秩序(创业有保障)这三个核心方面提供政策优惠和支持，激发市场主体的积极性，不断扩大市场化规模，即政策扶持要抓要害，在于精而不在于多，防止无针对性和没有量的约束；二是要以中央提出的理念为基础，探索推行"三单管理模式"，即"权力清单"(该做什么)"负面清单"(不能做什么)和"责任清单"(做不到要负的责任是什么)，使政府行为有边界、有压力、有目标，从而在实现政府运作的科学化上实现重大突破。

5.10 文化生产力发展中存在的问题及突破

近年来，我国文化生产力有了突破性发展，但同时也存在不少问题。主要有：没有完整区分其概念中的现代和后现代因素，没有切入文化生产力发展的深层内涵,文化生产力发展的理念不足;对"科技"的解释还是单向度的,缺乏对人文社会层面的足够关注,文化生产力发展的模式选择上存在一定的局限性;注重"文化的经济化",忽视文化产业的"经济文化化",偏重文化产业链条的制造环节。文化生产力发展需要全新的理念设计、模式选择和战术突破。①

近几年来,我国文化生产力有了突破性发展,例如,科技事业取得了长足的进步,国家创新能力有了较大提高,一批重大科技成果在国际上产生了重大影响等。但是立足于世界舞台,着眼于后现代前景,我们不得不承认,在文化生产力总体水平上,与西方发达国家的差距还很明显:一是全民的文化生产力意识还比较淡薄;二是文化生产力水平相对较低,基本上属于技术引进和技术模仿型;三是文化生产力对经济增长的贡献份额偏低。显然,面对科学技术的迅猛发展和高科技人才的激烈争夺,我们应该奋起直追,不断缩短差距,努力实现跨越式发展。当前,我国文化生产力发展的问题而首先需要弄清如下:

5.10.1 当前中国文化生产力发展中存在的问题:理念局限与现实不足

笔者以为,可以从三个层面对文化生产力发展中存在的问题进行分析,即关于当前对文化生产力的认识与理解、关于文化生产力发展的框架设计以及政策支持。

第一,在当前对文化生产力的认识与理解方面,无论是从对文化生产力内涵的认定上还是对其外延的理解上,总的来说,都存在着一定的局限

---

① 张健:《文化生产力发展中存在的问题及突破》,《长春市委党校学报》,2009年第1期。

性，与当前全球范围内对文化生产力的理解相比，还具有较大差距。

在世界范围内，文化生产力指称生产力发展的现代形态，与物质生产力形态相对，表征的是基于世界市场和科技革命内在驱动的生产力发展阶段。文化生产力的内涵随着科技革命的迅猛发展而不断得以拓展。一般来说，从确立至今，其内涵演进分为两个阶段。一是现代阶段，以技术与知识作为主导生产力形式，集中表现为文化产业的兴起。20世纪70年代，西方市场经济国家中的"晚期资本主义""知识社会""文化革命""第三次浪潮"等思潮就是对这一时期文化生产力发展反思的一个思想侧面。二是后现代阶段，以网络技术的广泛普及为驱动，文化生产力发展中的关于人文社会创意的因素上升为生产力发展的显要方面，人文社会创新的价值逐渐居于技术创新的前端，文化生产力发展进入成熟阶段。该阶段文化生产力发展指向人文社会领域，智力创造的主导对象区域转向人的世界本身，因此在该阶段，生产力的发展集中表现为"创意经济"的崛起。由此，从世界范围看，文化生产力的发展主要包含这样两个基本规定性：指向"自然资源"的智力创新与指向"人文社会资源"的智力创新，核心是智力的创造。笔者以此为框架来分析当前我国关于文化生产力内涵的理解。

大体上看，当前我国对文化生产力的理解主要集中在这样几种观点上。一是文化生产力就是文化因素在生产力发展中地位的提升。王恒富主编的《文化生产力的崛起》一书是较早使用文化生产力概念的文献，该文献认为，当代社会文化正以日益增进的规模和深度渗透到社会生产力之中，文化、经济一体化已经成为世界性的潮流。二是认为文化生产力就是一种产业形式，狭义的文化生产力就是文化产业。该含义基本上是当前学界对文化生产力的一种狭义理解和应用，也是比较能达成共识的观点，对理解当前中国文化生产力的发展程度具有标志性意义。三是文化生产力就是建立在技术与教育基础上的生产力发展模式。2004年，时任中共中央政治局常委李长春指出，文化生产力是社会生产力的重要组成部分，推进文化体制改革的目的就是要解放文化生产力，十六届五中全会提出建立创新型国家等。

不难发现，无论是把文化生产力理解为文化因素的经济化还是经济因素的文化化，还是仅仅把文化生产力作为一种产业形态，或者把它作为一种发展模式，它们都具有一个共同点，那就是都承认文化因素的重要性（文化的价值凸显），都认为人的智力创造的潜力无限（对科教价值的关注）。也就是说，充分意识到了基于针对自然资源的创新的重要性，开始全面关注科学技术和教育的重要价值。应该说，从当前我国生产力发展的现状来说，这种理解和判断是合理的，也是非常中肯的，但是我们同时也必须清楚，立足于全球舞台，在当前"共时态"发展的背景下，这种理解与认知又是不足的。因为，在我国今天刚刚意识到科教价值的时候，世界发展的车轮已经迈向了又一新的征程——"创意经济"时代的来临。基于此，笔者以为，我们当前对文化生产力的理解还是存在问题的，主要局限表现为两个方面，即没有完整区分其概念中的现代和后现代因素，没有切入文化生产力发展的深层内涵。

没有完整区分其概念中的现代和后现代因素指的是：文化生产力发展的动因来源于市场内在驱动和技术的外在推动，在市场和技术迅猛发展的条件下，文化生产力的内涵也在悄然发生着变化，基于这样一种事实，我们对文化生产力的界定与认知也应与时俱进，但我们在实际上做得不够。如果说，我们对科学技术是第一生产力的强调和对科教兴国战略的重视，表明我们对"科技创新"的关注与理解，这意味着我们对文化生产力发展中现代性内涵认识是充分的，那么对于后现代语境下"人文创意"的忽略，则意味着我们的眼光还没有跟上这个时代的发展。因此，在这个意义上说，我们对文化生产力的理解是不到位的。

而所谓没有切入文化生产力发展的深层内涵则指的是：即使我们在上述认识方面做得很到位（意识到了创意的价值），我们对文化生产力的理解仍然是偏颇的。之所以这样说，原因在于文化生产力之所以能作为一种独立的生产力发展形态，根源在于文化这一内涵具有更深层次的规定，即它指的是一种人类心智资源的特殊价值——创造性（哲学意义上的人化），而我们传统的对文化的理解仅仅局限在其形态层面——人类心智创造的成果。基于这样的界定，文化生产力本质上表征的是人类心智的特殊价值——创造的意义与作用。相应地，文化生产力因为心智创造的指向和层次不同而具有不同的意蕴（指向自然的"科技创新"与指向社会的"人文创意"）。以此为尺度来衡量，显然上述三种对文化生产力内涵的理解均是单向度的（仅"技术创新"而已）。

总而言之，一则没有完整区分其概念中的现代和后现代因素，再则没有切入文化生产力发展的深层内涵，这表明当前我国对文化生产力内涵的理解存在着很大的误区或者局限性，而这些误区或者局限若再深入分析，则无疑意味着当前我国文化生产力发展的理念是不足的，需要必要的更新和提升。在这种意义上，当前中国文化生产力发展的当务之急是实现理念的更新。

第二，在当前文化生产力发展的政策框架设计方面，我们坚持的"科学技术是第一生产力"的指导思想，大力倡导的"科教兴国"战略，甚至今天进一步推行的"建设创新型国家"，都没有把对后现代因素的预期置于必要的环节，整个框架设计显得缺乏前瞻性，还需要进一步完善。

就科学技术是第一生产力的基本理念来看，它的提出是适应生产力发展中科技创造价值的比重日益增大这一发展趋势的，是对传统工业化道路(基于资源、投资驱动的发展模式)的一种扬弃,其基本意图是通过科技驱动实现生产力的发展,努力探索一条新型工业化道路(基于科技创新驱动的发展模式)。显然,这对于生产力发展水平相对较为落后的现代中国来说,既是十分必要的,同时也是相当合理的。但是如果我们深入分析这一发展理念的内涵,就会发现它还具有很大的不足。这是因为,在"科学技术是第一生产力"的思想中包含了这样一种逻辑:科学技术就是生产力,科学技术本身就是目的。但是在文化生产力从现代历史语境向后现代历史语境的转换过程中,其历史演进逻辑却是这样的:在"技术创新"主导的阶段上,科学技术是目的;在"人文创意"主导的阶段上,科学技术成为一种手段或者中介。

科学技术是目的,指的是发展科学技术本身就是发展生产力,科学技术的经济价值和效益十分明显。科学技术是手段,指的是发展科学技术并不直接就是发展生产力,因为技术的经济效益与基于技术支撑的人文社会创意的经济价值相比,其经济效益的比重非常小。例如,同样是源于《西游记》的文化产品,在通过现代技术的包装后,尤其是经过营销环节的创意设计后,其带来的经济效益往往以亿元计(显然,在这一经济价值的创造中,技术价值只是一种手段,创意的价值才是主要的)。在实践中,源自中国《三国演义》的故事在经过日本的卡通包装后重新打回中国市场而获得上亿元的利润就是一个很好的例子。这说明,随着世界发展从现代向后现代阶段的转换,科学技术是第一生产力的内涵也需要作相应的调整。显然,在世界发展"共时态"的背景下,"科学技术本身就是生产力"的内涵还应该增加"科学技术还是一种手段"的含义,只有这样,"科学技术是第一生产力"的理念才会具有更大的解释效力。

就"科教兴国"的战略来看，立足于"共时态"发展背景，该战略中的"科教"内涵也有所局限。就其战略本意来说，科教指的是科学技术与教育，科学技术主要指自然科学技术，教育主要指培养人才，优化人力资源。应该说，针对当前中国发展刚刚进入工业化的中级阶段这一特点而言（以工哺农），这是十分合理的，也是极为必要的，因为在该阶段，科学技术是一种核心性推进力量。但是我们在看到这一合理性的同时，还必须意识到，这样讲是把世界发展置于一种"历时性"的语境中，也就是说，每一个民族国家之间的发展相对较为独立，彼此影响不大，但是当今的世界显然不是这样，而是恰恰相反，不仅"历时性"淡化，而且是"共时性"主导和凸显的历史阶段。在这样一种发展的背景下，文化生产力的发展既存在科学技术是第一生产力的事实，同时也存在着人文社会创意的价值更大的现实，基于这样一种事实，作为一种指导一国长远发展的战略安排，仅仅考虑一方面显然是不太合适的。因此，关于"科教兴国"的战略，当前的局限是"科技"的内涵具有单向度性，仅仅指向了自然科学技术，其应该进一步扩充到人文社会技术方面，实现自然与人文的双向度综合。

而就"建设创新型国家"的政策来说，笔者以为，其一方面提出了"自主创新"的要求，意识到了创新的时代意义和文化生产力发展中知识产权的重要性；另一方面由于对创新的理解有所偏重（侧重科技创新），它又忽略了创新的完整性，对人文创新关注不够。笔者认为，立足创新概念的含义，在理论上可以把创新活动依据其指向不同予以意义区间的分置：针对自然界的创新活动可以界定为"科技的创造"，因为该活动的核心是有新东西被制造出来，如高科技产品、人造物质等；而面向社会人文方面的创新活动可以界定为"人文创意"，因为该活动主要体现为观念的新颖性、原创性设计，是一种创意，如活动策划、广告创意、品牌设计等。这样，创新的内涵就包含了两个层次,即科技的创造与人文的创意,前者具有科学性特质,后者则具有人文性特质。只有科学性与人文性统一才可以完整描述和表达我们世界的全貌。以此为参照来看"建设创新型国家",显然我们强调的是一种"科技创新"。因为在国际上,"创新型国家"的主要尺度就是"科技创新"的程度(目前世界上公认的创新型国家,其共同特征是科技进步贡献率在70%以上,研发投入占GDP的比例一般在2%以上,对外技术依存度指标一般在30%以下)。而我们提出的"建设创新型国家"的目标也就是争取在2020年左右进入创新型国家行列。

简而言之,在当前我国文化生产力发展的政策框架设计方面,一方面我们对"科学技术"在文化生产力中的地位的认知局限于"本身就是目的"的层面,没有认识到其同时还是一种手段;另一方面我们对"科学技术"的解释还是单向度的,缺乏对人文社会层面的足够关注,而且我们对"创新"的理解还较为偏颇,还未意识到人文创意的重大价值,这说明在我们当前文化生产力发展的模式选择上,还存在着一定的局限性。因此,当前中国文化生产力发展的一个必要性步骤就是实现模式的转换和完善。

第三,从当前我国文化产业政策的操作上看,对文化产业的理解与运作也存在着一定的误区与偏颇。这主要集中体现在把文化产业仅仅看作"文化的经济化",忽视文化产业的"经济文化化"方面;偏重文化产业链条的制造环节,对设计与营销环节重视不够,没有走出一条超越制造的新路子。

目前我国许多省市已经开始重视发展文化产业。中国社科院《2006:中国文化产业发展报告》显示,全国所有的省市都已经把文化产业列入"十一五"规划要重点发展的产业,其中有三分之二的省市提出要建设"文化大省",可以预见,文化创意和文化产业将成为下一轮我国经济和文化发展的一个亮点。但是与此同时我们也看到，当前我们对文化产业的理解与运作也有失偏颇，其中最大的误区就是，把文化产业理解为"文化的经济化"和把文化产业视同为"文化制造业"。

所谓把文化产业仅仅看作"文化的经济化"，指的是当前我们的许多文化产业政策的制定在观念上还较为陈旧，总是停留在对文化经济效益的表面理解上。例如，当前不少地方政府在发展文化生产力方面提出"文化搭台、经济唱戏"的口号和思路，就其发展经济的意图来看，这没有什么错，但就这一思路所反映出的对文化生产力本质的理解来看，却存在极大的误区。"文化搭台、经济唱戏"，实际上是把文化作为一种纯粹的手段，目的本身是经济活动，至于是不是文化的经济价值似乎不太重要。而且，深入来看，即使确认为是文化本身的经济效益，那么这种对文化产业的理解也是肤浅和片面的。这是因为，文化产业就其含义来说，是关于文化生产力的操作形态，既包含"文化的经济化"，同时又包含"经济的文化化"，是"文化经济化"和"经济文化化"的统一。"文化的经济化"决定了文化可以成为一种独立的产业形态，具有经济的价值。"经济的文化化"则决定了生产力发展的当代形态或者主题，具有表征生产力发展路径转向的标示意义，这预示着当前人类社会生产力的发展进入了一个新的历史阶段，关于生产力发展的思路需要调整，发展的政策需要改进。因此，仅仅把文化产业理解为文化的经济化，在思路上是不准确的，在实践上也会造成对文化产业的简单化运作。

而事实的发展也证明了这一点。和经济的发展相比，我国文化产业的发展却相当滞后。反映在对外贸易上，中国在经贸上是出超，在文化贸易上却是入超，经贸是顺差，但是文化贸易却是逆差。以出版业为例，多年来我国图书进出口版权交易的总比例是10:1，而对欧美国家这个差别更大。

如2004年,英国和中国的版权交易比例是126:1,美国和中国的版权交易比例则是290:1。原新闻出版署副署长桂晓风说,他2004年出访奥地利,在一家最大的书店力求找到中国出版物,结果只找到一本,是有关长城的,而介绍撒哈拉的却有7本。

那么为什么我国的文化贸易逆差会这么大?在传统的观念当中,人们认为文化就是文化,贸易就是贸易,很少想到文化还可以卖。这种观念和西方有很大的差异,实际上西方发达国家不仅在卖本国和本民族的文化资源,甚至于还吸收别国的文化资源为己所用。这样的例子很多,如1999年美国迪斯尼公司推出动画巨片《花木兰》,总收入超过4亿美元,成为迪斯尼生产的利润最高的影片。在日本,早在20世纪六七十年代就把《三国演义》《西游记》等改编成漫画和动画等形式推出自己的产品,赚了很多钱。再比如郑和下西洋的故事,外国人写了一本书《1421:中国发现世界》,赚了1.3亿英镑。①

而所谓把文化产业视同为文化制造业指的是:在当前全球经济一体化的时代,作为文化生产力基本产业形态的文化产业其价值链条逐渐向两端上翘(即在"研发—制造—营销"这一产业链条中,研发和营销的价值越来越大,而制造的价值所占比重越来越小),但在这种全球性变化趋势下,我们在文化产业领域依然固守"中国制造"的思路,对文化品牌的打造和对品牌营销的设计依然不太关注。例如,与美国、日本等文化产业强国相比,中国的文化产业整体上仍处于发展初期。从产业结构来看,文化产业仍以传统的演出业、影视业、音像业、广告业等为主体,创意设计业、动漫产业、网络游戏业等数字内容产业仍处于起步状态;产业技术的开发能

---

① 张振华:"在全国电视栏目剧研讨会上的发言",2006年6月1日,http://www.cctv.com/tvguide/special/C14736/20060601/102811_1.shtml。

力还很薄弱,在国际分工中仍处于产业链的中低端;计划体制下的条块分割使得文化市场存在着部门壁垒、行业壁垒、地域壁垒;文化企业普遍不熟悉国际市场的要求和规则,缺乏全球营销渠道和能力等。①

上面我们从对文化生产力的认识和理解的局限、文化生产力发展的政策框架缺陷以及文化生产力发展的政策供给不足等三个主要方面作了分析,这意味着关于当前我国文化生产力的发展,在基本理念、核心路径和必要政策支持等方面还需要改进和完善。因此,实现文化生产力的综合创新,一个迫切的问题就是要在理念设计、模式选择和战术突破方面有所改进。

5.10.2 当代中国文化生产力发展的突破:理念设计、模式选择和战术突破

第一,关于当前我国文化生产力发展的理念设计问题。笔者以为,鉴于现代性与后现代语境的复杂性,我们应该对当前我国"创新"概念的内涵予以改造和提升。一方面要分置出"创造"和"创意"的意义区间,另一方面又要对"创新"内涵予以重构。笔者的观点是:在"共时性"语境下,"创新"既应包含指向自然界的"科技创造",又应包含指向社会的"人文创意",二者构成梯形结构。其中,"创造"居于梯度结构的下位,"创意"则处于上位。

众所周知,在现代化进程中,"创新"概念的提出主要是针对科技创新而言的。在现代性语境下,这反映了科技革新在价值创造中的重要性,也基本上体现了"科学技术是第一生产力"的时代诉求。但是在后现代语境

---

① 张振华:"在全国电视栏目剧研讨会上的发言",2006年6月1日,http://www.cctv.com/tvguide/special/C14736/20060601/102811_1.shtml。

下,随着生产力中精神性因素的迅猛扩展,精神性因素深入到人的认知、心理、思想、情感等各个层面,尤其是随着网络技术的广泛普及,人类心智资源的有限性直接进入决定价值创造大小的核心方面。这就意味着,在人类生产力发展中,科技革新的价值在下降,而心智资源的价值在上升。相应地,"创新"内涵若再仅仅指向对自然体系的改造,其指称的效力也就越发让人质疑。因为从本质上讲,人类的心智资源体系与自然资源体系是两个具有根本性区别的系统,反映在概念上,一个是社会的,一个是自然的。因此,在后现代语境下,若要"创新"内涵继续有效,就必须给以改造和提升。

如何对"创新"内涵加以改造和提升呢?这涉及两个问题。一是改造,即对原有内涵予以改变和建造。具体说,就是要适应后现代语境的要求,把原有的"创新"指向自然体系的规定,扩充到不仅指向自然,更指向社会。指向自然界,体现为技术的"创造",即通过技术革新,利用自然资源来创造出价值;指向社会界,体现为思想的"创意",也就是通过技术手段,利用人文资源来创造出价值。二是提升,也就是在改造的基础上,依据时代发展的内在要求,对"创造"与"创意"两个维度予以合理架构。因为对当代中国来说,既受制于现代性的约束,又遭遇着后现代性的牵引,所以,这就要求必须把"创造"维度置于一种基础性地位,而把"创意"维度安排在前锋位置。基于此,关于当代中国"创新"内涵之重构,笔者的结论是:应该确立一种梯度模式,其中,基于对自然资源利用的"创造"位于这一梯度的下位,作为基础性驱动力量;基于对人文资源利用的"创意"则位于上位,作为战略性前导力量。

这样,在当前中国文化生产力发展的特定语境下,"创新"的内涵就具有了双重性和递进性之底蕴:一方面,它包括针对自然界的人类的创造活动,体现为科技创新;另一方面,它还包括针对社会方面的人类的创造行为,体现为人文创新。二者之中,科技创新是基础,是实现人文创新的必要准备,人文创新则是科技创新的提升;在实践上,科技创新表现为物质性的制造活动,人文创新体现为心智性的设计活动。在现代性语境下,"科技创造"是创新的主题话语,而在后现代性语境下,"人文创意"则上升为创新的时代主流。

第二,关于当前我国文化生产力发展的模式选择问题。笔者以为,依据上述对"创新"内涵的新架构,当前我国文化生产力的发展应建立这样一种模式,即以基于科技创新的"信息经济"为该模式的下位驱动,以基于人文创新的"创意经济"为上位牵引,组成一种"梯级推进"的模型。这样既可以充分发掘当前中国现代性的潜力,又可以直接借用后现代性的力量,最终实现我国文化生产力爆炸式发展的战略意图。

如果说依据"创新"内涵的重构推导出我国文化生产力发展必须采用"梯级推进"的模式本质上是一种理论的推演,仅仅解决了文化生产力发展采用"梯级推进"模式的必然性问题,那么从实然的视角看,我们为什么要采取这一模式,或者说采用该模式有何必要,还需要从实践的角度深入分析。

从当代世界经济发展中的产业价值链条来看,中国目前所处的位置不容乐观,也亟须正视和正确对待对后现代经济模式的引用问题。

在当代,以"研发—制造—营销"为主轴的产业价值曲线在后现代的语境下演变成为一种"微笑曲线"(即利润最高的是研发和营销两端,制造成为低谷,构成一个微笑的嘴角形状),这意味着,在"共时性"场景下,"科技创造"与"人文创意"的价值越来越大。尤其是营销一端所折射出的"人文创意"的重要性,预示着在后现代语境中,"创意经济"的潜力巨大,其对后现代社会发展的标示意义也就无可估量。这就要求我们,在今后的发展中,对我们曾经引以为自豪的"中国制造",需要辩证地看待,既要理解其存在的合理性和重大价值,也要保持足够的清醒。在后现代语境的强势比拼下,我们必须在战略上实现对后现代因素及其优势的包容和引用。

第三,关于当前我国文化生产力发展的战术性突破问题。中国目前的文化产品在国内外两个市场上都出现了战略性短缺的问题。究竟如何解决中国文化产品在国内外竞争乏力的问题呢?笔者非常赞同中广协会副会长张振华的观点,即除了在战略上要实现文化生产力发展模式的创新之外,当务之急是从战术层面上有所突破。

从战术上讲,要改变上述两种情况,一是要借鉴,二是要模仿。南京师范大学新闻与传媒学院张红军教授认为,"模仿可以使一个后起的产品在尽可能短的时间内接近或近似一个品牌产品。因此'模仿'和'创新'并非水火不容,在一定意义上'模仿'是'创新'之母"。模仿在一定意义上有借鉴的意思,但是模仿不应该是原封不动地照抄照搬,必须在模仿、借鉴中留住自己的根和魂,保持自己的特色,最后达到借鉴和创新的统一。

5.11政治哲学视野中的政府职能转变

政府自身的阶级性、社会性和契约性决定了其基本职能是实施政治统治、进行社会管理、提供公共服务。当前,我国政府职能转变应坚持三项基本理念并相应选择三种基本模式,即政党政治理念与现代政党政治模式、社会治理理念与现代政府治理模式、公共服务理念与公共服务模式。①

---

① 张健:《政治哲学视野中的政府职级转变》,《唯实》,2006年第3期。

探讨市场经济背景下我国政府的职能转变问题，既需要社会学层面的实证分析，也需要哲学层面的形而上思考。本书拟从政治哲学的视角，对政府职能的生成依据及其转变的理念和路径问题作些探讨，以求教于学界同仁。

5.11.1政府职能生成的逻辑分析和历史考察

事物的性质决定其功用，同样，政府的性质决定政府的职能。因此，考察和分析政府职能，首先要了解政府的性质。

从历史的角度看，政府是国家实施统治和管理的机关。作为阶级统治的工具，政府具有鲜明的阶级性，而作为社会管理的机构，它又具有社会性，是阶级性和社会性的统一。从逻辑的角度看，政府还应具有其存在的根据，即合法性来源。政府的合法性在于公众的支持，在这个意义上，政府是全体民众订立契约的产物，具有契约性。因此，结合历史和逻辑两种视角，政府应该有阶级性、社会性和契约性这样三重性质。

政府的三重性质根源于人类社会结构的三个层次，即个体层次、群体层次和类层次。就个体层次来讲，无论是个体之间的交往，还是个体与群体、个体与整个社会的交往，本质上都是一种相互博弈的过程，其最终结果是达成一种相互间的妥协。这种妥协从理性的角度看，主要是一种契约关系。因此，人类社会的个体性决定了政府具有契约性，即政府的本质是个体之间的契约。就群体层次来看，政府代表的主要是一种特定的组织和力量，例如，国家、阶级、种族等。这些特定的群体往往以现实中特殊的物质利益为根据，表现出强烈的团体性和利益性。因此，社会的群体性又决定了政府具有阶级性，政府本质上是表达阶级意志的工具。就"类"的层次而言，人类社会的"类"的性质，决定了政府还具有公共色彩。在这个层面上,政府表征的是一种社会性诉求,政府的本质是一种公共领域。

在存在形态上,政府的这三重属性之间具有层次之分和共生关系。所谓层次性,即体现出"个体性——群体性——整体性"这样一种逻辑内蕴。其中,契约性是最基础的属性,阶级性是契约性在群体层次的放大,社会性则是阶级性在整体层次的放大。所谓共生关系,指的是三者是同时共在的,没有先后之分。需要说明的是,在历史形态上,在原始社会和未来的共产主义社会,阶级性表现为团体性。

性质决定功用。政府性质的三重性决定了政府的职能至少有三种。具体说就是:契约性决定了政府具有提供公共服务的职能;阶级性决定了政府具有实施政治统治的职能; 社会性决定了政府具有进行社会管理的职能。当然,政府职能并不止这三种,但这三种却是最基本的。

如何看待这三种基本职能呢?从逻辑上说,这三种基本职能之间是一种共生关系。也就是说,任何政府都具有服务、统治和管理这三种基本职能。但是从现实角度看,这三种职能在不同的历史阶段又各有侧重。也就是说,在不同的历史时期,这三种职能的地位和作用有很大的差异。

原始社会虽然不存在现代意义上的政府, 但却存在类似于政府的社会组织,如氏族会议和部落联盟等,它们承担了今天政府的全部功能。

在前市场经济社会,即奴隶社会和封建社会时期,现代意义的政府已经产生并发挥着作用。这一时期,政府的功能以政治统治为主,兼具一定的社会管理和极为有限的服务职责,例如,维护公共安全、保卫国防、保护家庭稳定等。

在资本主义社会初期,即自由竞争市场经济时期(市场经济建立~人均国内生产总值1000美元),政府的功能表现出社会管理逐渐凸显、政治统治淡化、服务功能增强的趋势。但是这一时期政府管理的职能仍非常有限,主要是维护社会秩序,目标是保护财产权,社会管理则以社会自治为主。

在资本主义社会高速发展时期,即混合经济时期(人均国内生产总值1000美元~8000美元),政府功能表现出社会管理全面化、公共服务凸显、政治统治继续淡化的趋势。社会管理全面化,主要体现在开始建立和完善基本社会关系管理制度,例如,建立资本与劳动合作的社会制度,完善社会主要利益集团围绕国家政府与公共支出的多数表决制度,发展社会自治和社会自我管理等。公共服务凸显主要表现为建立完善的社会保障制度,目标是维持全体公民的最低生活水平与教育水平,建设福利国家。

在资本主义社会发达时期,即全球化经济时期(人均国内生产总值8000美元~26000美元),政府功能以提供公共服务为主导,社会管理功能持续强化,政治统治趋向意识形态化。以公共服务为主导,主要表现为:实施就业培训,保护就业人利益,完善政府公共就业服务机构,强化政府就业公共服务职能,以人力资源投资为核心,将“消极福利国家”转变为“积极福利国家”。社会管理功能持续强化,主要表现为:主动整合基本社会组织、社会利益群体、非政府组织进行社会协作治理,开始尝试探索政府治理的新模式和新路子。政治统治趋向意识形态化,主要指政治统治的方式和手段发生新的变化,传统的、直接的统治方法逐渐消失,现代的、间接的方法在不断产生,实体性的阶级统治方式逐渐被虚拟化和观念化的统治方式所代替,政治对抗逐渐趋向并集中体现为意识形态之争。

当然,随着生产力的不断发展,随着阶级和国家的消亡,到了未来的共产主义社会,现代意义的政府将不复存在。尽管如此,传统政府所担负的基本职能决不会消失,相反,它们会以新的形式存在和发挥作用。可以预见,届时,社会管理职能将上升到主导地位,公共服务职能全面强化,阶级统治转化为群体自治,人类社会将开启新的美好篇章。

上述分析和考察表明,政府职能的生成根源是政府自身的性质,但同时又与社会生产力发展水平密切相关。总的看,在自然经济历史时期,统治功能是主导;在市场经济发展初期,管理功能是主导;而在市场经济发达时期,则以服务功能为主导,这是政府职能演变的一般规律,对我们具有参考意义。当然,每个国家的国情各有不同,各国政府的职能转变也具有特殊性,因此,在了解一般性的前提下,还要着重探讨当前我国政府职能转变的特殊性。

5.11.2 我国政府职能转变的基本理念

随着社会主义市场经济的深入发展,我国社会无论其结构还是性质都在发生巨大改变,具体说就是:现代社会的来临,要求国家、公共领域和市场经济(市民社会)之间和谐有序地相处并协调发展要求人与人之间能公平地分享改革的成果。这就意味着,社会主义市场经济的进一步发展对当前政府的职能定位提出了新的要求。

第一,现代社会的来临表明公共领域的生成,而公共领域的基本属性是公共性(社会性)。这预示着现代社会中的政府应当是公开和公正的公共机构,公开和公正应成为当下我国政府必须具有的性质之一。

第二,国家领域的存在决定了政府具有政治性,这意味着政府要紧跟时代潮流,努力朝着民主和法治的方向迈进。民主和法治应是当前我国政府要确立的、必不可少的目标之一。

第三,市场经济的发展,促使私人领域不断扩大,成为推动公民不断享有自由和平等权利的根本力量。这就要求政府把保证和促进公民的自由、平等发展作为自己的基本职责之一。

第四，构建社会主义和谐社会，本质上是让全体人民共享改革成果，这就意味着，现代社会中的政府应该以利益共享和社会均富作为制定政策的价值取向。实现利益共享和促进社会均富，也是政府必须具有的职责之一。

上述四个方面，是当前我国社会发展所提出的客观要求。那么政府实现自身职能的现状又如何呢？它与上述几项要求存在怎样的差距呢？弄清这一点，是确定政府职能转变应持有何种理念的直接依据。

随着社会主义市场经济体制的逐步确立，我国的经济结构和社会结构已发生了很大变化。总体来看，市场经济已获得初步发展，民间经济迅速崛起，现代社会初露端倪；但同时也必须承认，国民社会的痕迹还很重，还在发挥着深刻的影响。这主要可以从三个方面来看。其一，国家领域依然庞大，社会政治色彩浓厚，突出表现在政府的统治功能还比较强，权力对经济生活的干预和支配面过大。其二，公共领域还不发达，社会民间力量弱小，突出表现在政府社会管理模式落后和社会民间组织弱小。其三，社会契约关系没有充分发展起来，市民社会还未发育成熟，政府还未意识到自身在现代社会中的客体地位，突出表现在政府的公共服务职能普遍缺失和不足。可见，当前我国政府职能的现状远远不能满足现代社会的发展需求。针对上述三个方面的问题，实现政府职能转变的基本思路就是：强化服务职能，改进管理职能，规范统治职能。

鉴于此，在转变职能的实践中，我们应该选择的理念主要是：

在服务职能上，应坚持公共服务理念。所谓公共服务，指的是政府是公共服务的提供者，公众是客户；政府的存在以公民的纳税为基础，公众是现代社会的主体。传统社会把政府作为社会的主体，公众仅仅是管理的对象，这是由国民社会的性质决定的。随着现代社会的来临和国民社会结构的解体,新的社会结构使得私人领域不断壮大,公民的主体地位日渐上升,政府的服务职能亦随之凸显。政府应致力于提供公共服务,这是新时期政府职能转变必须持有的理念之一。

在管理职能上,应坚持社会治理理念。相对于传统的"控制"而言,"治理"是一种新的管理方式,其基本特征是:治理的性质是协作而非控制;治理的主体是多元的而非单一的;治理的模式是上下互动而非自上而下;治理的结果是供给而非服从。在现代社会中,公共领域的崛起使得公共事务的管理出现了新的变化:一是公共管理的主体多元化,不再是政府一个,而是更多,如私企、志愿机构等;二是公共管理的内容多样化,不再局限于传统的安全、秩序等,而是扩展到生活的各个方面,如公共工程等;三是公共管理的方式多样化,不再局限于传统的自上而下方式,出现了合作、合同包租等新方式。这些新的变化,要求政府的社会管理模式和理念要有新的改进,社会治理理念就是针对这一需求而提出的。

在统治职能上,应坚持政党政治理念。政党政治,是指现代社会政府的统治功能一般由政党来承担,政党通过掌握国家政权或参与执政活动来实现自己的阶级意志,并表达社会的民意和需求。政党政治是现代社会的一个基本特征,相对于传统社会的君主政治,它是一种历史的进步。一般来讲,现代政党政治产生的根源是市民社会的壮大,它的出现标志着人类政治生活的水平上升到一个新的阶段,表明政治与行政发生了分离,政治作为决策行为相对于行政的执行行为获得了相对独立的地位。换言之,政党独立承担阶级统治职责,具有鲜明的阶级性;而政府则担当一般社会管理和服务职能,具有中立色彩,这是未来社会政治生活的一般趋势。

当前,我国已经步入现代社会时代,市民社会逐渐发育。这就意味着,未来中国社会的发展,政府的统治功能需要逐步转移给政党,由政党系统来承担政治生活的决策重任。总之,在政府的政治统治职能转变上,我们要坚持现代政党政治理念,这是我们不能回避也回避不了的问题。

5.11.3我国政府职能转变应选择的基本路径

理念是行动的先导。政府职能转变的理念确定后,关键的问题就是选择何种路径以确保这些理念得以实现。这种选择主要取决于政府本身的性质所提供的可能性。

实现政党政治理念,应选择现代政党政治模式,这是由政府的阶级性所决定的。就阶级性来看,它具有这样三个特征,即利益的集团性、强制性和代议性。所谓利益的集团性,是指阶级是特定的利益集团,对其他阶级来讲,具有排斥性。当然,利益的集团性是阶级统治得以实现的动力,没有利益驱使,也就没有阶级统治,这是其合理的一面。但是利益的集团性还有另一面,就是政府行为往往容易倾向于社会的强势阶级,这是它的不合理的一面。为了尽量规避这一政府的天然缺陷,在实践中,人类创造了民主这一模式,旨在使个体对政府具有约束力。因此,构建现代政党政治的实践模式,首要的是建立一种民主约束机制。所谓强制性,意味着政府可以通过暴力等强制手段实现自身意志,这是政府具有权威性的根据。但它同时也意味着,政府意志有可能取代和压制公众意志,尤其是当政府自身利益与公众利益发生冲突的时候。克服这一缺陷的有效途径是充分发挥民意的监督作用,壮大社会民间力量以与政府相制衡。因此,构建现代政党政治的实践模式,一个重要的因素是建立一种社会民意表达和监督机制。所谓代议性,即整个阶级意志的表达,是通过该阶级中的部分精英人物依托特定的组织体系来实现的。这就意味着,阶级意志的实现是通过代议方式而不是直接民主方式。代议方式并非完美无缺,例如,它有可能导致政客行为。避免代议性缺陷的可行方法，是实行政党制衡和协作机制。政党制衡和协作的目的是把政府的政治职能剥离给政党，政府主要履行政策执行职责，真正实现"政"和"治"的分离和互动。同时，通过制衡和协作，可以使政党行为与社会民意趋向最大程度的一致，以尽可能克服代议性的局限。

实现社会治理理念，应选择现代政府治理模式，这是由政府的公共性（社会性）决定的。政府作为公共领域的代表，是一种公共机构，其公共性具有三个特征，即外部性、低效性和公正性。所谓外部性，也就是无约束性。由于政府是一种公共资源，谁都有权享有，但谁都可以不负责任，这是公共性的一个天然缺陷。为克服这种缺陷，构建现代治理模式应探索建立一种外部约束机制。参照发达国家的实践，可资借鉴的做法有：探索公共产品经营权和所有权分离机制，逐步让渡经营权；尝试建立公共产品低收费制度，缩减公共产品的消费面；面向私企、社会中介组织以及其他政府官僚机构，开放公共服务领域等。所谓低效性，是指政府作为特殊的公共资源，没有足够的利益驱动，因而难以提高效率。现代政府治理模式需要建立一种动力激发机制，具体来说，就是把市场机制引入政府领域，借鉴公司治理的模式和经验，建立以成本核算为中心的政府绩效评价机制，探索由层级管理向合同管理转变的机制等。所谓公正性，是公共性的积极方面和优势。公共性的本质是人人均有、人人共享，公平和公正是公共性的基本特征，同时也是政府行为的首要价值取向。因此，构建现代政府治理模式，应探索建立一种适应现代社会需要的、多元化的公共服务供给体系。例如，让私营、中介组织和志愿性机构参与服务供给，探索建立实施公共管理的新的权力运行机制等。

实现公共服务理念，应选择公共服务模式，这是由政府的契约性决定的。政府的契约性根源于私人性，即政府是全体社会成员之间订立的契约，是他们在利益的博弈中达成的一种妥协。因为是博弈的结果，所以契约性同时就意味着自发性和滞后性，因此，政府提供服务的行为往往是被动的、不情愿的。要克服这种先天缺陷，就要摒弃政府在公共服务领域的独占性，实现服务主体的多元化。同时，作为对政府这一公共服务供给主体的约束，还需要建立一种绩效评价机制，这是对政府内部的约束。

政府的契约性不仅使得其行为具有惰性，还使其行为具有私利性，这是由契约性的利益性特征决定的。契约根源于利益的博弈，所以契约性的形成过程也是利益的积累过程，这就决定了政府本身也摆脱不了对利益的追逐和受利益的诱惑。事实上，权力寻租一直是人类最为头疼的顽症。虽然人们可能永远无法根除这一顽症，但却可以限制它、规范它。如何限制和规范呢？最重要的就是建立一种财政立宪机制，即确立平衡预算原则和联合预算原则，并在宪法上予以保证。在现代社会中，政府存在的基础是财政，是税收，因此，规范和限制财政，也就从根本上约束了政府。

5.12美元的霸权性及其对全球利益博弈的影响

国际利益博弈源于国家之间需求的碰撞，自20世纪70年代起，全球发展进入后工业社会阶段，美元作为世界货币，其表面的"美金→石油美元"转换后面，是美元信用来源的"实际财富抵押→暴力抵押"的转换；该转换带来了一个全新的世界格局，即"美元/全球资源资产"与"美元/美国国债"的双跷跷板结构。美元成为世界利益博弈的核心。2012年，美元进入第三个"17年大周期升浪"和临近"5年升值小周期"，世界由此进入"美元升/全球资源资产贬"的格局。①

20世纪80年代和90年代的全球经济变动表明:美元走势高涨,世界经济萧条;美元走势低迷,则世界经济繁荣。那么是什么原因使得美元走势具有这样的影响力? 美元在当今世界扮演了怎样的角色?

5.12.1"美金→石油美元":美元信用来源的转换及其影响

以20世纪70年代为分界线,美元出现了从"美金"向"石油美元"这一名称表述上的变化,西方经济学把这一现象称为美元从"金本位"向"信用本位"的转换,但问题在于,"信用本位"中的信用是什么?它仅仅就是所谓的经济实力和道德承诺吗?从历史发展的事实和经济数据来看,显然没有说服力。②既然如此,那么信用的本质是什么就值得研究了。从理论上看,美元属于货币的"纸币"形态,即在货币演进的进程中,美元居于"贝壳—金银—纸币—数字(电子货币)"序列中的"纸币"环节。因此,研究美元的信用需要分析"纸币"的信用。

从纸币的起源看,纸币是在金银进入市场经济时代之后,因为商品交换规模的扩大,在交换中使用金银既不方便也不安全,因此产生纸币并由其代表金银实现交换功能。在这种意义上,纸币是货币的符号,纸币所以有信用,来源于纸币背后的金银,即信用模式是"以金银为抵押",表现为"金银本位"。在该阶段,纸币的内涵是:它是货币的符号。

进入后工业社会阶段,即20世纪70年代以后,随着社会需求层次的升级(文化生产力阶段的来临)和商品交换规模的再扩大(全球市场的形成),纸币原有的"金银本位"面临挑战。也就是说,按照以前"相应黄金印相应

---

① 张健:《美元的霸权性及其对全球利益博弈的影响》,《理论与现代化》,2012年第3期。
② 张明:《美国次级债危机的演进逻辑和风险涵义》,《银行家》,2007年第9期。

纸币"的规则，黄金开采量增加速度远远跟不上市场交换规模增加的速度，由此，印不出满足市场需求的纸币。而印不出满足市场需求的纸币，交换就无法进行，世界就停止发展。在这种背景下，社会只能改变印刷纸币的规则，即按照"有多少交换需求就印多少纸币"这一新规则制造纸币，这就是当今世界货币发行的基本理论——按照资本市场需求印刷货币的本质。在这个意义上，纸币的发行和黄金没有直接的关系，而只是和预期交换有关联。可见，进入后工业时代，"纸币是货币符号"的内涵已不复存在，代之而起的是"纸币是交换的媒介"，纸币印刷依照"交换需求"而定。质言之，交换的"媒介性"成为当今纸币的基本特征，反映在纸币印刷上，即当前的"需求本位"取代了以前的"金银本位"。

而在全球范围内，美元首先是一种纸币，其次才是世界通用纸币。这样，上述纸币的变化也就是美元的变化。综合上述变化可以看出：一则体现了美元的"媒介性"而非"符号性"，二则体现了美元的"需求本位"而不再是"金银本位"，这构成了当今美元的基本内涵。在此基础上，美元开始了一场静悄悄的革命。

第一，美元印刷逻辑上的"金银本位→需求本位"之转换与美国的货币霸权。从本质上看，"金银本位"的含义是美元背后有实际金银（财富）作抵押，美元的印刷受制于美国的黄金储备；而"需求本位"则意味着，美元的印刷将取决于世界上对美元的需求量而和黄金储备没有关系，因此谁控制美元的需求，谁就控制美元的发行。如何控制美元的需求呢？基辛格提出了"石油战略"，即通过美国在世界产油区的军事存在，使得国际石油市场接受美元作为主要结算货币，这样，客观上就在全球范围内造成了一种对美元的依赖。具体说就是，进行石油贸易必须要用美元，而石油是工业的血液，工业化离不开石油，而要买到石油，必须要用美元，由此形成一种"工业化离不开美元"的现代交易秩序。可见,美元成为世界货币,并非是因为美国多么值得信赖,而是全球交易"不得不用"石油美元。在这里,"不得不用"才是美元信用的核心来源,其本质是一种强制性而非承诺性。

而深入来看,强制性源于美国强大的军事存在(部署在产油区,与产油国进行政治交易),这意味着,美元实际上在用暴力作为后盾,在此意义上,石油美元=以暴力抵押的纸币。而承诺性,则是一种道德认同,是基于一种对"到时兑现"的信任而产生的一种道德性约定,历史上,"到时兑现"是基于纸币背后存在以实际财富作抵押这一事实,就此而言,作为金银符号的美元=以实际财富为抵押。由此可见,美元印刷逻辑的"金银本位→需求本位"之转换,实际上是美元信用来源的转换(从"实际财富抵押"转向"暴力抵押"),而建立在"暴力抵押"基础上的现代美元,本质上是一种政治经济学范畴。在这个意义上,基于"需求本位"的现代美元本质上是一种霸权货币,而由此形成的世界货币体系也就不再是单纯的经济学概念了。由此,我们也可以大致了解20世纪70年代基辛格的"控制石油"和"控制货币"两大战略的意图了。实际上,20世纪70年代以后的美国也就是通过对石油的军事控制和对世界货币的主导建立了一个新格局。笔者把这种格局称为以美元为按钮的世界利益博弈新秩序。①

第二,美元内涵的"符号性→媒介性"之转换与全球财富的流动性控制及金融时代的到来。在美元是黄金的符号的时代,美元的价值在于既可以衡量财富又可以储备财富,即"存美元=存财富",财富的内涵是积累性,美元的特征主要体现为"符号性"。而在美元与石油挂钩以后,美元的价值在于实现市场交换,美元自身并不代表财富,更不可以进行战略储备,即

---

① 参见向松祚:《汇率危局》,北京大学出版社,2007年。

"存美元≠存财富",财富要通过货币交换获得而非货币本身,财富的本质表现为流动性。在这种背景下,全球财富演化为:不再是美元本身,而必须要通过美元的流动来获取,也就是,财富=美元的全球流动性获取。由此,当今世界的利益博弈体现为:不再是实物性资源的积累,而是虚拟性资产的流动,对全球美元流动性的控制成为获取全球财富的最高点。在日常实践中,流动性是货币的流动性,体现为金融的形态,相应地,全球利益博弈就展示为世界金融的博弈。就当前世界金融运作的一般形式看,集中表现为期权期货交易、所有权的商品化,表现为对冲、美元套利以及日元套息交易等形式,较为高级和具有战略性的则以CDS模式为代表,这意味着,当今世界已进入一个崭新的"金融时代"。

美元的上述两大革命,使得当今世界逐渐趋向一个新的发展模式,这就是:财富内涵由传统积累性转化为现代流动性;财富获取模式由传统"存钱"转化为现代的"流动性获取";全球范围内,美元成为流动性控制的制高点,谁控制美元流动就等于谁控制全球财富分配的主导权。

那么美元如何发挥这样的影响力,其机制又是什么呢?

5.12.2 "美元/全球资源资产"与"美元/美国国债":双跷跷板结构及对世界的分析框架

概括而言,美元对全球的影响力,源于美元作为世界货币的两个特殊性,一是美元信用来源模式的"暴力抵押",二是美元的发行机制的"国债货币化"。

就前者来说,"暴力抵押"的信用来源意味着美元更多的具有政治性,而非单纯的经济性,这样在实践上,就对国际资本造成一种客观压力,即持有或者储备美元现金很不可靠。为了避险,国际资本只好去追逐现金以外的资源和资产,而对资本的集中追逐又必然导致全球资源资产的高涨。
反之,全球资源资产涨到一定程度,就会形成价格泡沫,泡沫破裂,资本为
避险,又会去储备和持有现金。如此反复,我们就会看到,在全球范围内,
美元与资源资产之间就形成一个类似跷跷板的关系。在该关系中,美元不
可靠,全球资源资产高涨;美元可靠,全球资源资产暴跌。这就是当今世界
的美元在完成其信用来源转换之后的第一个新格局。笔者把这个结构称
为"美元/全球资源资产"的跷跷板。

而就后者来说,即美元发行机制中的主渠道———"国债货币化",[①]
决定了美元这一世界货币的双重性:在一定意义上美元就是美国国债,美
国国债就是美元,如同人手,手心手背不可分割。这种不可分割性形成了
美元自身的独特循环机制,而这一机制正是美元在事实上之所以能实现
对全球流动性控制的关键所在。具体说就是,美元作为一只手,手心=世界
货币,手背=美国国债,二者之间形成一种天然的跷跷板关系,这种关系内
含两个方向的运动过程。

第一,以美元一端为起点的运动。当美元发行越多的时候,美元贬值,
全球资本为避险,就会追逐美国国债;而此时,随着美元的发行越多,国债
也就越多,国债越多,其市场交易价格就越低,对国债而言,购头价格越低
到时兑现的利润就越大(即国债收益率越大),因此,随着美元的贬值,国
债的吸引力也就越大,资本购买国债避险的规模也就越大;而要购买国
债,必须要用美元现金,购买国债的需求上升=对美元现金的需求高涨,于
是,美元在不断贬值的趋势中因为国债的吸引,开始逐渐逆转。

第二,以国债一端为起点的运动。随着美元升值趋势的确立和增强,

---

① 参见刘军洛:《即将来临的第三次世界大萧条》,东方出版社,2012年。

持有美元现金成为资本运作的最佳选择，这样，国债的避险意义减弱，减持进而抛售国债成为一种市场趋势；为收购市场上的美国国债，美联储需要印出更多的美元现金，这意味着，美元的发行将增加，存量美元将扩大，美元开始新一轮的贬值周期。

这样，美元贬值，国债升值；国债贬值，美元升值；如此反复，美元国债之间形成了一个小型跷跷板。该跷跷板的运动，带动了"美元/全球资源资产"大跷跷板的运动，从而世界利益博弈格局不断变化。

由此可见，关于美元对世界的影响力，来源于美元的两个跷跷板结构（美元/全球资源资产，美元/美国国债），其中，"美元/国债"的跷跷板是决定性的，是引发"美元/全球资源资产"跷跷板变动的根源性因素，因此分析美元变动情况，核心是分析"美元/国债"这一跷跷板机制。

由上述分析可知，"美元/国债"这一跷跷板具有如下特征，即美元不会无休止贬值，也不会无休止升值，总是贬到一定时间就升值，升到一定时间就贬值，美元升值贬值具有周期性。这一结论可以看作是关于美元走势的逻辑分析。这意味着，分析美元的升贬周期是评估和判断美元走势的关键所在。因此，从实证角度分析美元周期的数学结构（什么时间升，什么时间贬）就更关键了。关于这一点，可以参看有关专业性的研究结论。笔者研究认为，美元走势确实存在周期，"升—贬"大周期大致为十七年，从1973年起至今大约走到了第三周期中；同时，美元走势也具有小周期，即"升值"和"贬值"各自有周期，大致估算为升值周期十年左右，贬值周期五年左右。

在三大周期的框架下，存在两大上涨周期：1978年10月至1985年3月，上涨周期6年5个月；几乎等于1992年9月至2002年3月，上涨周期为6年6个月。

　　基于上述逻辑和实证两个方面的分析,笔者以为,关于全球美元流动可以建立如下分析框架。首先,美元的升贬变动是确认世界利益变动的关键点或者说按钮,精确判定美元在什么周期是评估世界经济走势的前提。其次,美元的升贬带动全球资源资产向不同方向演进,基本格局是:美元升值,资源、资产价格高涨,全球经济繁荣;美元贬值则相反。最后,从大周期看,2010年是美元第三轮"17年周期"的开端,2010—2018年是美元大周期的升浪;从小周期看,此轮美元贬值起始于2002年,至2012年距离美元翻转点近,即美元逐渐趋向升值区间,这意味着,资源资产价格将面临全球性暴跌,世界经济走向萧条。

　　以此为框架,笔者对2012年的全球利益博弈格局作一评估。

5.12.3 2012年:美元翻转点的临近与世界利益博弈之评估

　　从理论上说,利益博弈源于需求碰撞,全球利益博弈就是发生在全球范围内的国家与国家之间的需求碰撞,表现为合作、竞争、争夺以及冲突各方面。正是因为利益博弈的根源是需求,因此分析现实中的国家利益博弈,本质上就是分析国家需求状况。因为美元成为当前全球格局变动的按钮,分析美国政府需求就成为分析当前世界利益博弈的关键。

　　就美国政府来说,美国在2012年的根本需求是回流美元。而美元一旦回流,那么美元全球流动性方向便会逆转;若美元加速升值,那么世界经济便会进入萧条。之所以如此,源于美国次级债危机具有一定的政治性内涵。

　　从深层次看,次级债危机发生在美元在美国流动路径中的银行环节上,即商业银行、投资银行和两房公司环节(如图5-1所示),而美国对该环节的设计及其危机应对则反映出其自身的国家利益倾向,或者说,在一定意义上是美国国家战略设计。具体说就是，美国财政部发行国债——美联储购买从而发行美元——美元进入银行体系——银行体系把其配置到投资者手中——投资者上缴利润并推升美元需求——政府开始新一轮国债发行，这构成了美元现金流动的路径。在该路径中，任何一个环节出问题都会导致现金流断裂。而2007年的次级债危机，就是银行体系环节破裂导致美元国内和国际两个流动性断裂。问题是，银行环节是如何破裂的，该破裂又是如何引发全球流动性危机的？

从根源上看，事情起因于银行体系中"两房公司"的设计。通俗说，就是布什政府为推行全民住房计划，把两房公司金融化，即以政府信用参与的模式把两房公司界定为"政府赞助企业"，这样，两房公司以部分政府信用为支撑，创新以住房抵押为核心内容的证券（金融衍生品创新），最后形成一种所谓的次级债。而从本质上看，次级债的核心因素有二：一是银行的零首付，即可以不付首付买房；二是以房子的升值溢价支付房贷利息，即房价一直上涨，上涨的溢出价只能用来支付买房贷款的利息，不能他用，这样房贷者就可以不用自己的现钱还利息，实际上就形成既不付首付，也不用还利息，买房仅仅剩下"住十几年最后只支付房款即可"。由此，次级债的发行大大激发了美国穷人的住房需求，顺利和有效地推进了政府"全民住房计划"。然而，从另一方面看，次级债的设计内含着这样的风险，即必须假定美国房价一直上涨，不能不涨，更不能下跌，否则，"房子溢价=支付利息的钱"就不成立，次级债就没有了科学性。而事实上，只要房子是商品或者金融产品，都不可能只涨不跌，这就意味着，"房子溢价=支付利息的钱"只能是一种假设，不具有永久现实性，所谓次级债的金融创新是一种反科学的做法。那么美国是如何做的呢？

应该说，美国政府不会不知道"房子溢价=支付利息的钱"这一规则是不具有永久现实性的,但是从事实上看,恰恰是美国政府清楚这一点,因而更是想方设法地掩盖这一点。美国作为世界上金融最发达的国家之一,不仅没有停止这一反科学做法, 也没有在缩减和规避上述风险上做出努力,反而走了另一条道路,即转嫁风险于全世界。核心做法是:①增加金融创新的复杂性,把次级债进行信用等级的不同组合,最后装扮成高风险、高收益类型的债券,但本质上,次级债的风险是反科学性质的,不是机会性的;②通过投资银行体系,针对美国海外市场进行次级债交易,同时通过银行分业经营规制,限制商业银行对国内市场的交易。由此我们看到,次级债发行形成了两大结果:规模全球化和美国海外市场主导。就前者来说, 通过全球化发行, 和次级债有关的证券扩大为约几百万亿美元规模(约六百万亿美元),可见次级债的影响性。就后者来说,次级债在美国国内估算约为四千亿美元,相对于15万亿经济总量的美国来说,算不上什么大危机,因此,次级债危机的真正影响是全球几百万亿那一块,即美国本土以外的海外市场。

如何应对危机呢? 美国的应对之策在更深层次上反映了美国的未来需求。在这里,美国应对之策最关键的是这样两条:救商业银行不救投资银行,两房公司国有化。前者的国家意图非常明确,救商业银行就是救国内投资者,救国内投资者就是保证国内现金流不断。后者的直接政策效应就是,两房公司不会破产,银行不用收回抵押的房子,国内房贷者继续住房子,全民住房计划继续执行和有效。二者合在一起不难看出,美国的应对之策既保证了国内现金流的持续性, 同时也在一定程度上维持了政府民生政策的效力。相反,这两个核心性政策根本不关心美国对国际社会的责任,也就是说,美国没有考虑它对国际社会的担当,更不用说美国要对此次危机负责了。

总而言之,上述对美国次级债危机的根源、本质及美国应对之策的分析表明,美国的需求是有层次之分的,第一层次是修复国内现金流结构,目前已经完成,此需求不再重要;第二层次是随着美元自身升值周期的临近(前文分析表明,17年大周期已经从2010年8月份开始,5年的升值小周期将于2012年上半年启动),美元宽松量化的客观空间不复存在,美国国内经济复苏的需求上升,在美元印刷不再允许的前提下,要想实现美元现金的充裕流动,在逻辑上只能采用"回流美元"的路径了。

问题是,一旦"回流美元"的需求进入国家政策操作阶段,世界会发生什么?

从政策操作路径看,"回流美元"需要两个手段和机制。第一个是加息,目的是通过提高资本利用的成本,迫使"美元套利资本"和"全球对冲资本"回到华尔街。[①]全球美元回流美国,这是一个经济性手段,启动的机制是"利率",需要美联储根据"就业"和"通胀"的平衡需求择机而定。第二个手段是政治性的,即"通过拉高全球通胀完成美国政府的债务重置"和"通过拉升美元指数加速美元回流"。从历史上看,"通过拉高全球通胀完成美国政府的债务重置"是美国政府的常用手法。[②]基本内容是:为解决政府的财政赤字,美国选择"债务重置"的办法,即在美元进入升值的时机,通过拉升粮食和石油价格,推升全球通胀,使得大量持有美国国债的国家不得不通过进口粮食和石油来抗通胀,因为进口需要美元现金,因此发展中国家不得不抛售美国国债换取现金。此时, 美联储就趁机低价收购国债,这样,在全球抗通胀的经济表现中,美国国债完成了债权人的转换——

---

① 参见赫尔:《期权、期货及其他衍生产品》(第6版),张陶伟译,人民邮电出版社,2009年。
② 参见马丁·迈耶:《美元的命运》,海南出版社、三环出版社,2000年。

美国由债务人变成了自己的债权人,这就是所谓的"债务重置"。这种重置过程,一方面美国获得了美元现金,直接实现了"美元回流";另一方面,通过国债的高卖低买,实现了自身债务的缩水,因此在历史上,实现"债务重置"后的政府,往往很快做到了"财政盈余"。当然,这种手段能生效的机制是:美国对石油和粮食拥有定价权。而这正是美国政府20世纪70年代的"石油"和"粮食"战略的目的所在。此其一。其二,"通过拉升美元指数加速美元回流",其含义是,通过对美元指数中的非美元货币的打压,人为抬高美元指数,目的是加速美元进入升值通道。一般做法是:在美元客观上进入升值时段,带动全球资源和资产暴跌的同时,美国政府人为拉抬美指,强化美元升值趋势, 这样, 国际资本就会在美元指数攀升这一信号指引下,加速转持美元现金,美元回流华尔街。在这个过程中,拉升美元指数的机制是对非美元货币的打压,打压的本质是政治性的,是基于美国国家需要的。

由此,关于美国需求及其所需要的政策手段,可以这样概括:根本性需求——回流美元;政策路径——美联储加息+美国政府债务重置+美指加速抬升,这是美国进入2012年后最核心的利益框架。以此为基点,2012年的世界博弈格局如下:

第一,2010年,美元开始进入"17年大周期的升浪",2012年则临近"5年升值小周期", 二者构成2012年美元走势的客观框架;2010年美国完成国内现金流的修复,在逻辑上,"回流美元"成为主要需求,这构成2012年美元走势的人为性因素。一个客观周期的必然性,一个主观的可能性,这是我们评估2012年美元走势现实性的基本维度。笔者的判断是,美国是否启动"回流"环节,依据的是美元何时进入升值节点,因此,美元反转点是观察美国政策是否启动的一个尺度。

第二，美联储是否加息以及何时加息，取决于美联储平衡国内"通胀问题"和"失业问题"的需要，而不是加息决定美元升值，也就是说，美联储的加息只是美元升值的影响因素，并非决定因素。但必须注意，加息会引发升值加速效应，因此在操作层面上，可以把美联储加息看作美元升值的信号。

第三，美国政府一旦启动债务重置，便意味着全球粮食价格和石油价格开始新一轮的增长，全球通胀来临，这是一个通过经济手段实施的政治事件，因此需要在两个层面关注。一是经济层面，粮食和石油的期货期权交易规模增大，各个国家CPI数据攀升，反通胀难度加大；二是政治层面，产油区地缘政治冲突加剧，局部战争可能出现，尤其是东亚国家，是美国国债的大债主，面临的挑战更大。在一定意义上，此次美国债务重置，主要对象就是东亚。

第四，美国打压非美元货币，重心是欧元，这是由其在美指构成中的比重以及自身的弱点决定的，因此2012年随着美元升值趋势的明朗，欧元区将成为货币的重灾区，货币战争主要在此展开。同时，随着美指的加速拉升，全球资源资产泡沫破裂：资源类国家将受挫，以俄罗斯和澳洲为代表；资产类国家将遭遇重创，以亚洲为代表，其中中国的房地产和投资驱动发展模式面临挑战，中国必须应对经济着陆的挑战。

第五，中国资产的泡沫，引来了国际资本市场以"CDS"为运作模式的空单布局，[①]如何应对这些挑战，是中国必须重视的首要问题。

---

① 廖子光(Henry C.K.Liu)：《美元霸权必须终结》，《亚洲时报》，2002年4月11日。

5.13社会主义核心价值体系：语义分析和语用阐释

从语义上看，社会主义价值体系就是人们对社会主义属性的感受、体验、认知以及评判的总和，体现为一种观念的集合（社会意识系统），社会主义核心价值体系就是指在这些观念集合中居于主体地位、起着主导性作用的观念系统。而在语用层面，社会主义核心价值体系因解释者不同而具有不同的诉求。一般来说，主要有这样三种类型的诉求：国家的角度，基于阶级意志而要求整个社会如何如何；社会的角度，着眼于"应该"的愿景来表达预期的意愿；个体的角度，立足于事实的效力坚持大众认同的标准。①

党的十六届六中全会提出了建设社会主义核心价值体系的战略任务，指出："马克思主义指导思想，中国特色社会主义共同理想，以爱国主义为核心的民族精神和以改革创新为核心的时代精神，社会主义荣辱观，构成社会主义核心价值体系的基本内容。"这是我们理解社会主义核心价值体系的基本依据。但是若要进一步询问什么是价值和价值体系，什么是核心价值体系和社会主义核心价值体系等深层次问题，则还需要从哲学层面进行分析。

5.13.1社会主义核心价值体系的语义分析：价值、价值体系、核心价值体系

在哲学学科中，"价值"是基本范畴之一，指称的是主客体之间一种需

---

① 张健、张新颜：《社会主义核心价值体系语义分析和语用阐释》，《伦理学研究》，2007年第4期。

求与满足的关系，在性质上是一种关系范畴。从"价值"范畴的构成看，它主要有四种因素，即主体、客体、主体的需求以及客体对该需求的满足。其中，主体与客体是一种实体成分，需求与满足是一种虚体因素。"价值"的含义根源于上述四种因素的有机关联。

具体说就是：首先存在主体（即人）对特定对象（即客体）的某种功能或者属性的需求，这是"价值"生成的前提；其次是该特定对象恰好具有上述所需的属性或者功能，这是"价值"生成的基础；最后是该对象对人来说是有用的，该人获得了满足，这是"价值"生成的最终标识和结果。从形式上看，这种标识和结果表现为观念形态，体现为感受、体验、认知以及评判的综合，既包含着感性因素又包含理性成分，因此"价值"的最终表现形态也就体现为社会的观念形式。而在普遍意义上，事物的价值缘起于主体的需求，取决于客体的功用和属性，二者的统一才最终构成价值有无和价值内容的基本要件。这就意味着，在实践层面上，分析和评判特定对象的价值，必须以主体的需求和客体的满足作为基本尺度。基于此，我们来分析社会主义核心价值体系的含义。

首先，从语义的层面看，"社会主义核心价值体系"包含这样的逻辑层次：社会主义的-核心的-价值体系。其中，"社会主义"是该概念属性指称；"核心"是一种地位的限定；而"价值体系"是中心词。

顾名思义，"价值体系"就是由诸多价值构成的系统，相应地，"社会主义价值体系"也就是由"社会主义"的诸多价值所构成的价值系统。这诸多价值及其体系是社会主义的，是社会主义属性的价值表达。又因为价值最终体现为观念形态，所以"社会主义价值体系"也就是人们对社会主义属性与意义的感受与体验、认知与评判的总和，体现为社会意识系统（观念系统）。

其次，"社会主义核心价值体系"中，"核心"一词作为对"价值体系"的限定，从其逻辑关联看，描述的是在整个"社会主义价值体系"中那些特殊的价值群，因此，理解"社会主义核心价值体系"含义的关键是确认"核心"所限定的内容与区域。

从"核心"的本义看，"核心"即"内核"与"中心、轴心"。"内核"指的是在价值体系中居于最内层，是基于一种结构的视角而言的；"中心、轴心"，则指的是在运行上起中心作用、在过程中处于轴心地位，是基于一种功能的视角来说的。因此综合来看，"核心"限定了两个基本内容，一个特定区域。两个基本内容，即特定价值群在价值体系中的地位（结构性）和作用（功能性），地位即是一种主体地位，作用则是一种主导作用，这是"核心价值体系"要表述的基本意思。一个特定区域，也就是在"社会主义价值体系"中，那个具有原初性驱动力量、总体性支撑效力、前导性激发功能的价值区域。"原初性驱动力量"是指这些特定价值域是形成"社会主义价值体系"的根源和内在驱动力量，如人的解放信念、共产主义的理想等；"总体性支撑效力"指的是那些具有指导社会主义整体进程的基本理念，如马克思主义哲学、科学社会主义理论等；"前导性激发功能"则指的是那些依据马克思主义原理而又与时俱进的基本信念，如新集体主义、公平正义、以人为本等。

综合"价值体系"与"核心"之分析，关于"社会主义核心价值体系"的基本含义，笔者以为，它主要指称在人们对社会主义价值属性的诸多感受与体验、认知和评判中，那些居于主体地位，起着主导性作用，能够从根本上反映和影响社会主义实际进程的观念的集合，是社会意识系统中的核心部分，表达着人们对社会主义（实践）的需求。而从宏观视角看，人们的这些内在需求体现为一种时代需求，具有个体需求的"合力"效应，即体现的是一种超越个体需求的"合力需求"形态。或者进一步说，这种时代需求尽管来源于鲜活的个体需求，但在"需求合力"的整合中它又不是单纯的"个体需求"的相加，相反是一种对诸多"个体需求"的提炼与集结，具有公共性与社会性底蕴。在这种意义上，"社会主义价值体系"，尽管它最终体现为主观"感受与体验、认知与评判"总和这样一种基本形态，但从性质上看，它又不是纯粹的个体意识，而是一种集体意识。这种集体意识作为一种观念框架，指称的是这样一种价值关系：社会主义实践的效果对该时代人们的意义。这是我们理解"社会主义核心价值体系"含义的基本思路和框架。基于这一思路和框架，我们对该范畴语用层面的意义再作些分析。

5.13.2 社会主义核心价值体系的语用阐释：私人立场、国家意志、公共诉求

一般来说，人们对一个概念的理解与运用总是有意或者无意地着眼于两种不同角度，一种是语义的角度，即该概念指称什么；另一种是语用角度，也就是该概念由谁解释。前者揭示的是范畴的实际指称对象，后者则表达着范畴使用者的意图。上面我们从语义的视角分析了"社会主义核心价值体系"的实际指称，本质上是从普遍意义上指出了该范畴描述和观察社会的基本框架。但是至于人们如何运用这一框架来解读实践，则无从了解。这就预示着我们还有必要从语用的层面对该概念的特殊意蕴作些分析。

"社会主义核心价值体系"本质上是人们对"社会主义属性及其对人的意义"最基本、最核心、最持久的感受和判断，不同的群体因其地位、需求、认知的差异而会产生不同的感受与判断，这也就意味着对该体系的理解与解释也将必然存在差异和分歧。在现代社会中，主要有三类社会实

体,即私人领域(以市场体系为基础,表征的是私人自主性)、国家领域(以阶级为平台,代表的是阶级意志)和公共领域(以民间力量为支撑,表达的是社会中除去私人与国家之外的公共诉求),①这三大实体具有不同的需求。相应地,它们对社会主义的要求及自身所获得满足的程度也就不太一样,因此,它们关于社会主义价值的认知具有差异性。

其一,国家意志主要反映的是阶级诉求,维护阶级利益和表达阶级意志是国家对"社会主义属性"认知的基本视角和立场。在当前社会转型背景下,执政党首先提出"马克思主义指导思想是社会主义核心价值体系的灵魂",②这反映出一种意识形态的要求。这种基于国家强力对整个社会的要求,既表达着国家的强大意志,又体现了在当前国家力量的结构与布局中,党的绝对领导地位和社会主义的优势地位。因为国家立场是建立于阶级强制的基础上的,所以国家对"社会主义属性"的认知和判断体现的是一种"必须"气势,即它要求全社会达成共识。从性质上讲,国家诉求本质上表达的是一种整合与凝聚全社会观念的意愿和意志。

其二,私人的立场则主要表达不同社会群体的诉求,反映的是他们对社会主义的感受、体验、认识以及评价的状况。私人在现代社会中以私人自主性为特征,而私人自主在实践上直接体现为"独立自主"与"公民优先于国家",所以,在对"社会主义属性"的感受与评价上,私人立场主要倾向于对国家的"应该性"要求,即总是对国家提出"该如何如何,应怎样怎样"的请求。因为私人领域总是基于这样一种"应然"的视角,所以在实践上,

---

① 张健:《释放与覆盖:当代中国市民社会的生成逻辑与演进范式》,《理论与改革》,2005年第6期。

② 李长春:准确理解社会主义核心价值体系的内涵,2006年12月27日,人民网,http://theory.peop le.com.cn/GB/49169/49171/5219815.htm l。

私人对"社会主义属性"的体认总是表现出一种不满足、高要求的趋向。这一方面令国家颇为紧张，但另一方面也促使国家不断调整自身立场与诉求，尽量向社会与私人立场靠近。总体而言，私人对"社会主义属性"的体认，一方面使得国家立场总是显得滞后，从而客观地激发了国家立场的改进欲望；另一方面，私人诉求的这种"应该"性质，本质上是一种愿景，意味着有可能不合实际，因此国家层面也有必要给予一定的整合、导向以及规范。正是在这种意义上，执政党把中国特色社会主义共同理想作为社会主义核心价值体系的主题提出来，其基本意图无疑就是通过最大的共识来整合与凝聚私人诉求的多样性。

其三，就公共领域的立场来看，因为它代表的是一种公共性诉求，所以公共领域对"社会主义属性"的体认主要展示为一种"独立姿态和公共精神"。"独立姿态"，即它的立场既不倾向于私人诉求的"应该"性，也不倒向于国家意志的"必须"性，而是立足于公共利益需求，向"社会主义"提出公共性诉求。所谓"公共精神"，指的是公共领域的立场与诉求既回避了国家的"必须"之霸气，同时也避免了私人的"应该"之稚气，而是基于独立的精神，形成自身特有的"批判"之大气。一则是"独立姿态"所形成的公共性品格，一则是"公共精神"所孕育的批判能力，公共领域的立场展示出一种中性的、具有一定超越色彩的社会仲裁形象。在实践中，公共领域以民间力量为载体，以公共诉求为目标，以独立参与、协同合作为手段，在私人与国家博弈的格局中鼎足而立，最终与前二者形成三足鼎立的新格局，即现代社会的基本架构。正是基于公共领域立场的这种中性形象和独立批判品格，该立场具有极大的可参照价值。也就是说，实际上，成熟的社会民间力量对"社会主义属性"的体认与态度，大致反映了"社会主义总体上对该社会基本需求的满足程度和广度"，即社会主义价值的基本现状。在这种意义上,执政党提出民族精神和时代精神(其本质是一种最大的社会公共诉求)是社会主义核心价值体系的精髓的论断,其基本意图也就是向社会展示国家对公共领域立场的重视与关注。

　　总而言之,关于社会主义核心价值体系的解释框架,立足国家、私人与公共领域三种不同立场,笔者的基本结论是:三者之中,私人立场本质上反映的是一种愿景,具有"应该"之性质;国家立场则本质上是一种意志,具有"必须"之要求;公共领域立场反映的是一种公共性诉求,既具有独立性又具有批判精神,因此可以作为观察和构建"社会主义核心价值体系"的基本参照与大致的衡量尺度。